U0329956

本书先后得到日本国国际交流基金项目、中国社会科学基金项目、广东海洋大学国家项目的资金支持，谨表谢意！

麻国庆 主编

跨界
与
文化田野

稻作传统与社会延续

日本宫城县仙台秋保町马场村的民族志

李 晶 …著

三联书店

图书在版编目（CIP）数据

稻作传统与社会延续：日本宫城县仙台秋保町马场
村的民族志／李晶著. —北京：生活·读书·新知三联书店，
2019.4
（跨界与文化田野）
ISBN 978－7－108－06355－7

Ⅰ. ①稻… Ⅱ. ①李… Ⅲ. ①村落－民族志－日本
Ⅳ. ① K931.32

中国版本图书馆 CIP 数据核字（2018）第 145305 号

责任编辑　叶　彤　周玖龄
装帧设计　朱丽娜　张　红　刘　洋
责任校对　张国荣
责任印制　徐　方
出版发行　生活·讀書·新知 三联书店
　　　　　（北京市东城区美术馆东街 22 号　100010）
网　　址　www.sdxjpc.com
经　　销　新华书店
印　　刷　北京隆昌伟业印刷有限公司
版　　次　2019 年 4 月北京第 1 版
　　　　　2019 年 4 月北京第 1 次印刷
开　　本　880 毫米×1230 毫米　1/32　印张 12
字　　数　300 千字
印　　数　0,001－3,000 册
定　　价　68.00 元
（印装查询：01064002715；邮购查询：01084010542）

目　录

"跨界与文化田野"丛书总序

麻国庆

总结费孝通先生一生的学问，我认为可以简单概括为"三篇文章"：汉民族社会、少数民族社会、全球化与地方化。从费先生的学术历程看，以江村为起点一直到全球社会，都围绕着流动性、开放性和全球性展开讨论，如江村的蚕丝通过上海经过加工进入资本主义体系，及其晚年倡导的"和而不同"的全球社会理论。可见，费先生一直关注着中国社会文化人类学研究的流动性与跨界性。当今世界的跨界流动的现象越发频繁，延续费先生的学术脉络，我们有必要重新审视"跨界的人类学"中丰富的意涵。我想，可以从如下几个方面，展开对"跨界的人类学"与文化田野的理解和认识。

一、"跨界的人类学"将成为人类学学术的重要方向

今天，人类学家在关注文化、历史、结构、过程以及研究对象的行动时，经常要穿越村社、地方、区域乃至国家的边界。近年来，从大量的民族志作品看，仅仅试图赋予某个"个案"独立的意义已难成功，甚至当以类型学的手段进行个案分析时，我们也难以概括不同个案中"你中有我，我中有你"的整体性内涵。此外，虽然"跨国主义""跨境研究"等系列概念也在试图回应全世界普遍发生的"流动"状态，但仍然是不够的。因为，人类学的研究单位是立体的、多层次的，对任何一种社区单位层次的简单概括都

不足以分析当代世界体系中复杂的交叉性特征。即使是东方、非洲与南美等发展中区域，世界体系也早已将它们深深卷入其中。

"跨界"这一概念，要比"跨国""跨体系""跨境""跨社区"等具体性的概念更具有理论意义。跨界不是否认边界，而是试图重新认识"边界"。在一定程度上讲，我们区分村社、区域、国家的边界时，实际上也是在强调它们之间的联系纽带，比如，两个社区之间最为紧密的联系区域恰恰最可能产生在所谓的"边界"之中。因此，当人类学以跨界的视野去认识研究对象、研究区域时，所秉持的方法论，就不能仅仅是内部性的扩展个案研究，同时更要是内外兼顾的扩展个案研究。

今日，各种人口、商品和信息的洪流搅和在一起，造成边界的重置与并存，跨界本身成了一种社会事实，其中尤以人口跨国流动为甚，在这个过程中社会与文化的重重界限被流动人口的活动所打破。跨国生活过程将不同社会的多种边界并置于一个空间，我们在不同社会研究中所提出的概念和知识被连接起来，形成了一种"模棱两可"的场域，即一个地点两套（甚至多套）知识体系互动的局面。一方面，传统意义上的跨国流动关注政治界限的跨越和协商，但这只是多面体的一面。实际上，在这个环境中，多个社会中的民族、阶级、政治，参与到同一个边界运作过程中来，形成了一个由政治、经济与文化多重边界所构成的多面体。另一方面，这不仅是一个从多方面重新划界的过程，也是一个协商与抵抗的过程，是由政府、社会、企业与个人参与其中的互动机制。因而全球化，或者说跨国流动所带来的这种衔接部位并不存在固定的方向，这是一个各种力量相互摩擦的互动地带。

中国人类学与世界的对接点可能就在于"跨界"的人类学。流动的概念很可能会变成全球人类学的核心。比如，广州的流动现象反映了全球体系在中国如何表述的问题，广州的非洲人作为非洲离散群体（African diaspora）的一部分，以移民的身份进入中国这个新的移民目标国，在全球化的背景下重新形塑了人们之间的行为边界及行为内容。又如中国的技术移民—— 工程师群体，当他们移居到如新加坡等国后，他们的家乡认同、国家认同以及对新的国家的重新认同，都反映了流动、迁居所带来的多重身份认同。

流动、移民和世界单位，这几个概念将会构成中国人类学走向世界的重要基础。这些年我一直在思考，到底中国人类学有什么东西可以脱颖而出？我们虽然说已经有许多中国研究的作品，也尝试着提出自己的理论，但像弗里德曼那样的研究还无法构成人类学的普适化理论。我觉得，新理论有可能出自中国与周边国家和地区的跨界地带。如东南亚、南亚、东北亚、中亚等过渡地带。在这些区域，如果以超越民族国家的理念，把研究提升到地缘政治和区域研究的视角，进行思考和讨论，应该会产生经典的人类学民族志作品。同时，不同民族的接合部，在中国国内也会成为人类学、民族学研究出新思想的地方。其实，费孝通先生所倡导的民族走廊的研究，很早就注意到多民族接合部的问题，我们今天一般用民族边界来讨论，但接合部，在中国如蒙汉接合部、汉藏接合部等，还有其特殊的历史文化内涵。

不管是着眼于国内的流动还是跨国的流动，一个全新的领域——跨界的人类学（笔者语）将成为21世纪全球人类学的核心。人类学研究也必须与世界背景联系在一起，才能回答世界是什么的问题，才能回答世界的多样性格局在什么地方的问题。

现在，海外中国研究对于中国的民族研究有两种取向。一种偏文化取向，例如对西南民族的文化类型进行讨论；而另一种偏政治取向，将藏族等大的民族放到作为问题域的民族中来讨论。不论采取什么取向，我们首先要强调：任何民族研究都应当在民族的历史认同的基础上来讨论，不能先入为主地认为某个民族是政治的民族，而要回到它的文化本位。相当多的研究者在讨论中国的民族的时候，强调了民族自身的特殊性与独立性，却忽视了民族之间的有机联系及之间的互动性和共生性。也就是说，将每个民族作为单体来研究，而忘记了民族之间形成的关系体，忘记了所有民族皆处于互动的共生关系中。这恰恰就是"中华民族多元一体格局"概念之所以重要的原因。多元不是强调分离，多元只是表述现象，其核心是强调多元中的有机联系体，是有机联系中的多元，是一种共生中的多元，而不是分离中的多元。我以为，"多元一体"概念的核心，事实上是同时强调民族文化的多元和共有的公民意识，这应当是多民族中国社会的主题。

关于海外中国研究，有几点是值得注意的。首先，海外研究本身应该被放到中国对世界的理解体系中来看待，它是通过对世界现实的关心和第一手资料的占有来认识世界的一种方式。其次，强调中国与世界整体的直接关系。比如，如何回应西方因中国企业大量进驻非洲而提出的中国在非洲的"新殖民主义"问题？人类学如何来表达自己的声音？第三，在异国与异文化的认识方面，如何从中国人的角度来认识世界？近代以来聪明的中国人已经积累了一套对世界的看法，如何把这套对海外的认知体系与我们今天人类学的海外社会研究对接？也就是说，中国人固有的对海外的认知体系如何转化成人类学的学术话语体系？第四，海外研究还要强调与中国的有机联系性，比如杜维明提出过"文化中国"的概念，人类学如何来应答？近五千万华人在海外，华人世界的儒家传统落地生根之后的本地化过程以及与有根社会的联系，应该可以说，这恰恰构成了中国经济腾飞的重要基础。我们可以设问，如果没有文化中国，中国经济能有今天吗？

另外，海外研究还要重视跨界民族。这一部分研究的价值在于与中国的互动性形成对接。此外，还有一个很大的问题，就是中国人在海外不同国家中的新移民的问题。不同阶层的新海外移民在当地的生活状况值得关注，如新加坡的技术移民生活过程可以被视为一种在自由与限制、体面与难堪之间挣扎的过程等。同时，不同国家的人在中国的状况其实也是海外民族志研究的一部分。我觉得海外民族志应当是双向的。国内的朝鲜人、越南人、非洲人，还有在中国的不具有公民身份的难民，也都应该构成海外民族志的一部分。这方面的研究一方面是海外的，另一方面又是国内的。海外民族志研究不应局限于国家，要有多样性。

二、关于文化田野

自从人类学家告别古典时代"安乐椅"式的工作方式,开始远足到万里之外的异域和真正的"他者"打交道后,人类学这门学科才算真正找到了自己的位置。马林诺夫斯基在南太平洋小岛无奈下的调查,开启了人类学的新时代,他以建构"文化科学"为理念,给学科的方法论起了个"科学"名称——"田野工作"(fieldwork)。由此开始,人类学的田野被赋予了文化的主轴。

马林诺夫斯基文化科学的方法,是指研究者自身在原住民中生活,以直接的观察、详细充分地验证的资料为基础,参照专业的规范来确立法则进而论证这一民族生活的实态和规律。时至今日,田野工作对于专业的人类学研究者来说,较为理想的状态是研究者在所调查的地方至少住一年,以特定的社区为中心,集中、细致地调查这一社会。以田野工作的方式获取资料,在田野的基础上讨论问题,成了人类学专业的行规。

田野中出现的问题有几个趋向。一是田野的伦理价值判断问题。如果田野讨论实践、讨论行动的问题,那么田野的学理意义会受到质疑。二是很多田野没有观照社会学调查,只是一个社会调查而已,忽略了田野调查对象中人们的思想和宇宙观。田野本身是作为思想的人类学而非资料的人类学得以成立的。许烺光很早就在《宗族·种姓·俱乐部》里提出,社区研究是发现社区人们的思想,不是简单的生活状态,因为之所以产生这种生活状态,背后一定有一套思想体系的支撑。第三个问题是接受后现代人类学,忽略了人类学传统的田野经验,把田野中的资料过度抽象化,抽象到田野已经不是田野本身,而是研究者的一套说理体系。但如果把当地人的观念简单抽象化,这种田野是还原不回去的。

在一定意义上,人类学传统的社区研究如何进入区域是一个方法论的扩展，用费先生的话来说就是扩展社会学。人类学到了一定程度如何来扩展研究视角，如何进入区域，是一个重要的问题。这也涉及跨文化研究的方法论问题。"进得去，还得出得来"，拓展多点民族志的比较研究。

与方法论相关的另一个问题是，民俗的概念如何转化成学术概念。20世纪80年代，杨国枢和乔健先生就讨论过中国人类学、心理学、行为科学的本土化问题。本土化命题在今天还有意义。当时只是讨论到"关系、面子、人情"等概念。但是，中国社会里还有很多人们离不开的民间概念需要研究。又比如日本社会强调"义理"，义理与我们的人情、关系、情面一样重要，但它体现了纵式社会的特点，本尼迪克特在她的书中也提到了这一点。这如何转换成学术概念？民俗概念和当地社会的概念完全可以上升为学理概念。

田野，从一开始，就跨越了人类学家为其界定的概念边界。田野工作的本质，跨越了获取资料的技术手段，成为了对异文化的思想关怀。田野的目标，跨越了对某些事项的描写，成为人类学家超越时空进行思想交锋的平台。田野工作的意义，在"写文化"之后被赋予了更为丰富的内涵。随着极端后现代主义思潮的逐渐退去，经过深度反思的人类学已经不再迷信单一的理论范式，更放弃了科学主义的表述方式，然而学科共识却变得模糊了，人类学分支学科大发展的背后，是问题域的碎片化。面对困惑，人类学家还是纷纷回到田野里寻找答案。

此时的田野中，只有解答人类多元文化时迸发出的五彩缤纷的思想火花，而早已不见了单线、苍白的刻板界限。在非洲的人类学家，从随着部落民一起进入城市开始，问题意识也从找寻宗族的平衡机制转向贫民窟和艾滋病的治理方式；在拉美的人类学家，走出了原始森林荫蔽下的大小聚落，将目光转向民粹主义领袖的政治宣传策略；在东亚和欧美的一些人类学家，纷纷回到自己的家乡展开田野工作，不无惊异地发现自己对"本文化"的解读可以如此深入和多元。

当然，我们这种内外兼修的"跨界"人类学方法，仍然应以关注文化为核心的民族志田野来完成。当我们发现文化模式的共生与冲突、社区网络的连接与重组、习俗规范的形成与解构、行动意义的理解与实践等议题时，实际上就是在讨论"跨界"问题，而这个问题的核心议题仍是"文化"，人类学的看家本领——田野与民族志是理解跨界与文化的基础。我们的田野是文化的田野，它既不是沉浸于过去的历史回顾，也不是走马观花的现状调查。对历史、数据、哲学、政策等时髦议题的关注，是在文化田野之中的，而不能替代文化田野本身。正如费孝通先生曾在生前希望出一套"文化田野丛书"，但未果，后来我看其寄语感慨万千，也见此次丛书加上"文化田野"的表述，以纪念先生对于人类学的巨大学术贡献。费先生在寄语里写道："文化来自生活，来自社会实践，通过田野考察来反映新时代的文化变迁和文化发展的轨迹，以发展的观点结合过去同现在的条件和要求，向未来的文化展开一个新的起点，这是很有必要的。同时也应该是'文化田野丛书'出版的意义。"本套丛书在学理上也秉承费先生的这一寄语。

文化在田野中，才能获得最为鲜活的解读。文化田野，早已越过了社区的界限、族群的界限、区域的界限、国家的界限。如冲破传统上城乡二元的限制，进入到城市的农村人口，他们跨越城—乡，融合了"乡土性"与"都市性"，是城乡一体化的典型例证，他们因跨界、因流动而形成的文化风格甚至成为现代都市生活中有生机活力的创造性成分。他们在城乡之间消费自己的劳动、憧憬着家庭的未来，这是中国社会内部流动性的一大特点。除了内地汉族社会的流动性之外，民族地区的流动性与跨界性也是一大特点。早在20世纪80年代初，费孝通先生就提出了对于河西走廊、藏彝走廊、南岭民族走廊的中国三大民族走廊进行研究的民族学人类学意义。这三大民族走廊最大的特点就是跨界性与流动性。

20世纪80年代费先生提出了依托于历史文化区域推进经济协作的发展思路。"以河西走廊为主的黄河上游一千多里的流域，在历史上就属于一个经济地带。善于经商的回族长期生活在这里。现在我们把这一千多里黄河流域连起来看，构成一个协作区。"① 因此，这个经济区的意义正如费先生所说："就是重开向西的'丝绸之路'，通过现在已建成的欧亚大陆桥，打开西部国际市场。"②

对于南方丝绸之路，费老在 1991 年，曾在《瞭望》杂志上发表《凉山行》，其中就提到关于藏彝走廊特别是这一区域内和外的发展问题：由四川凉山彝族自治州与攀枝花市合作建立攀西开发区，以此为中心，重建由四川成都经攀西及云南保山在德宏出境，西通缅、印、孟的"南方丝绸之路"，为大西南的工业化、现代化奠定基础。

1981 年的中央民族研究所的座谈会上，费先生把"南岭走廊"放在全国一盘棋的宏观视野下进行论述与思考，之后又强调把苗瑶语族和壮傣语支这两大集团的关系搞出来。③ 这个论断，其实暗含了类型比较的研究思路。如南岭走廊的研究对于我们认识南部中国的海疆与陆疆的边界与文化互动有着重要的现实意义。南岭走廊是在长期的历史过程中逐渐形成的，并且与南中国海以及周边省份、国家逐渐发展成为一个有内在联系的区域。从历史与现实上看，与东南亚毗邻的南部边疆与南中国海及周边陆上区域，不但在自然的地理空间上有相邻与重合，而且在文化空间上形成了超越地理意义上的文化网络和社会网络。中国南部陆疆与海疆区域与东南亚之间的经济联系历史悠久，明清时期发展成为具有一定全球性影响的经济区域，到今天，中国—东盟自由贸易区，也是世界三大区域经济合作区之一。在这一背景下，这一对话和联系的基础离不开对这一区域的文化生态与社会网络的人类学思考，如山地、流域、海洋等文明体系和区域文化的研究。

费老强调的南方丝绸之路的理念，对我们今天的"一带一路"倡议，

---

① 北京大学社会学人类学研究所编：《东亚社会研究》，北京大学出版社，1993，第 218 页。
② 同上。
③ 费孝通：《深入进行民族调查》，费孝通：《费孝通民族研究文集新编》，中央民族大学出版社，2006，第 473—474 页。

有重要的参考价值。

在全球化的今天，随着"冷战"的结束，全球体系越来越向多极化方向发展，区域问题、地缘政治与发展等问题，不断在超越传统的民族国家的界限，全球化所带来的全球文化的同质性、一体化的理想模式，受到了来自地方和区域的挑战。因此从区域的角度，来探索全球性的问题和现象，是认识"和而不同"的全球社会的出发点。

面对这一大的战略转移，人类学、民族学对于跨国社会研究的经验和基础，会扮演非常重要的角色。比如重新认识和理解"一带一路"的社会文化基础和全球意识。我们的研究重点将会突出通过海路和陆地所形成的亚、非、欧之间的交通、贸易、文化交流之路。这种跨境的文化交融现象在现代化和全球化背景下将会越来越多，原本由国家和民族所设定或隐喻的各种有形和无形的、社会和文化的"界线"，不断被越来越频繁的人员、物资和信息流通所"跨越"，形成了复杂多元的社会网络体系。今日的世界日益被各种人口、商品和信息的洪流搅和在一起，带来边界的重置与并存，因而跨界本身成为一种社会事实。

国际合作背后重要的因素是文化，文化的核心是交流、沟通与理解。只有理解他国、他民族、他文化，才能够包容接受、彼此尊重，才能保持世界文化的多样性、价值观的多样性，才能建立人类文化共生的心态观，创造"和而不同"的全球社会。

本丛书的著作力图把社会、文化、民族与国家、全球置于相互联系、互为因果、部分与整体的方法论框架中进行研究，超越西方人类学固有的学科分类，扩展人类学的学术视野，形成自己的人类学方法论。同时本丛书也会出版海外民族志的研究，特别是以流动性为主题的人类学作品。中国人类学进入海外研究，这是与中国的崛起和经济发展紧密相连的。

本丛书也会遵守学理性和应用性的统一。我记得在 1999 年，日本《东京新闻》采访 20 世纪对世界贡献最大的社会科学家，在中国采访的是费先生，当时我做翻译。我印象很深的是这位记者问费先生："您既是官员又是学者，这在国外是很难想象的，您一直强调学以致用，它会不会影响学术的本真性？"费先生没正面回答他，他说作为人类学和社会学学科，它的知识来自民间，作为学者就是要把来自于民间的知识体系经过学者的消化后造福当地，反馈回当地，服务于人民，而中国本身的学术也有学以致用的传统。费先生所追求的核心问题就是"从实求知"和"致富于民"。本丛书在学理和实践的层面会以此为指导，使本丛书真正成为"迈向人民的人类学"的重要园地。

在文化田野中，我们可以看到的"跨界"实在太多，本套丛书也希望成为一个开放式的平台，特别强调高水平的人类学跨区域研究以及民族志作品，使之成为一个品牌并发挥长期效应。

序　一

赖川昌久（日本东北大学东北亚研究中心教授）

本著作是李晶先生在日本农村和渔村进行多年调查研究的成果。李晶先生从 2010 年 9 月到 2011 年 1 月，曾在我就职的日本东北大学东北亚研究中心任客座教授，曾数次在日本长期滞留，用文化人类学的主要方法——田野调查的方法致力于日本农村和渔村社会的研究。

李晶先生著作的研究特色在于，中国学者深入日本社会，通过详细观察人们的日常生活以及平时的所思所想，来阐明其特质。从 20 世纪初开始，日本和欧美学者对日本农村进行了广泛研究，可以说，中国学者的正式研究成果，本著作实属首次。

李晶先生的分析是建立在欧美文化人类学、社会学的先进理论的基础上的，同时也常把与中国农村的比较视角置于其研究中，就此产生了与以往研究所不同的独创性。另外，其以田野调查为基础的研究方法，不是拘泥于以统计数字为基础的分析和考察，而是对作为研究对象的日本农村和渔村的居民对其自身生计和传统文化的意识和态度的具体阐述，从这一点上讲，研究非常出色。

日本农村和渔村受 1960 年以后出现的经济高速发展和 1990 年以后日益严重的少子、老龄化的影响，经历了巨大变化。日本学者多关注这些变化发生前的农村和渔村社会以及现在的变化结果，往往忽略与其他社会相比日本社会特色中不变的方面。在这一点上，李晶先生的研究准确地捕捉到了日本社会特色中不变的方面，可以说在这个意义上，该研究提出了一个大问题，并取得了重要的研究成果。

我作为李晶先生学术研究上多年的同仁以及朋友，为李晶先生出色研究成果的付梓，而感到无比喜悦。我相信，此研究一定会被中日两国年轻学者所继承，促进学术交流的进一步发展。

2018 年 3 月春分

序 二
日本稻作传统中的 "村落共同体"

麻国庆

1994 年 10 月，我以北京大学和东京大学联合培养博士的身份到东京大学大学院文化人类学专业留学，师从末成道男教授。临行前到导师费孝通先生家聆教，先生希望我到日本后认真学习三位社会学家、人类学家的研究，他们是福武直、鹤见和子和中根千枝。我的日本老师末成先生正是中根先生的大弟子。在学校我不断学习这三位老师的著作，从中体会到他们的一个共同点，那就是关注中日的社会结构和乡村发展的问题。第一次去拜访中根先生时，她很高兴我来东大留学并问起费老的情况，我一一做了回答。她问我对哪方面感兴趣，我说家族与社会结构。她当时就建议我去冲绳做调查，比较一下中国社会与日本本土社会的区别 [但由于条件限制，我一直没有完成中根先生的建议。直到 2002 年我以日本学术振兴会外国人特别研究员的身份，在东京都立大学 (现在叫首都大学) 做客座副教授时，得到研究资助，才得以前后做过两次村落调查]。末成老师的研究则涉及日本、韩国、中国 (包括中国台湾)、越南等地的比较研究，而且倡导从受中国文化影响的东亚其他社会的视角，从周边来看中国。在两位老师的影响下，我在留学期间特别感兴趣的是同受儒家文化影响的中国和日本在社会结构上表现出何种差异，基于此，我阅读了相关的研究，并在末成老师的安排下去九州农村做了短期的调查。

其间我一直关注日本的 "家" "村" 问题。1999 年，我在《世界民族》发表了《日本的家与社会结构》一文，系统阐述了我对日本的家与社会结构的认识。之后我又出版了《家与中国社会结构》一书，在书中我把中国的"家"与日本的"家"进行了比较，我发现，日本的家更强调其作为一个经营体的概念，而中国的家则强调血缘体及外延扩大的社会关系特征，更具文化意识形态的意义。书中我还阐述了日本村落社会的基本特征，指出日本农村社会的同族组织是日本社会主要的社会结构之一。日本社会中的同族组织，表面上类似于中国的宗族制度，但两者的内容完全不同。日本的同族是在家联合的基础上建立的，家联合是由本家（honke）与分家（bunke）所组成的，即是一个称为"本家"的原有之家及与本家有附属关系的新成立之"分家"所构成的功能团体。典型的本家、分家关系是由长子继承本家，次子及以下诸子则为分家，不论是本家还是分家都是功能性的共同体。这显然不同于中国的宗族的系谱关系。和中国进行比较，日本的同族是以本家为中心的，同族含有非血缘者，血缘的原理较为淡漠，但中国的同族非常清楚是以父系血缘的原理结合在一起的。中国人所指的宗族是一个典型的父系继嗣群（patrilineal descent group），但是日本的同族显然并非一个继嗣群（descent group），这是中日两国亲族制度最基本的相异点。因此，中国的宗族是基于父系原理形成之群体；日本的同族则是基于居住、经济要素而形成之群体，其结构的本质具有一种松散的倾向，并非一种稳定的共同体。随着长子继承制度等在法律上的废止，以本家和分家关系建立起来的同族集团也就失去了其实质的意义。我在书中讨论了战后日本农村社会学的理论问题，指出战后的日本农村社会学，主要继承了战前有贺教授的研究；在此基础上，福武直教授提出了具有影响的日本村落类型论，把日本的村落分为同族型村落和讲组型村落。其他代表性的日本村落类型的分类还有人类学家冈正雄的同族制村落和年龄阶梯制村落、法社会学家畿田进教授的家格型村落和非家格型村落。上述不同的村落类型论揭示了一个共同点，即家这个角色在村落社会中所扮演的角色，是村落类型论的一个基点。战后日本人类学对于日本社会结构研究的重要成果之一，就是探明了年龄阶梯制村落的社会结构。这一结构特征与社会学对于同族村落的研究结合在一起，对于日本的村落的基本结构，基本上有了一个明确的认识，这主要是以村落结构和亲族结构的对应关系为主轴展开的。日本人类学研究者对于村落社会的同族制村落和年龄阶梯制村落两种类型的分法和日本社会学者的看法并不相同，如有贺喜左卫门和福武直，都不承认年龄阶梯制在村落结构上的意义。事实上，这种分歧出于各自的研究视角，如果确切地来划分年龄阶梯制村落和讲组型村落也是很困难的，但至少有一点是共同的，从功能上来看，在日本村落社会中，这三种性质确能体现不同的村落的结构特点。我在书中还讨论了日本和中国的村在结构上的差异问题，指出从神社和庙的性质的差异上就可以看出日本的村和中国的村在结构上的差异。在日本，村里有神社，氏神不只是血族团体的守护神，它也保护着村与村里的人。例如对于祭祀，村民并不是为了各自的利益进行祭祀镇守，而是祭祀村全体的守护神，可见神社作为地缘结合的中心起到了强化地域认同的作用。中国的村落中村人信仰的对象除宗祠外，还有村庙。村庙是村人信仰的中心之一。汉民族作为血缘集团象征的祠堂和作为地域社会象征的村庙，和日本最大的不同，就是在历史的发展中，并没有自然地融合在一起，而是相互独立地存在。也就是说，血缘和地缘的纽带在汉民族的村落生活中是分离的。在日本，村同族集团在以共同祖先神为中心结合在一起的同时，又与其他的同族一起祭祀神社，祭祀共同的村守护神。因此，在地域的融合发展过程中，形成了具有纯地域团体的特色。在这一过程中，氏神、产土神、镇守常作为相同的词来使用，它们作为血缘、地缘一体化的共同体的神而被村民祭祀。在书中，我表达了自己对中日社会结构构成差异的看法，认为这一差异使中日两国选择了不同的现代化道路。可以说，中国的传统社会结构比日本有更多的不利于现代化的因素，如继承制所体现的资本的分散、集团构成的血缘意识、社会组成的关系网络等，当然这些只是现代化过程中的内在因素。

2001 年到 2003 年，我以日本学术振兴会外国人特别研究员的身份，在东京都立大学（现在叫首都大学）渡边欣雄教授的安排下，在长野农村做了前后几个月的田野调查，后来又到冲绳调查。从田野中我深切感受到中日两国在乡村社会方面的本质性差别。在我看来，对日本社会的人类学研究是人类学全球话语体系之内的工作，对于中国人类学界来说，这项工作做得还不够理想。早在 2010 年，我在《中国人类学的学术自觉与全球意识》一文中就谈到，人类学最终要解释人类生存价值背后的普遍性和特殊性，这种诉求的背后是对人与文化的反思。人类学话语体系是全球性的话语体系。作为一门以研究异文化为基础的人类学，这一传统对于学科的发展是非常重要的一个环节。2015 年，我在《跨界的人类学与文化田野》一文中指出，今天，人类学家在关注文化、历史、结构、过程以及研究对象的行动时，经常要穿越村社、地方、区域乃至国家的边界。近年来，从大量的民族志作品看，仅仅试图赋予某个"个案"独立的意义已难成功，甚至当以类型学的手段进行个案分析时，我们也难以概括不同个案中"你中有我，我中有你"的整体性内涵。此外，虽然"跨国主义""跨境研究"等系列概念也在试图回应全世界普遍发生的"流动"状态，但仍然是不够的。因为，人类学的研究单位是立体的、多层次的，对任何一种社区单位层次的简单概括都不足以分析当代世界体系中复杂的交叉性特征。即使是东方、非洲与南美等发展中区域，世界体系也早已将它们深深卷入其中。因此，我认为进行海外民族志研究，除了可以加深对研究对象国的认识之外，对我们进一步认识中国社会、解决中国社会自身的问题也大有裨益。而海外研究，即对于与中国文化密切相关的周边国家的研究，显得尤为重要。中国和日本的关系非常重要，对亚洲社会中的日本社会的田野研究，是我们认识日本社会的重要基础。我一直希望有学生能在日本做一个长时间的田野调查。

李晶是我 2008 年在中山大学人类学系接收的博士生。他是我迄今为止带过的最年长的博士生，入学时年龄已经 50 岁，早已是大学日语专业的教授。当时，他对我谈了考博的志向。他说，他从大学毕业就一直想研究日本社会、文化，虽然早年也在日本留学过几年，但是那时学习、研究的是日本的"国语"，这不是他的初衷，违心的学习，一度使他失去了再学习的兴趣，现在年龄虽然不小了，但他还是想重拾旧梦，在我的门下研究日本社会、文化。这样的年龄还对学问有如此大的兴趣和决心，实在令我感动。最终，他以优异的成绩通过了博士生入学考试，如愿成了我的学生。入学以后，他和我再度商谈博士期间的研究方向时，坚持要研究日本问题，这无疑令我欣慰。李晶扎实的日语基础和刻苦的学习精神，使我相信他一定能出色地完成博士阶段的学习。决定好研究方向以后，2009 年 7 月至 9 月李晶就去日本踩点，经过两个月的实地考察，他最终决定把日本宫城县仙台秋保町马场村作为田野点。

我们知道，日本社会经历了 20 世纪 60 年代的高度经济发展、90 年代以后的老龄化之后，社会结构发生了巨大变化，农村出现了"极限村落"，即面临消失危险的村落，和更多的"过疏化"村落。面对这种情况，日本学界"村落终结论"盛行，杞人忧天的情绪蔓延。日本农村果真如此吗？带着这个问题，李晶于 2010 年 7 月开始再度去田野点进行调查，经过半年扎实的田野调查，他对日本村落社会有了更为全面、系统、深刻的认识。李晶决定跳出日本村落研究的传统理论藩篱，用新的视角重新审视日本村落社会。稻作农业是日本的传统农业，也是日本农业的支柱，日本农业的 90% 以上都是稻作农业，且稻作农业历史悠久，由此而产生的稻作文化是日本文化的根基。以稻作传统看村落社会变迁，这是一个全新的视角，仅此一点，也可以看出其研究的创新性。经过和我的讨论，李晶决定用"稻作传统"的视角，看日本村落的社会变迁。他说，他研究的目的是找出日本村落社会变迁的原动力，看清日本社会未来发展变化的方向。同时也希望从日本的"田野"中挖掘出具有普适性的经验来，为进一步认识和解决中国问题服务。这样，李晶的博士论文题目最终确定为《稻作传统与社会延续——日本宫城县仙台秋保町马场村的民族志》，之后他又在日本坚持做了半年多的田野调查，前后累计在日本的田野点工作了将近一年半的时间，之后完成了他的博士论文。其论文主要讨论的是日本稻作传统中的"村落共同体"问题。在日本，从明治以来，作为集落社会构成单位的村，分成自然村和行政村两种形态，自然村为中近世建立的村落共同体，行政村为明治以后作为完备的地方自治体的行政单位。在这两种村落中，连接村落人们的纽带正是村落祭祀。明治政府所推行的一村一社的政策，强化了神社在村中的地位。实际上，村落共同体意识常常以具有相互独立身份的家的共同体意识为出发点。因此，在认为家是日本社会的基石的同时，也应认识到家也是日本宗教的基石。日本人对作为家的一员有甚强的认同，比起个人的认同更强得多。

不过，如何看待"村落共同体"，学者的意见莫衷一是，争论很多。在此背景下，李晶的研究难能可贵。他的研究突破了传统的研究范式，研究结果澄清了一些人对日本村落共同体的模糊认识。日本"3·11"大地震以后，其东北沿海地区发生了巨大变化，对地震和海啸还有余悸的人，纷纷离开了世代生活的故乡，没有离开的人中有的人至今还住在政府提供的简易房里。日本政府虽然投入了大量的人力和物力来恢复灾区的风貌，但是至今还没达到灾民们所预期的效果，有些灾民开始"抱团取暖"，通过互助方式解决灾民生活中的困顿，甚至有人开始怀念起"共同体社会"时代。所谓"共同体社会"时代就是村落的各种社会组织健全、发挥作用的时代。从这一点也可以看出李晶研究"村落共同体"问题的现实意义。

李晶的著作开宗明义，运用人类学的研究方法考察日本村落社会，目的不是想通过研究，提出自己的价值趋向或者倡导什么主张，而是希望像格尔兹提倡的那样解释"地方知识"，并从中找出中国可以借鉴的东西。本书关注的是在当今全球经济一体化、日本经济发展不景气、即将加入跨太平洋伙伴关系协定（简称 TPP）的大背景下，日本农业、农村、农民如何调适、维系村落的问题。日本社会中，既有前现代的，也有现代的，甚至还有后现代社会的特质，前现代社会的某些社会传承，在某种程度上还影响着当今的日本社会。与其他社会相比，日本农村社会中，最有特色的就是"村落共同体"。李晶对日本村落的研究主要运用的是社会人类学与文化人类学的方法，通过分析日本"村落共同体"的演变，透视村落变迁过程，揭示在世界经济一体化、乡村城镇化的过程中，村落维系的内在动因。他研究传统日本社会的目的与日本、欧美学者不同，除了挖掘维系村落的普适性的经验之外，还希望为中国农村的发展提供实证经验。可以说，作者许下的愿望都兑现了，本书通篇都是围绕着稻作传统下的"共同体"意识这一主题展开的。作者最后指出，如今的日本村落既非传统意义上的"村落共同体"，也非现代意义上的"社区"，"村落共同体"以其特有的形式延续着。"村落共同体"之所以能够延续，既有传统文化的作用，也有村落中的各种社会组织的努力。日本农村，并没有因为"村落共同体"的存在和国家在农村社会的隐身而出现社会失衡。这让我想到林耀华先生在《金翼》中提出的村落社会的"平衡"理论。中日农村社会共同点之一，就是平衡性。日本政府给农村社会提供的是"政府服务"和政策导向，管理则依靠村落中的社会组织；社会组织既对国家负责，也对村民负责，这客观上既维护了"国家的权威"，又维护了村民的利益，还维护了"村落共同体"。日本的村落之所以能在社会的不断变化中维持其自身的发展，主要原因就是：村民的"村落共同体"意识并没有丧失；村落中各种社会组织基本健全；村落的传统文化没有遭到破坏。这一结论发人深思，特别是对于当下中国乡村社会的研究有着重要的借鉴作用。

李晶的著作是中国人类学者写的第一部关于日本村落社会变迁的民族志。著作归纳起来有如下几个特点：

第一，关注村落共同体这一传统资源的现代意义，详细地梳理了日本村落研究的成果，归纳了日本村落研究的理论，并提出了对于传统理论修正的视角，即村落研究的"共同体"视角，阐述了"稻作传统与社会延续"这一主题在日本乡村研究中的意义。在日本有不少对村落的研究，主要关注的是传统意义上的村落，以及现代村落变迁的结果。他们受后现代主义思潮的影响，认为日本村落变化是必然的，却往往无视村落共同体的客观存在。李晶详细地考察了村落的社会组织的运作情况，参加了社会组织搞的一些活动，发现传统稻作农业赖以生存的"讲""结"等社会组织虽然已经失去了实用功能，但是其他社会组织，如町内会、水利管理组合、消防团、青年组、葬礼组、檀家集团等传统社会组织在村落事务中仍然发挥着重要作用。作者指出，传统的社会组织仍然是社会治理的重要力量和资源。

第二，很好地把握了空间与社会的关系。他提出了日本村落研究的圈层理论，对婚姻圈、集体祭祀圈、生产与生活圈、情感交流圈等熟人社会的圈子做了很好的表述。特别是他描述了稻作传统对"家"与"村"变迁的影响作用。如"共同体社会"中的"家"与"村"，概述了"家"和家族形成的过程、明治政府制定的家族制度、日本人的家族意识、日本"家"继承的传统、马场村的"家"继承现状、日本东北地区亲戚的分类、日本"村落"的历史等。他指出，在日本，"家"与"村"的产生与稻作农业有关，稻作农业对地力、水利设施、共有山林的维护必须靠大家，"村"是跨越家庭的互助共同体。

第三，把社会结构的研究与乡村文化仪式作为互为联系的有机整体开展研究。他详细考察了稻作传统中的民间信仰，包括祖先崇拜、山神崇拜和道祖神崇拜，以及稻作传统中包括插秧舞和"神乐"在内的民间艺术、传统节庆活动，包括"正月仪式"、盂兰盆节、新年会等。作者指出，马场村的"正月仪式"，包括"私"的正月仪式和"公"的正月仪式。"私"的正月仪式是千百年来形成的民间传统，"公"的正月仪式是日本现代国家出现以后建构的具有国家意识形态的"传统"，因此，村民在过"正月"的时候，会同时受到民间传统和国家传统的双重文化洗礼。他同时还详细地考察了日本村民的葬礼仪式。作者指出，日本村民的葬礼仪式办得都很隆重，是村落中的重要活动，参加他人的葬礼是村民不可回避的事情。村民的各种文化仪式在维系村落"共同体"中发挥着重要作用。特别是他对信仰"共同体"的研究，把国家与社会之间的互动关系，通过神道清晰地展现出来。神道是日本的宗教，从神道的发展轨迹上看，可以分为古神道、民俗神道、教派神道、神社神道、国家神道。所谓国家神道是明治维新以后创造出来的具有国家意识的"神道"。国家神道包括神道行政，是国家主导的"神道"。国家神道教义的核心是"天皇现人神思想"和"万世一系思想"，它从明治维新以后到"二战"结束一直左右着日本国民的生活和意识，成为日本发动侵略战争的工具。作者详细考察了村民的神道信仰，指出在如今的日本，"神社本厅"这个曾经的日本政府管理神社的机构，现在虽然在身份上是社团法人，不是政府机构，但其管理神社的方法和"国家神道"如出一辙，它对村民的神道信仰影响不可低估。正是由于"神社本厅"的作用，村民的"民俗神道"活动，不断被嵌入"国家神道"意识，致使村民在神道活动中自觉不自觉地接受着"民俗神道"和"国家神道"的双重教化。

第四，把农村、农业、农民的"三农"问题，置于国家、地方与社会互动框架下展开讨论。书中强调生计模式、农协、村落精英、村落发展与村落共同体的内在联系。如乡村稻作文化传统的特点以及稻作农业以外的生计模式。他所调查的马场村地处山区，适合种稻的农地有限，过去，村民除了种稻还有不少人烧过木炭、养过蚕、种过荞麦，还有人兼职其他工作。事实上，在日本农村仅靠农业生产很难满足村民的消费需求，所以日本农村的"农民"多数是兼职的，基本都有其他职业，专业农户很少。因此，在这种情况下，维系村落存续，要靠村民的自觉。如书中对于村民的年龄结构和受教育情况也做了调查，指出：现役"农民"多是70岁以上的老人，其中有不少人以前曾在外面工作过，至少小学毕业；65岁的人受教育程度更高，一般都有在外工作的经历，其中在政府部门工作过的人为数不少，这些人被作者称为"返乡务农者"，他们有丰富的生活阅历和在外工作的经历，一般都是村落各种社会组织的负责人，在村落事务中，发挥着重要作用。另外还有一些城市人，厌倦了城市生活，来村落租地种菜、养鸡，他们虽然没有真正融入村民的生活中，但是他们的到来，给老龄化的村落带来了生气，成了村落延续的助力者。此外，政府荫庇下的日本农协在村民生活中也发挥着积极的作用。书中指出，在日本，农业虽然不是优先发展的产业，但却是日本政府重点保护的产业。日本政府的主要农业政策的实施不光靠政府部门本身，还主要靠民间组织。在日本农村社会中，最大的民间组织是农协。农协在日本农村社会中发挥着巨大的作用，它既是农户的代言人，也是国家政策的实施部门，具有双重身份。还有一点，本书特别强调"村落自治"中的国家在场问题。书中调查了包括马场村历史上的"村落自治"、教育与村落自治、马场村"村落自治"中的国家等问题。町内会和秋保综合支所在村落事务中都发挥着作用，町内会代表民间，秋保综合支所代表国家。町内会在政府政策的指导下实施村落自治，既是村民依靠的、自己的社会组织，也是政府信赖的、可以传递政府声音的社会组织，因此并没有游离于体制之外，它是村民和国家都依靠的组织。日本的地方自治是国家主导下的地方自治，一直存在于国家村落社会中，国家意识一直影响着村民。

最后，作者特别强调乡村再建中精英所发挥的作用。作者用中国传统的"绅士"来加以比喻。日本之所以能容纳"乡绅"，原因在于日本在现代化的发展过程中，成功地解构了"城乡二元结构""国家—社会二元结构"。日本乡村管理靠的是政府引领下的村民自治，村落真正的管理者是村民，政府只提供政策和资金，与村民合谋管理，对村民平等相待，为此村民建设家乡的积极性被调动起来，"乡绅"有了用武之地。

综合而言，作为民族志研究，方法和方法论很重要。李晶的研究运用人类学的田野调查方法，接触村民，体味他们的真实生活，了解他们的真实思想，捕捉"家"与"村"延续的文化机制，得出了稻作传统所形成的文化传统——"共同体"意识是维系日本"家"与"村"的原动力之一的结论。

这一结论正确地反映了日本稻作村落的实际情况，揭示了日本稻作村落的本质。虽然作为一名中国人类学者，对日本社会进行民族志研究，本身就具有研究者和被研究者之间的关系和自身立场问题，但从李晶对于研究对象的处理来看，非常符合学科规范。这为中国的日本社会研究提供了宝贵的田野经验，也为中国人了解日本社会提供了详实的"地方知识"。本书在探讨每一个问题时，都有扎实的田野经验再现和理论对话。主题对话的是"共同体"理论，各个章节的讨论则涉及了"家""村"理论、文化模式理论、仪式理论、社会管理理论、共同体理论、国家治理理论、社会结构理论、宗教人类学理论等。本书理论对话丰富、田野调查详实，可以称为是民族志研究的上乘之作，并对于重新思考中国目前的"乡村振兴"与农村发展，有着重要的借鉴作用。

李晶的博士论文付梓，可喜可贺。这本著作是他多年努力的结晶。我相信，这是他学术追求的一个新起点，他身上的那种老骥伏枥、志在千里的精神，还会让他不断取得新的成果。

2018 年 4 月 25 日于中央民族大学

岩手县

栗原市

气仙沼市

本吉町

南三陆町

登米市

加美町   大崎市

山形县

色麻町   涌谷町
         美里町   石卷市
大衡町   女川町
大和町   大乡町
         松岛町   东松岛市
富谷町   利府町

仙台市   盐釜市
                       七ケ浜町
秋保町马场村 川崎町   多賀城市

         村田町   名取市
藏王町   岩沼市
         柴田町
         大河原町 亘理町
七ケ宿町 白石町   角田市
         角田市   山原町
         丸森町

官城县仙台市秋保町马场村的位置

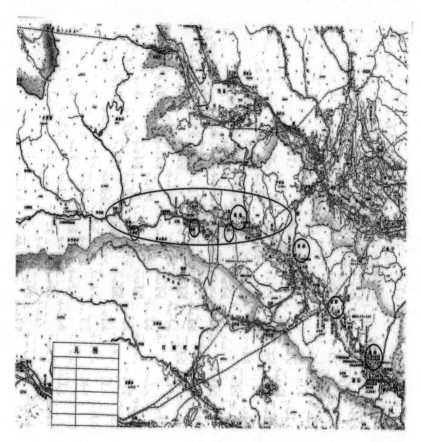

仙台市秋保町马场村——马场集落、野口集落、泷原集落、野尻集落

注释：秋保町位于宫城、山形两县分界的奥羽山脉西侧，夹两山之间。东西长24.5
公里，南北宽1.22公里，呈L字形，总面积14658公顷。马场村位于秋保町的最西面，
毗邻山形县，包括马场村落、野口村落、泷原村落、野尻村落四个自然村，东西长
12公里。

主要人物

马场村驿站村落

斋藤享（男，70 岁，马场村驿站村落町内会会长，报道人之一）

二瓶昭夫（男，63 岁，入赘女婿，仙台退休警察，原宫城县登米人）

中野利夫（男，45 岁，中野理发店店主，媳妇是中国人，返乡务农者）

三笑（本名房前纪义，男，65 岁，民间艺术品店店主，日本九州大分县人，退休前是日本某建筑公司工人）

佐藤明信（男，58 岁，秋保町马场村驿站人，秋保支所工作，国家公务员）

二瓶博（男，83 岁，二瓶大本家）

中野正幸（男，65 岁，入赘女婿，民主党党员，秋保神社总代表，报道人之一）

太田胜美（男，83 岁，在日本海军服过役，专业农户）

太田嘉男（男，54 岁，仙台消防队员，驿站村落青年契约组合会长）

伊藤幸哉（男，50 岁，秋保综合支所总务科地域振兴系长）

二瓶恒男（男，77 岁，退休曾在秋保综合支所工作过，仙台市农业协同组合总代表、仙台市秋保町马场爱宕神社神乐保存会会长、秋保福祉杜鹃花苑理事长。仙台市农业协同组织总代表，报道人之一）

中野洋行（男，50 岁，中惣商店店主，报道人之一）

野口村落

斋藤亮（男，63 岁，兼业农户，汽车司机）

菅原淳（男，65 岁，兼业农户）

相泽登志美（男，65 岁，兼业农户，本家）

斋藤三夫（男，65 岁，秋保农业实践组合负责人）

斋藤重美（男，67 岁，斋藤三夫的分家的分家）

中野勋（男，65 岁，野口町内会会长，秋保町农业委员会成员）

泷原村落

敕使河原幸一（男，70 岁，秋保町的豪族，专业农户）

高桥奎助的老婆（女，67 岁）

佐藤龙夫（男，66 岁，马场村町内会会长，原秋保综合支所工作人员）

野口稔夫人（女，60 岁，养鸡专业户，神奈川人）

柴田学（男，70 岁，卡车司机）

野尻村落

二瓶久（男，69 岁，护林员，老婆是九州人，秋保总镇守秋保神社的总代表）

佐藤孝作（男，75 岁，野尻村落入赘女婿）

佐藤英雄夫人（女，65 岁，佐藤杂货店店主）

佐藤今朝治（男，68 岁，野尻村落町内会会长）

佐藤贞昭夫人（女，80 岁，佐藤贞昭家祖上是"足轻的组头"，丈夫是入赘女婿）

新农民

板桥（男，64 岁，租地种葡萄者）

加藤（女，29 岁，仙台南人，原公司职员，租地种菜者）

渡边（男，40 岁，仙台市人，原公司职员，租地种菜者）

铃木（女，42 岁，仙台市人，原小学老师，租地种菜者）

长泽（男，42 岁，札幌人，原东京某公司职员，租地养鸡者）

导　言

一、共同体社会的理论视角

本书是一部关于日本村落变迁的民族志。它运用人类学的研究方法考察日本村落社会，目的不是想通过研究提出自己的价值趋向或者倡导什么主张，而是希望像格尔兹提倡的那样解释"地方知识"，并从中找出中国可以借鉴的东西。本书关注的是，在当今全球经济一体化，日本经济发展不景气，日本即将加入美国主导的跨环太平洋伙伴关系协定（简称TPP）的大背景下，日本农业、农村、农民如何调适、维系村落的问题。我做日本村落社会研究，选择稻作农业作为研究视角，原因在于虽然日本现在是发达的工业国家，但历史上是个传统的稻作农业国家。日本社会中，既有前现代的，也有现代的，甚至后现代社会的特质，特别是前现代社会的某些社会传承，在某种程度上还影响着当今的日本社会。我做日本村落社会研究的目的，首先是希望人们进一步了解日本农村社会，进而了解整个日本社会；其次是想通过挖掘日本村落治理的历史，为中国农村社会的发展提供可借鉴的经验。

与其他社会相比，日本农村社会中，最有特色的就是"村落共同体"。日本自古以来的农业就是以稻作为主的农业，稻作农业离不开互助，离不开对水资源的共同开发和利用。历史上的每个时期，日本农村社会中都有与稻作农业有关的"村落共同体"存在，但是真正意义上的稻作农业的"村落共同体"，始于德川时代（江户时代）。那时的"村落共同体"强调村落的整体性，村落直接对"国家"负责，是一个相对独立的、被整合的实体，由以地主为代表的阶层操纵；每个村落都有其独特的文化传承，即"村精神"；村民被各种村规束缚，村落的"村八分"使村民的生活规范化；村落的同质性强，具有明显的排他性，封建社会的特征显著。明治新政府，强力推行全盘西化，试图改变日本农村社会的基本结构，为使日本农村社会适应民族国家的需要，推行了"市、町、村"制度，把原有的几个自然村，合并成"行政村"，以加强对农村社会的控制，建构起了以天皇为中心的"现代国家"。明治政府的期盼，在某种程度上得以实现：农村被纳入国家的管控范围，国家权力得到强化；国家意识形态开始渗透到村民的生活中，德川时代建立起来的"村落共同体"遭到了批判，村落内部的主从关系开始被消解，适合新时代的、以"家族"和"村组"为核心的"村落共同体"应运而生。新型的村落共同体，不同地区有不同的特点。研究表明，日本东北地区的村落共同体具有"同族型"的特征，西南地区的村落共同体具有"村组型"的特征。一般认为，东北地区的村落共同体更具"封建性"，而西南地区的村落共同体更具"现代性"。在很多人的眼里城市化就是现代化，以为穿上洋装便是绅士了，殊不知，现代化是一个十分宽泛的概念，而且是一个容易产生歧义的概念，农村的现代化绝不等同于"城市化"。农村现代化必须考虑到与原有文化传统的融合和对接，否则只能是揠苗助长式的"现代化"，缺乏生命力的"现代化"。

村落既是一个空间单元，又是一个社会单元。从研究内容来看，村落研究既包括村落的起源、演变与发展规律，也涉及村落景观、村落形态、风俗信仰、商业活动以及村落社会结构，等等。在日本，村落研究一直是民俗学、社会学、文化人类学、农业经济学、历史学的传统研究领域。其中，日本的文化人类学虽然是一个独立的学科，但是学科界限并不十分明确，事实上是以民族学和社会人类学为核心，包括先史考古学、语言学、民俗学、心理人类学、人类生态学等专门领域的有关内容的综合性学科。① 日本的文化人类学是脱胎于民俗学，同时受西方社会学和人类学影响而发展起来的学科。因此，在讨论日本村落研究的时候，不可避免地要涉及民俗学和社会学对日本村落的研究。另一方面，农村地域社会的研究在日本社会学研究中历史悠久，始于第二次世界大战以前，具有实证研究传统。20世纪20年代，发端于美国的农村社会学传入日本，得到迅速发展，涌现出了一批农村社会学者和优秀的作品。日本农村社会学的研究方法独树一帜，大体上可以分为以下四种：第一是农村社会学的传统方法，即基于"家、村理论"的研究；第二是基于系统论的研究；第三是记述实态的专题研究；第四是地域计划视角的研究。本文主要以农村社会学的传统方法，即基于"家、村理论"的研究角度，考察日本村落社会，力图勾勒出日本村落发展变迁的脉络，并从民俗学、社会学、文化人类学三个维度，对日本村落研究进行综合梳理。

二、日本村落研究的传统

（一）日本民俗学家对日本村落的研究

日本的民俗学，最早可以在近世的国学和本草学中找到源头，但真正意义上的研究始于19世纪。新渡户稻造和柳田国男1909年在宫

---

① 庄锡昌、孙志民编著：《文化人类学的理论构架》，浙江人民出版社，1988，第338—340页。

崎县椎叶村进行了民俗调查。柳田把采访得来的狩猎故事进行编辑，出版了《后狩猎词记》，这是柳田民俗学迈出的第一步。1913 年，柳田开始创办杂志《乡土研究》，并阅读了从南方熊楠那里借来的高谟的《民俗学手册》(*The Handbook of Folklore*)，从此走上了民俗学的道路。之后，创立了日本民俗学，使日本民俗学走上了独立发展的道路，而农村也成为其研究的主要领域。

1. 南方熊楠的自然村保护论

最早研究日本村落的学者有著名的博物学家、生物学家、民俗学家南方熊楠。他在《日本及日本人》中，发表了"反对神社合并"的意见。他代表村民反对一个行政村只留一个神社的神社合祀令（1906）。他认为，神社的合并，使树木遭到滥伐，自然被破坏，居民生活受到威胁。废除小神社，除了会导致民间信仰的衰退之外，由于剥夺了居民聚会的公共场所，还会导致地域居民连带感的丧失。为此，他发动了反对神社合并的运动。该运动被称为日本生态保护运动的先驱。其间，日本政府推行了一"村"一个神社的政策，以使日本的民间信仰和国家意志结合起来。南方熊楠提出的自然村保护论，主要是为了阻止国家对村落的过分渗透，保护村落的自然生态。南方熊楠从青年时起就在欧美长期生活，掌握了理论扩展的方法。尽管，南方熊楠的民俗学研究，没有产生出影响日本村落研究的深刻理论，但是他的学术思想对后人的影响是巨大的。他与柳田国男交情甚笃，向柳田国男推荐了高谟的《民俗学手册》，该书对柳田国男民俗学的形成产生了很大的影响。

2. 民俗学家柳田国男的自然村观

柳田国男 1875 年出生于日本兵库县神东郡辻川村的松冈操家，

13 岁时离开故乡，27 岁时做了大法官柳田良平的养子，改姓柳田，大学毕业于东京帝国大学法学部。他有很高的汉学修养，还阅读过不少欧洲的民族学、人类学著作，比如泰勒的《原始文化》、马林诺夫斯基的《原始的性爱》等书籍。柳田国男受高谟的《为历史科学的民俗学》启发，剖析了日本的原始信仰。他融会贯通了东西方文化，融合了本居宣长和平田笃胤的国学研究和西欧的文学以及人类学、民俗学研究方法，形成了其独特的民俗学。早期的作品《远野物语》发表后，被尊称为日本民俗学之父。他的《蜗牛考》中的"方言周圈论"、《乡土生活研究法》中的"重出立证法"为日本民俗学提供了理论与方法论。另外，他还在全国各地推行山村调查和渔村调查。他的著作被后人整理成《柳田国男全集》，全 32 卷。他的村落研究成就斐然。他的国学基础丰厚，出版了《古事记传》。《古事记》，把日本称为"丰苇原的水穗之国"。根据本居宣长①的说法，"水穗"就是指挂满露水的稻穗。柳田国男在《古事记传》中写道，"皇御国中万物诸事优于异国，其中稻谷最甚。时至今日亦优于万国之美，在于它源于神代②"，言语中寄托了他对水稻的特殊情怀。柳田国男继承了本居宣长的思想，其民俗学的核心内容就是日本的种稻文化。他在其后的著作《海上之路》（1961）中，对种稻饱含深情，写道："我年事已高，气力衰竭，恐怕不能再分担过多的工作。但是，唯有种稻的问题，以后还要继续思考下去，还要发表自己的意见。"③也就是在这篇文章发表的第二年，即 1962 年，在柳田国男的倡导下，日本稻作历史研究会成立了。柳田国男还提出了"被建造的村"（建构论）和"自然产生的村"（本体论）的概念。前者指的是随着经济圈的扩大，领主在一定地域内动员

---

① 本居宣长（1730—1801），日本江户中期的国学家、歌人。日本国学四大家之一。
② 神代即神话时代，神武天皇即位前诸神统治日本的时代。
③《柳田国男全集》第一卷，第 29 页。

居民建立新的村落；后者是在没有外力的情况下，居民的祖先靠自己的力量建立的村落，即村落本来不是由国家建立的，是农民的劳动组织自己营造的。柳田国男的"被建造的村""自然产生的村"的概念和之后出现的铃木荣太郎的"行政村""自然村"不同，更强调"自然村"本身的作用。在《采集事业的一个时代》中，他说："作为公共团体的村的共同体性不能仅靠町村制来维持，村落内部中有保护共同体性的不成文的契约。"① 柳田国男开创的日本民俗学，开辟了日本农民生活和农村社会的实证研究道路。

3. 日本传统民俗学研究的对象

传统上，日本民俗学研究的对象是以稻作农业为生计模式的"村"，并由此产生了日本民俗文化一元论的观点，其观点就是主张稻作农业是日本农业的核心，稻作农业是日本民俗文化的源头。日本学者的这种认识，某种程度上是受了柳田国男的影响，这种情况一直延续到第二次世界大战前。战后，特别是 20 世纪 60 年代日本进入经济高度成长期后，日本的农村变化巨大；80 年代以后，日本社会进入转型期，城市化进程加快，农村的同质性减弱。日本民俗学研究由此朝多样性方向发展。

4. 日本民俗学研究的变化

第二次世界大战以后，特别是 20 世纪 80 年代后，随着城市化进程的发展，作为民俗学的主要田野工作对象的、封闭性很高的农村逐渐解体。民俗学刚开始盛行的时候，日本人口中，大多数是农村人口，

---

① 石川一三夫：『村落二重構造論の形成と展開——研究史に関する覚書一』，中京法学卷 1・2号，2002 年，第 12 页。

现在农村人口占总人口的不到 10%，农村的生活逐渐都市化了。农村的变化使民俗学者转而开始开辟新的研究领域。在日本，上世纪七八十年代的"民俗学要消亡"的一片议论声中，可以看到都市民俗学和美国民俗学对日本传统民俗学的冲击。90 年代以后，日本民俗学受旅游人类学的影响，开始注重地域开发、旅游、文化遗产等方面的研究。

（二）社会学家的日本村落研究

日本社会学是通过欧美社会学的传播而形成和发展起来的，其社会理论和方法主要来自欧美社会学。农村社会学产生于 19 世纪末 20 世纪初的美国，社会学在美国的迅速传播和发展，为人们运用社会学的理论和方法研究农村社会奠定了理论基础。起源于美国的农村社会学经历了两种不同的发展途径：一种是以美国芝加哥大学的亨德森（Henderson）为代表的社会学者所进行的农村社会实际问题的研究，其研究采用了科学的社会学方法，注重理论；另一种是根据美国当时农村社会研究的实际需要，完全由实践定向的途径，其代表人物是美国纽约大学的贝利（Barley）。他通过实地考察完成的论述美国农村社会生活的报告，是农村社会问题研究的滥觞。之后，在墨西哥大学任教的巴特菲尔德（Butterfield）的《美国农业教育之未垦域》、威斯康星州立大学的高尔宾（Galpin）的《一个农业社区的社会解剖》相继发表，标志着农村社会学在美国成为一门独立学科。美国社会学家多认为农村社会学的研究对象是农村社会问题，美国早期的农村社会学家霍桑（Hawthorn）认为，农村社会学的研究对象是农村成员的社会化问题。社会化是社会学中的一个概念，主要是个人通过学习群体文化、学习承担社会角色，来发展自己的社会性的过程。霍桑认为，农村社会学的研究对象就是农村社会成员社会化的条件、社会化的单位、社会化的过程的动力等内容。与霍桑同时代的另一位美国农村社会学家桑德森（Sanderson）认为，农村社会学的研究对象是农村的各种社会组织。此外，还有一些美国的农村社会学家主张以农村社会体制或社会系统、农村社会心理为研究对象。这些观点只是突出了农村社会学研究对象的某一方面的内容，没有涵盖其全部内容。美籍俄裔社会学家索罗金（Sorkin）认为，农村社会学虽然有自己的特殊范畴，属于乡村社会内研究的任务，但实际上等同于普通社会学。一般认为，整个社会是一个有机体（契合了人类学的观点），社会学研究社会的各种现象之间、社会现象与非社会现象之间的关系，从社会现象的反复中发现社会的本质和规律。作为社会学分支的农村社会学，就是要从整体上研究农村社会与自然环境的关系。到目前为止，关于农村社会学的研究对象究竟为何并没有完全一致的看法，但众多社会学家的研究又表现出明显的一致性，就是从整体的综合的角度去研究农村社会。①

尽管日本社会学深受美国社会学的影响，但主要是在本国的民俗学和社会经济史学研究基础上建立起来的日本农村社会学一经形成，便独放异彩。在日本社会学中，农村社会学是从战前到战后投入研究力量最大的领域，它对日本村落和家族制度进行了大量实证研究，积累的研究成果远远超过社会学其他分支学科，而且具有日本社会学的独创性，② 其中"家、村理论"是最早出现的村落研究理论，至今仍然具有影响力。

1. 日本农村社会学传统理论——"家、村理论"

"家"与"村"，一直就是日本农村社会学和农业经济学的热门

---

① 曹凤云、江力方：《农村社会学》，上海三联书店，2005，第17、18页。
② 李国庆：《日本农村的社会变迁》，中国社会科学出版社，1999，第18页。

研究课题。所谓"家、村理论"，是指受铃木荣太郎、有贺喜左卫门、福武直等影响而形成的日本村落研究理论，它是把日本的农村社会结构的基础单位放在"家"和"村"的层面上来理解和认识的方法论。持该理论的研究者每个人对"家"和"村"的理解和认识，虽然并非没有差异，但是他们多是从基本的"家"的变化构造或"家"与"家"的关系变化对农村构造的影响的视角进行研究的，并产生了各种研究理论：最早的是德富苏峰的町村制实施期的"论说公共心"，其次是柳田国男的"自然村观"、铃木荣太郎的"自然村概念"、有贺喜左卫门的"家联合理论"，还有福武直的"村落构造类型论"、戒能通孝的"生活共同体说"、大岛太郎的"村落共同体论"、神岛二郎的"自然村·拟制村论"、竹内利美的"村落二重构造论"、中村吉治的"村落共同体论"、北条浩的"村落构造论"、鹤见和子的"内发发展理论"、大岛美津子的"地方改良运动论"、神谷力的"村落类型论"、井田良治的"复合的共同体概念"、山崎丈夫的"地缘组织论"、渡边尚志的"村落共同体研究"等。

　　"二战"后到 20 世纪 60 年代，本、分家关系对日本村落变化的影响很大，这期间，对同族的研究比较盛行。60 年代后，日本经济快速发展，研究的中心转移到了共同经营、集体栽培、生产组织等农户之间形成的功能集团上。此后，日本农村中出现了一些新的社会组织。新组织是以各个家庭为基本单位而形成的，受家的影响，也受村落的影响。因此，把"家"作为中心的视角的研究方法，能清晰地把握各个时期日本村落的实情。可以说，"家、村理论"是研究日本村落最有效的、经久不衰的理论，这是因为日本农业是以家庭劳动为轴心的小经济。日本农村社会学所面临的是小经济在日本各个时期的现代化进程中，如何变迁、解体的问题。基于这种认识，本研究仍旧沿用"家、村理论"的研究框架。事实上，如上所述，从最早的铃木荣太郎等创造了"家、村理论",到后来的渡边尚志,直至现在的細谷昂、小林一穗等的理论,反映了"家、村理论"在日本农村社会中不断发展的历程。后来的研究者在铃木荣太郎的"家、村理论"的基础上,根据现实的情况,不断发展着"家、村理论"。以下,按照日本村落研究时间的顺序,从战前、战后、现在这三个阶段对日本村落研究加以梳理。

（1）战前社会学对日本村落的研究

村落共同社会与家庭共同社会共同构成传统日本村落社会的结构要素,始于德川时代作为大名支配领地的单位而设立的"村"（乡村制度）。德川幕府承袭了战国大名通用的土地调查和此后的太阁检地,直接对领地内持有土地的农民（被称为"本百姓"的独立农民）进行控制,建立起自立农民,形成了村落置于他们直接统治之下的所谓近世乡村制。① 近世乡村制也成为现代村落研究的出发点。众所周知,日本的现代是以明治维新为起点的。明治维新后的新政权实行了废藩立县、大政返还等维新措施,还实行了地租改革。通过地租改革,从法律上承认了土地拥有者的土地所有权。土地拥有者对土地的所有权得到承认的同时,也负有以村为单位缴税的共同责任。1889 年,日本政府推行村落合并,把德川时代的几个"部落"或"村落"合并成了行政村。村落是日本社会早就有的社会集团,而柳田国男首次提出的被"创造出来的村落"和"自然出现的村落"的概念,最后演化成铃木荣太郎的"自然村理论"。这一源于日本传统社会的概念,传承和延续着传统日本社会的精髓,是研究日本村落社会乃至日本社会的基本概念。

---

① 富永健一著,李国庆、刘畅译:《日本的现代化与社会变迁》,商务印书馆,2004,第 209 页。

① 铃木荣太郎的"自然村理论"和"家理论"

在当时的农村调查中，柳田民俗学的方法很盛行。铃木荣太郎和柳田国男交往密切，从他那里学到了不少有益的东西。当时"社会政策学的研究"正值困难时期，作为新锐社会学研究者的铃木荣太郎开始致力于研究美国农村社会学。当时在美国农村社会学者中，杰尔宾已经指出："从农村的集团和个人间的社会关系的累积情况看，可以发现某种社会的统一。"铃木荣太郎从美国农村社会学的"集团累积体"的认识受到启发，提出了类似索罗金的，把"累积的集团数量"的范围看成团结紧密的"累积的农村共同体"的主张，该主张在他的《自然村》的理论中得以展示。概括地说，日本农村中的社会集团有行政的地域集团、氏子集团、檀徒集团、近邻集团、经济集团、官制集团、血缘集团、特殊共同利益集团、阶级集团等几种。铃木把日本的村落由小到大分别称为"第一社会地区""第二社会地区""第三社会地区"。一般所说的"村"属于第二社会地区；"村"中的"小字"以及"组"属于第一社会地区；现在行政上的町、村等属于第三社会地区。根据铃木荣太郎的说法，日本农村在漫长的历史过程中，由于土地的固定性和特殊的婚姻习俗形成的地缘和血缘的重复、共同防卫的需要、一村连带制度、社会的同质等原因，在一定的区域内不得不需要"一致的合作"，其地域范围大体是江户时代的村落，即上述的第一社会地区。村落内有氏神①、入会林野、一村共同祈祷、村事务、村内未婚男女的关系、各种互助"惯行"，以及对违反者的制裁制度和新入村定居的约定。铃木荣太郎把这样的村落称为"自然村"。"自然村"后来成为日本农村社会学的传统命题之一。日本农村社会学的传统命题中另外还

---

① 氏族神，一族的祖先，或受祭祀家族的守护神、镇守神、土地神、受祭祀的村庄或村落的神。

有一个"家"。铃木还指出"在我国的农村社会构造中，家族和自然村一起成为两个中枢的骨架"。一般来说，家族是"同居共产的相互信赖的近亲者的集团"，是"以个人为中心的横向的关系"。不同的是，在日本，家族是"家庭的纵向关系"。换言之，在日本，"家的社会生活原理是以家族的维系和发展为终极目标的，个人的生活只不过是手段而已"。作为家族的"家"，可以说，是各种集团或者各种关系的积累。"家"不仅仅是集团和社会关系的积累，还具有"一种精神"，这种精神在家庭成员统一的活动中得到认同。为了"家"的维持和发展，对每位成员都有一定的"座位"，而且，每个座位之间的关系都有严格规定，座位的中心是家长。家长是"家"的精神存续和发展的中心。每个成员的行动则必须服从家族的意志。铃木建构了日本农村社会学独特的"家理论"和"自然村理论"，对日本农村社会学产生了深远影响。

②有贺喜左卫门的"家联合"理论

有贺喜左卫门是日本农村社会学另一位奠基人。他曾就读于东京帝国大学，大学毕业后参加了柳田国男等人的《民族》杂志创刊活动。他和铃木荣太郎一样深受柳田国男的影响，还读过不少人类学方面的书，马林诺夫斯基和拉德克利夫－布朗对他都有影响。有贺喜左卫门首先肯定了铃木的"自然村"理论。他认为，铃木把日本的村落视为独立的社会统一体的看法至今仍有意义。但他又指出，日本农村社会的统一体绝不仅仅是铃木学说意义上的社会统一体，他认为铃木强调社会统一体的独立特性，有些过头。如果"家""村"都具有统一性的话，那么"家"和"村"就成了各自独立的统一体，岂不是割断了"家"和"村"之间的必然联系了。① 有贺把"家"和"村"都理解

---

① 細谷昂、小林一穂等：『農民生活における個と集団』，お茶の水書房，1993，第41、42页。

为"生活组织"，并确认了两者相连的关系，批评了日本民俗学的做法，认为日本民俗学对所搜集的资料的整理不够系统完整，往往是片面的、表面的。他一方面汲取了日本民俗学的现实主义研究方法，另一方面又不满足于日本民俗学方法的片面性。他吸取了人类学的综合分析方法，认为只有"通过对一个部落的生活组织的综合调查，才能把握该村生活方面的内部关系"①，其学说，形成了独特的日本农村社会学。他在《农村社会的研究——名子的赋役》一书中，把上述村落中的各种关系称为"生活组织"，认为它们是农民生活中的创造性的表现，认为本家地主和名子②的关系不仅是剥削关系，也是在严酷条件下，由农民的创造性产生的"生活组织"。凡此种种，都表明有贺与民俗学家柳田国男的观点是一脉相承的。有贺在对日本农村进行专题研究时，提出了"同族团"③的概念。所谓同族团是指，独立的"家"与"家"的联合体，其本身虽然不是一个"家"，但是其中所包含的"家"与"家"的结合的特性是与复合家庭和大家庭相通的。同族之外的地缘关系中，还有"五人组""葬礼组"和由共同信仰者组成的"讲"以及"小组合"和"大组合"等。在村落里则有"同族团"和"村组"。"同族团"是按照本、末的系谱上下排列的，"村组"则是具有同等关系的横向排列。有贺在《村落共同体和家》一文中，提出了"家联合"的概念——"家联合"是"同族"和"组"之上的概念。有贺认为，所谓的"家联合"是指在日本社会中，承担作为一个生活单位的、有特殊作用的、"家"和其他"家"由某种契机而结合的共同关系，和铃木的"社会关系的重复积累"学说并不相同。他认为"家"和"村"

① 細谷昂、小林一穂等：『農民生活における個と集団』，お茶の水書房，第45页。
② 名子：隶农，中、近世日本社会中，身份低于一般农民的、隶属于地主的农民。他们在户籍上未得到承认，不能单独立户。
③ 以本家为中心，由依靠本家的血缘分家以及非血缘分家（家仆等）组成的集团。

在理论上必然要结合在一起。他的这一观点受到学者的普遍质疑，没有得到认同。尽管如此，有贺的"家联合"的理论贡献的地位也是不可动摇的。可以说，铃木的"家理论""自然村理论"以及有贺的"同族团理论""家联合理论"，确定了战后日本农村社会学研究的基本路线，成为日本丰富多彩的农村社会研究的源泉，但是由于他们的理论有不少局限性，以后又出现了很多补充和修正"家""村"理论的修正理论。

（2）战后社会学对日本村落的研究

"二战"后，按照时代发展的阶段可以分为三个时期，即前高速增长时期、高速增长时期和后高速增长时期。第二次世界大战前后，日本的社会学中，农村理论建构是首要的课题。从 20 世纪 60 年代日本开始进入经济高速发展期后，社会发生了巨大变化，出现了纷繁的研究态势。有继承了战前的"家、村理论"研究方法的中野卓、木下谦治，有启用战后研究方法的福武直，还有用"共同体论"的方法的莲见音彦，也有运用"农民分层"理论及"小农论"的岛崎稔、菅野正、细谷昂。尽管有了如此多的实证研究，但在纷繁的"现实"中，理论发展还是滞后的。村落研究的问题意识越来越不清晰。战前农村社会学引入的与"文化"相关联的研究范式已经明显不被人所用，特别是与该领域关系密切的"家"研究明显退步。

20 世纪 70 年代，农村社会变化加剧。学术界对农村社会的研究之前一直沿用"内部原因引发农村变动（内发的发展理论）"的传统分析模式。此后，研究者试图超越这个框架，出现了与都市相关的和与国家政策相关的农村社会的变动研究。随着兼业化和非农户进入农村，都市和农村的地域社会研究也应运而生。20 世纪 80 年代以后，关于日本农村的"家"与"村"的研究再度兴起。1985 年，鸟越浩之在《家与村的社会学》中，通过分析"家"与"村"的关系，用具体事例阐述了日本人的基本的价值观和行动模式；1992年，塚本哲人在《现代农村中的家和村》中，以日本东北农村为舞台，通过考察农民生活，描绘了现代日本农村的各个方面。1992年，长谷川昭彦在《地域的社会学——村落的再编与振兴》中，以地域社会的人际关系的理论以及"村落共同体"理论，阐述了地域社会研究的成果。1993年，高岛秀树在《日本的农村地域社会——原型·变动·现状》中，阐述了可以通过理解传统日本农村地域社会中培植起来的社会行动模式和社会的特质来理解日本社会本质的道理。1999年，金泽夏树在《个体与社会——追问农民的现代性》中，阐述了个体在社会中是相互关联的这一观点。个体通常有两个方面的问题：一方面是纯粹的内部问题，是自我管理中的个人问题；另一方面是个体因与周边社会接触而产生的问题。20世纪80年代以后的学者，做了各种尝试，试图将传统方法和实证研究结合起来，重新审视"现实"，思考研究课题。其中，莲见音彦提出了有必要继承"家族以及亲属组织"研究中的日本社会特殊性的观点，主张重新研究村落共同体论。战后日本村落研究的第一时期，是从1945年战败到1960年的经济复兴与民主化时期的研究。这一时期，日本从战后初期的混乱状况中摆脱出来，在美国的指导下，进行了"农地改革"、解散财阀和劳动民主化三大改革。民主化改革使战后日本社会的基本框架得以建立。

① 喜多野清一的"亲族论"

日本战败以后，日本农村社会学研究基本上是在战前铃木和有贺所建立的"家、村理论"的基础上，按照继承、吸收、批判的指导思想开展的。其中，及川宏和喜多野清一对"同族团"开展了实证研究，取得了很大的成绩。其研究成果反过来对有贺也有影响。但两者的"家""村"理论和有贺的理论有很大不同。在学界,喜多野与有贺围绕"家"的问题争论不休。争论的焦点是对"家"和"家族"的定义。争论发端于户田贞三的《家族构成》一书中对"家"的定义。户田贞三在书中把"家"定义为:"家"是以夫妻以及子女为中心的人数比较少的近亲者在情感上紧密结合的共产的共同体。有贺肯定了户田定义中的"事实上的集团"说法,但不赞成他的"家的基本性质不管是由亲族家庭构成也好,还是家庭中包括其他人也好,基本没有什么变化"[1] 的观点。有贺认为:"亲近者之间容易加深感情的原因不仅仅是由于其亲近的关系,更重要的是,他们在共同利害关系中一起共同生活,产生共识的机会多。"喜多野清一的家庭与"家"的定义则是:"所谓家庭……以夫妻结合为核心,由直接亲属结成的小的结合体,几乎所有的民族和时代都存在,而且家庭因具有自然的基础而普遍存在——但不能因此就将其称为自然的、生物的集团——的基本的社会集团……"[2] 喜多野清一从韦伯社会学的立场,重新审视了日本的以"家"为基础的家父长主义的抚养共同体的形态。在战后民主化的浪潮中,日本农村社会学也受到韦伯和马克思的影响,喜多野清一认为"家"是权威主义统治的基本形态,"村"是封建的共同体,只有彻底铲除"家""村",才能实现日本的现代化和民主化。喜多野清一丰富了"家、村理论",但又有明显的时代色彩。

② 竹内利美的"讲""组""年序组织"的研究

　　与以往的研究不同,竹内利美把研究的视角投向了亲族集团以及"村组""邻里组"上。他把村落社会研究的视野扩大了。他的研究是

---

① 細谷昂、小林一穂等:『農民生活における個と集団』,お茶の水書房,1993,第72、73页。
② 鸟越皓之著,王頴译:《日本社会论——家与村的社会学》,社会科学文献出版社,2006,第10页。

对有贺喜左卫门和喜多野清一的同族研究的补充。竹内所说的"村组"是把"村组"定位在划分基本村落的内部的一定区域中的家户上，按照其居住的关系，组成统一的、同一的集团，拥有特殊的生活关系。其形态上的特质是：①被定位在同一地域的家户的统一的、平等的结合；②划分基本村落内的地域单位几乎是用标准化的方式组织起来的；③通常，同一村内的家户毫无例外地分属于某个"村组"。"组"和"讲"的区别在于，"讲"是针对集团机能而言的名称，"组"是针对组织而言的名称。东北地区就有所谓的"契约讲"。从"讲"的形态方面看，即使在同一个"讲"里，也有村落联合、村落单位、村组单位或者同族单位的不同。有时在一宗的区域里划分的标准是性别和年龄。竹内利美列举出了构成村落社会内部体系的基础要素的同族团、亲族以及邻里组织，列举了邻里组织中与家族地位相关的以性别、年龄排序的集团，并指出这些组合的状况制约了近代日本村落的"讲"的构造类型。他在日本东北地区调查的成果是对学界的一个重要贡献。当时在学界，"青年组以及年龄辈分的集团在东北地区并不发达"的观点很盛行，特别是人类学家主张上述观点是理解日本东北和西南村落特性的基础要素，甚至认为它是构成日本民族祖型要素差异学说的出发点。竹内利美以宫城县平地农村的调查为例，对上述学说做出了回应。他认为性别和年龄顺序不同的"家"，形成了村的各集团的阶梯状构造。这个观点与有贺等人的同族团的理论有所不同，可以说是"家"与"村"内在结合的另一个理论，因而备受瞩目。在谈论竹内的农村社会学的特点时，不能不提的是他的小农视角。在日本东北地区的水稻单作地带，由直系的第二代夫妇形成的"小农"，依靠家庭劳力，努力地实现其自立经营的目标。竹内把"生活组织"理解为相对自立的"小农"生活圈中的各种关系。竹内在分析"家"与"村"时，重视在特定历史形态下的社会性制度框架分析。较之过去，竹内为人们提供了理解日本的"家"和"村"的新视角。之后的福武直则把经济基础下的历史发展纳入了研究视野，开创了日本农村社会学的新天地。

③ 福武直等的村落构造类型论

福武直的农村社会学和战前的农村社会学不同，他批判地吸收了战前的理论，以自己的实证分析成果为基础，创立了自己的日本农村社会学学说。他具有鲜明的"研究农村社会的日本的特性是农村民主化，乃至我国的民主化的前提条件"[①]的问题意识，建构了"战后农村社会学论"的方法论。他的主要主张是：日本农村社会学研究主要是进行"以经济构造为基础成立的村落整体的社会构造，即包含着政治构造的村落社会的整体结构"中的"村落的"构造分析。福武直主张，所谓的构造分析方法就是把构成村落社会的"家"的社会经济地位和其相关的情况，作为考察重点，阐明其作为基础构造的经济阶层构造和与其不可分割的同族和"组"的社会关系，探究两者的关联性，从历史发展的角度，考察建立在经济基础之上的村落社会构造和村落政治结构以及它们的相互作用。

第二次世界大战以后，日本的村落经历了两次重大的社会变动。一次是战后的农地改革，这是从 1947 年至 1950 年，在占领军的指导下，为了解决零散佃农的贫困问题而进行的；另一次是从 1955 年正式开始的日本经济快速发展给农村带来的影响。在这个背景下，以福武直为核心的研究人员，开始了以把握残存的封建遗制以及新的农业政策的落实情况为目的的综合实证调查。在农村构造方面，他们确立了同族结合的东北型农村社会和以"讲""组"结合的西南型农村社会，并认为前者必将转化为后者，在理论方面有了创新。福武和有贺

---

① 塚本哲人编：『現代農村における「いえ」と「村」』，日本：未来社，1992，第 31 页。

的研究为综合研究，他们的研究是战后日本农村社会学的一大亮点。作为同族研究，有贺喜左卫门注意到了村的内部中的"家"和"家"的关系以及具体的生活，他认为日本的"村"有两种类型：第一种类型是"同族团村落"，第二种类型是"组结合村落"。福武直批判地继承了有贺喜左卫门的同族研究和"村"的二类型理论。他认为村落社会的结构是由构成村落的"家"的结构所决定的。"家"的结合中有同族结合和"讲""组"结合，由此形成的村，为"同族结合的村"和"'讲''组'结合的村"。他提出了日本的村落有东北型村落—西南型村落、山间村落—平地村落的观点。之后，江守五夫在1976年出版了《日本村落社会的构造》一书，在继承二分法的基础上，提出了同族制村落和年龄阶梯制村落的概念。他认为村落在整体上是由长老所统制的，而这种类型存在于日本的非西南地带。蒲生正男1960年出版了《日本人的生活构造序说》（修订版1978年）。他承认了以往的研究成果，明确地继承了东北日本型和西南日本型学说。但是他在原有研究的基础上加入了阶层的视角。他认为村落中的阶层存在与否，会影响村落的特质。在讨论村落结构问题时，莲见音彦认为，与研究"村"的结构相比，家庭生活、地域生活问题，农民的意识问题，农民组织和与之对抗的地域社会的结构问题，应该是最需要回答的问题。战后第二期是从1960年到1980年的日本经济快速发展时期和稳定增长时期。以池田勇人内阁1960年制订的"国民收入倍增计划"为标志，日本社会从经济发展的准备阶段进入了经济高速增长阶段。在这20年间，日本实现了经济高速增长，成为资本主义社会中仅次于美国的第二大经济强国。

④ 莲见音彦的农村社会的课题与构成

莲见音彦的主要著作有《苦恼的乡村》《现代农村的社会理论》《农

村变化与农民意识》《地域社会论——住民生活与社会组织》（共著）等。在1980年的《地域社会论——住民生活与社会组织》中，莲见音彦认为：在第二次世界大战前的日本资本主义的再生产结构中，"家"与"村"是不可或缺的构成要素。但是"战后的日本资本主义，可以说是以高度的技术为背景的国家垄断资本主义，与战前相比有着不同的再生产结构，是与农民生活基础的崩溃同步发展起来的。因此，遭到瓦解的地方的农民生活成为主要的问题。家庭生活问题、地域生活问题、农民的意识问题、农民组织和与之对抗的地域社会的结构问题，成为当前摆在我们面前需要回答的主要问题"。莲见把"家"与"村"的重要意义限定在第二次世界大战之前，认为在国家垄断资本主义下，战后的"家"与"村"已经失去了重要意义，只有具体的家庭生活问题、地域生活问题、农民的意识问题、农民组织和与之对抗的地域社会的结构问题等才是需要研究的主要问题，事实上这种观点已经成为最近农村社会学研究的主流。但是，当你一走入现实的农村，就会感到，家庭生活的实体依旧是"家"，掌握着地域生活主体的实体依旧是"村"。如果抛开"家"与"村"的意识的话，"村"也就不复存在了。无论是正规的农民组织，还是与农村地域的环境问题等有关的农民志愿者组织，都是在"家"与"村"的框架下开展活动的。所以说，研究日本农村社会不可能离开"家"与"村"。但是，"家""村"不是一成不变的，伴随着"家""村"的变化，"家、村理论"不断被扩展。

⑤ 鸟越皓之的《日本社会论——家与村的社会学》

20世纪80年代，鸟越皓之出版了《日本社会论——家与村的社会学》一书。此书是鸟越皓之再度运用"家"与"村"的传统理论研究日本农村社会的佳作。鸟越皓之的农村、地域学论的中心是"家、村理论"。此书的中文译者王颉认为："《日本社会论——家与村的社会学》从源与流的承继关系上为我们揭示了日本社会、民族和日本人的特征及其形成的背景。独特的'家'与'村'构成的早期社会化、继续社会化环境，造就了日本人的群体，进而形成了日本民族，派生出日本社会。这种日本民族固有的、独特的传统与文化，在各种外来文化融合的过程中并没有消亡，作为一种极强的民族凝聚力，在当代社会的运行发展中发挥着极端重要的现实作用。《日本社会论——家与村的社会学》的内容涉及家的理论（例如家庭制度、先祖崇拜及日本人的祖灵观、同族及同族团问题等），'村'的结构（'村'的理论、村落类型、'村'的决议形式等），'村'的生活组织（养子制度、年龄阶梯组织、社会交往等）。"[①] 在此之后，塚本哲人的《现代农村中的家和村》也是对传统研究方法的再运用。

第三期是 1980 年以后的时期。这一时期的日本已经成长为一个成熟的现代社会和产业社会，同时这也是日本开始向后现代社会和后产业社会转变的时期。盐原勉指出，这是一个在现代与后现代、产业化与后产业化之间摇摆不定的过渡时期，也是适应信息时代、全球化以及少子、高龄化趋势并转型的时期。

⑥ 塚本哲人的《现代农村中的家和村》

塚本哲人 1985 年的《现代农村中的家和村》一书，是以"日本东北地区农民的生活意识的实证研究"为题目，从 1982 年开始在日本东北地区的几个地方做农村研究的调查报告。他认为：战后日本农村研究的课题和方法发生了变化，变化的原因是农村自身变化的结果，这种变化是社会科学所希望的变化。在"家"以及村落当中

---

① 鸟越皓之著，王颉译：《日本社会论——家与村的社会学》，社会科学文献出版社，2006，第224页。

已经看不到艰苦度日的农民了。该书运用"家、村理论",重新探究"家""村"在当下的意义。可以说,他的研究是传统"家、村理论"的复活。

⑦ 长古川昭彦《地域的社会学——村落的在编与振兴》

长古川昭彦 1992 年出版的《地域的社会学——村落的在编与振兴》一书是以"村落共同体"为出发点的地域社会研究。该书提出了"村落竞争体"的概念。以往在理解村落时,一般用"村落共同体"的概念,这个概念虽然能使人看到"村落共同体"解体的过程,但是并不能使人充分了解这个时期的农村。长古川用了"竞争体"这个概念。他认为,这一竞争关系和典型的近代化发展阶段的竞争关系有所不同,是包含着共同、协作关系在内的竞争关系,是和近邻的既合作又竞争的关系,竞争的结果是在地域社会内部产生了阶层。竞争也使地域社会更加开放,资本主义进一步渗透。然而,当日本社会进入经济快速发展时期以后,农村内部发生了巨大变化。随着机械化程度的提高,农业劳动变得轻松了。随之,农民在农业以外的兼职增多,现金收入得到了保障,生活水平得到了提高。但是这时的农村也有不足的地方,那就是人和人的联系疏远了,近邻也没有什么来往了,共同的插秧和收割也没有了。一年中的仪式活动,仅仅是维持一种形式,有的地方的盂兰盆节等节庆活动也不搞了。农民们开始忙起来,没有人愿意承担村里的兼职工作了,有的人即使是被民主选上了,也会拒绝。村里的无偿劳动变成了有偿劳动。大多数年轻人都进了城,村落里尽剩下些老人。偶尔有些留下的年轻人,也会被找对象难的问题所困扰。青年团组织有些也解散了,村民间的共同性、互助性减少,在村里生活的人变得很孤独。

⑧ 高岛秀树的《日本的农村地域社会——原型、变动、现状》

高岛秀树在《日本的农村地域社会——原型、变动、现状》一书中指出，如今日本社会发生了巨大的变化，在地域社会中，农村地域社会的存在意义被轻视，但是它作为社会学研究对象的重要性依然存在。因为，它是日本地域社会的原型，它在彰显地域社会的基础构造和机能的同时，还彰显着地域社会的变动过程和今天地域社会所背负的问题，通过表面现代化的日本社会的构造和机能、社会的特性来理解传统的农村地域社会，可以探知其深藏的本质。

⑨ 细谷昂、小林一穗等的《关于农民生活中的个体与集团》

《关于农民生活中的个体与集团》是细谷昂、小林一穗、秋叶节夫、中岛信博、伊藤勇等人于 1993 年共同完成的一部描述日本东北地区的农村社会从战后到 20 世纪 90 年代变迁的专著。他们研究的地点是日本山形县的庄内地区，该地方是以种水稻闻名的地区。近世的庄内地区是大小地主汇集的地方，曾经有过日本第一大地主本间家。这些作者研究了战后日本实行民主化以后的新时期的"家""村"，展示了新时代"家""村"的特性。书中的"个体"指的是家庭中的个体、村落中的个人以及个体经营者。书中探讨的是在这种意义上的"个体"在"家"和村落中的独立程度，以及怎样实现其独立性。书中的另一个问题是，面对严峻的农业形势，为了克服危机，这种独立的"个体"是怎样发挥其共同性的。作者所说的"集团"就是这个意义上的集团，他还以此观察新时代的"家"和"村"。作者从 1984 年到 1985 年前后两次到研究点进行调查，就农户经营和农业生产组织、农业从业形态的多样化和生计构造、农村的闲暇活动的变迁和农户经营、农民生活、意识动态、农民生活中的个体与集团、农村妇女和"家"、务农志向和村落变迁等问题进行了研究。

⑩ 李国庆的《日本农村的社会变迁——富士见町调查》

1999 年李国庆的《日本农村的社会变迁——富士见町调查》一书是"一本关于日本农村经济社会现代化的研究专著。该书运用社会学和社会变迁理论对日本农村各个时期的社会变动、农村政策以及日本社会学的研究成果做了系统的研究，分析了日本农村现代化的变迁过程"[①]，该书以"日本的一个农业町的变迁为例，描述和分析了地区发展的内在动力机制与国家农业农村政策的相互作用关系，研究了农业和农村地区工业结构的转变对农民阶层分红和农村社会产生的深刻影响，同时通过对地方行政、村落组织与社会团体、居民社会意识等方面的分析，阐述了非经济因素对经济所发挥的作用，分析了经济、行政与社会生活等各个领域的发展对于农村的社会整体的稳定性的形成所起的作用，为我们勾勒出了现代化农村的社会结构"。[②]

⑪ 中村吉治的共同体论

1957 年中村吉治出版了《日本村落共同体》一书。中村吉治认为，日本的"村"的概念太混乱，有"作为制度的村""作为生活共同体的村""自然村""共同体""作为景观的集落"等。中村吉治的共同体论的创新点在于，着眼于日本近世中的村落二重构造和共同体的机能分化以及明治时代以后的村落二重构造和共同体的近代性质问题，指出了随着新的组合的产生，旧村落解体、新村落形成的过程，即近代意义上的行政村和自然村的二重构造产生的过程，并用内在的和动

---

① 李国庆：《日本农村的社会变迁——富士见町调查》，中国社会科学出版社，1999，第 11 页。
② 同上。

态的方法做了说明。"制度的村落""自然村""共同体""农业集落"为"农村"的同义语。共同体经历的三个阶段是：身份社会（资本主义社会）、阶级社会（前资本主义社会）、共同体社会。共同体本身并不是封建性的（福武直《村落共同体的构造分析》）。原始时期，出现了血缘集团，同族的血缘集团为氏族。一般认为，日本的中世（镰仓、室町时代）没有村落共同体，近世（江户时代）才开始有。中村吉治通过实地调查认为，近世的日本村落共同体可以解释为"家"和"家"的联系，是广义上的共同体。制度化的村落的联系也属于共同体，"聚落"这样的地域的"聚合体"也是一种共同体。在共同体中，水以及土地的所有权都是建立在契约之上的。中村吉治的贡献在于他用历史发展的眼光看待和理解了不同时期的共同体的形态以及变化。

⑫ 家藤井胜的《家和同族的历史社会学》

1997 年，日本社会历史学家家藤井胜的《家和同族的历史社会学》一书问世。该书首先梳理了日本近代以来对"家"和同族的研究脉络，详尽介绍了有贺喜左卫门和喜多野清一的理论，以社会学的结构和功能理论为指导，解析了其间的异同。他特别指出，在结构方面，后者更重视血缘，即本源的"家"及"家"在同族形成中的作用；前者则认为非血缘的存在是不可辩驳的事实。作者推崇的是第二代（和有贺等相比）社会学家长谷川善计，认为长谷川侧重于研究"家"在权利、义务的公共功能方面的地位以及在此基础上发展出来的同族功能，为"家"和同族的研究开拓了新的局面。作者在这种理论的指导下，通过对日本两个村落的田野调查，阐明了"家"和同族的结构和功能，他指出：日本的"家"和同族的特点，即在整体上"家"是权利和义务的单位。在对"家"做了深入的研究探讨后，家藤井胜转入对同族的解析，指出同族是在家庭的基础上形成的，即同族是家庭的扩大形式，但其中拟制血缘制也起到了相当重要的作用。如果说，中国村落是以血缘为基础形成社会连结纽带的宗族社会的话，日本的村落则是靠拟制血缘来维系的同族社会；而其同族中的本家和分家关系也不只是上下级的纵向形式，更多的是伙伴关系，这和日本的"家"的继承制度有关。

⑬ 鹤见和子的内发的发展论

1996年鹤见和子出版了《内发的发展论的展开》一书。她认为，内发的发展中，文化遗产，特别是重建传统的过程很重要。传统是某个地区或集团中世代相传继承下来的型（构造）。传统有很多侧面，第一是意识构造的型，包括信仰、价值观等型。第二是世代相传的社会关系，包括家族、村落、都市、村和町的关系。第三是与衣食住有关的技术。她在书中比较了费孝通和柳田国男。她把柳田国男的工作定位为日本的内发发展论的践行活动，费孝通的研究是中国内发发展论的践行活动。鹤见和子还认为，"不是所有的共同体都会阻碍个体的出现"，也有促进个体自立的共同体。鹤见和子高度评价了熊楠和柳田国男。

⑭ 川本彰的家的文化构造

日本著名社会学家川本彰的《日本农村的理论》《农村投资的社会效应》《家的文化结构》，在日本脍炙人口。特别是1978年出版的《家的文化构造》一书，对日本"家"的研究入木三分。他从文化模式的角度分析了日本"家"的结构。对日本农民来说，在传统农村地域社会的"家"的观念中，土地是祖先世代传给子孙的家产。保护世代相传的土地，使之能继续传给子孙的责任人是家长。日本有养子制度，养子分为继承家产养子和供养养子两种。对于日本人来说，家业即家庭的生命，而且是超历史的。日本尊重血缘是为了保障家庭的延续。所以为了家庭的延续有时有必要把非血缘者纳入血缘者的行列里。日本没有固执于生物学血缘的狂热信仰，存在拟制的亲子关系。这种习惯上的社会性血缘拟制关系，根据条件可以无限地扩充到血缘关系中。按照这种原理，可以把村落扩大到一个村，一个村扩大到一个县，形成"县民根性"，进一步还可以扩大到整个国家。最典型的是明治国家体制。在太平洋战争的后期，在国家面临危机的时刻，日本出现了疯狂的状态，在狂热的爱国精神的驱动下产生了神圣家族国家主义。明治民法是以武士家庭为基础建立起来的。武士式的家庭模式引领庶民家庭，进而又延伸到国家体制建构中，确立了家族国家体制和家族主义意识形态。为了建立国家体制，日本政府采取了一系列措施，其中之一就是神社的合并。伊势神宫供奉着天皇一家的祖先神天照大神。明治四年（1872）五月，日本政府规定了神社的等级，全国神社中，伊势神宫是顶级，以下为官币社（币帛祭祀天神皇祖）、别格官币社（祭祀皇室的功德）、国币社（祭祀国神）的官社，再下面是民社性质的府县社、乡社、村社。最低的是村落中的无格社。官社的经费由国库支出，民社由府县市町村提供祭祀的费用。这样日本政府就把以天皇家的氏神的神宫作为顶点的神社金字塔结构建构起来，确立了天皇制家族国家的信仰体系，其中天皇高高在上。然而，一般庶民的信仰还是对家族中的祖先的信仰，对村落中的氏神的信仰。本来，祖先信仰、氏神信仰都产生于庶民的现实生活中，不是抽象的，而是和村民不可分离的。在日本，没有故乡的山和河流以及风土是不能成为信仰对象的。所以，象征村落结合的氏神信仰如果被破坏的话，村落也将被破坏，村落的破坏会导致家族的破坏。1874年颁布了地租改革条令，规定土地所有者个人要纳税。比封建时代更高额的现金地租，加重了个人的负担，村落的连带关系也遭到了破坏。明治新体制通过破坏现实的"家""村",重构了"家"和"家"的关系,并以之作为天皇制国家的基础,国家成了最大的"家"。为了建构这个虚构的家族国家,明治政府强化了家族主义的意识形态。家族国家体制是在日本血缘关系扩大的基础上被建构起来的,它是时代的、政治谋略的、人工的产物。书中也讲到了日本的家元制度。日本具有独特的家元制度,它一直渗透到宗教界、政界。日本的社会组织和团体,无论大小都贯穿着家元的组织原理,即缘约原理。川本彰《家的文化构造》对"家"的文化进行了深刻的分析,是一种理论性的阐述,但并非实证研究。在他之后,中根千枝也运用"家""村"的原理,对日本社会进行了研究,写出了著名的《纵向社会的人际关系》一书。

⑮ 中根千枝的《纵向社会的人际关系》

中根千枝 1967 年出版了《纵向社会的人际关系》一书。书中的"家、村理论",虽然已经超越了地域社会理论框架,但是,该书中的"家元理论"的基石是"家、村理论"。中根千枝认为,构成"家"的最基本的要素不是继承"家"的长子夫妇和老父母居住在一起的形式和家长权,"家"是生活的共同体,是农业经营体,"家"由家成员组成,是明确的社会单位,"家"集团中的人际关系优先于其他人际关系。

三、人类学家对日本村落的研究

文化人类学又称民族学。在欧洲大陆,文化人类学就是民族学,在美国它被称为文化人类学,在英国又被称为社会人类学。其实在英美也有称人类学为民族学的。因此,文化人类学、社会人类学、民族学只不过是称谓不同而已,其内涵是基本一样的。虽然各国根据自己的文化传统和学术追求，侧重的研究领域和方法有所不同，但其学术追求的本质是一样的，那就是阐释与己不同的文化，了解他者，再进一步了解自己。文化人类学是研究人类社会文化的学科。一般将文化定义为人类的行为系统及其创造的成果。行为系统是动态的，而行为系统所创造的成果则是静态的，包括三个层次：一是物质文化；二是各种社会文化制度、组织、结构；三是精神文化，包括世界观、宗教、神话、艺术等。我们平时之所以说社会制度、文化结构是动态的，是因为人的行为方式在其间发挥作用，并不是这些创造性的成果本身能够运动。行为系统与创造的成果之间存在着互动关系，创造性成果的三个层次之间也存在着互动关系。社会人类学也许应该被定义为："对各种不同类型的社会进行系统的比较，特别注意那些原始的、野蛮的或没有文字的民族的更自然的社会形式的一门人类社会本质的调查学科。"[1] 社会人类学这一名称最早在英国被使用。社会人类学家研究的目的是利用原始社会的知识，建立关于社会现象的有确凿根据和重要意义的通则。[2] 社会人类学四个传统分支学科（亲属制度、经济人类学、政治人类学和宗教人类学）就是对三个层面的研究，而文化变迁则是对由行为系统造成的文化的动态性质进行研究。[3]

文化人类学研究问题的特点："第一是整体观。人类学把人类文化看成一个整体，认为每一个文化要素都不是孤立存在的，各种文化现象之间都存在必然的联系，文化研究必须作通盘考虑。第二是主位与客位。其中，主位研究强调，在研究中，调查者要去习得被调查者所具有的地方性知识和世界观，即研究者不受自身文化的束缚，置身于被研究者的立场上，去了解、理解和研究问题。第三是文化相对

---

① A. R. 拉德克利夫－布朗著，夏建中译：《社会人类学方法》，山东人民出版社，1988，第110页。
② 同上书，第114页。
③ 朱炳祥：《社会人类学》，武汉大学出版社，2004，第7、8页。

论。即任何一种文化都有其存在的价值，各种文化之间没有优劣、高低之分，一切标准都是相对的。"[1]

（一）日本文化人类学的传统研究领域

明治时期，坪井正五郎创立了人类学学会（东京人类学会），当时的日本人类学研究还比较稚嫩。1925年，柳田国男等创办了《民族》杂志，日本人类学才在"民族学"的名义下，逐渐发展成为一门独立的学科。1935年，围绕着《民族》杂志积极推进文化人类学研究的先驱们，又成立了以白鸟库吉为理事长的日本民族学会，创办了《民间传统》和《民族学研究》等刊物。此后，又相继建立了文化博物馆、民族学博物馆以及隶属于民族学会的民族学研究所。这些机构和组织，成为战前日本文化人类学研究的主要基地。1938年，成立了东亚研究所。1940年以后，日本民族学会被改组为日本民族学协会，并编纂、翻译、出版了百余种研究著作和工具书籍。这时期的研究相当一部分是为日本政府的侵略政策服务的，但是在客观上也为文化人类学的进一步发展奠定了一定基础。"二战"后，日本人类学在大学里获得了合法的地位。这时的人类学在战前研究成果的基础上，运用新的理论方法，继续进行研究，并扩大了实地调查的范围。日本人类学在研究异文化的同时，受民俗学的影响，也研究本民族的文化。日本文化人类学之所以有这样的特点，得益于20世纪20年代活跃于日本文化人类学界的两个人物：一个是坪井正五郎的高徒鸟居龙藏，从1896年开始，他经常到各地开展调查活动，被称为日本民族志调查的开创者；另一个是柳田国男，1909年，他发表的《后狩词记》成为日本民族学的发端。柳田以《乡土研究》杂志为平台，积极研究日本民俗问

---

① 麻国庆：《走进他者的世界》，学苑出版社，2001，第33、34页。

题，形成了"柳田学"，为在日本确立文化人类学这门学科打下了基础。日本人类学从民俗学脱胎而成，彼此有着不解之缘。受鸟居龙藏和柳田国男的直接影响，后来日本又出现了许多很有建树的学者。早期，日本社会学和民俗学以及农村社会学之间没有清晰的界限。有贺喜左卫门的《插秧和村庄的生活组织》，根据社会制度功能的分析，指出插秧活动并非单纯的经济活动，而是所有生活组织相结合的产物。铃木荣太郎的《村落社会葬仪的协作组织》，提出了有名的家族类型论，成为日本家族社会人类学研究的一个基点。[①] 日本文化人类学并没有十分确定的学科界限，事实上成了以民族学和社会人类学为核心，包括先史考古学、语言学、民俗学、心理人类学、人类生态学等专门领域的综合性学科。[②] 日本的家族制度，一直是社会学家和人类学家关注的问题，在这方面的代表著作有：有贺喜左卫门的《日本的家族》（1965）、玉城肇的《日本的家族制度论》（1953）、中根千枝的《以家族为中心的人际关系》、中村吉治的《日本的村落共同体》（1957）、柳田国男的《乡村生活研究》（1957）。著作均以详实的材料，为人们展现了各个时代的社会生活图景。据统计，战后日本发表的文化人类学论著，近一半是关于日本村落研究的。但是，1960年以后，日本人类学家开始把主要精力放在了异民族研究上，包括本国的阿伊努族和冲绳的原住民，淡化了对本国农村地域社会的整体研究。

（二）约翰·恩布里的《日本村落社会——须惠村》

1935年8月至1936年12月，约翰·恩布里偕同夫人两度到日本熊本县秋磨郡须惠村进行了为期一年多的实地调查，之后完成了《日

---

① 庄锡昌、孙志民编著：《文化人类学的理论构架》，浙江人民出版社，1988，第338—340页。
② 同上。

本村落社会——须惠村》一书。社会人类学的研究对象一般是无文字社会，即简单社会，《日本村落社会——须惠村》则是研究复杂社会的人类学民族志，是一本综合研究日本农村社会的著作。拉德克利夫－布朗特意在介绍该书时写道："关于日本的著作有很多，它们从各自的观点分析、观察了日本人的生活。恩布里博士的这本书，与迄今为止其他人的研究不同，他通过实地调查，描述了日本农村地域社会的生活，为社会人类学所熟悉的人类社会比较研究提供了资料。同时作为审视日本文化的新视角，唤起了广泛的读者层的关心。"① 本尼迪克特在她的《菊花与刀》一书中曾评价该书说，约翰·恩布里是一位人类学家，他对一个日本村庄进行实地研究的成果很有价值。② 该书的日文译者植村元觉在翻译后记中写道："除了地理学之外他还凭借历史学、社会学、民俗学等学科的丰富知识，巧妙地把握了村落生活的全部内容。"③ 约翰·恩布里细致入微地观察农村社会的态度，为后人从事现代日本农村社会研究树立了榜样。

（三）米山俊直的《城市与农村》

日本人类学家米山俊直，先后出版了《日本村落的百年》《城市与农村》《日本人的伙伴意识》《文化人类学的思考方法》等有影响力的作品。他在《文化人类学的思考方法》一书中写道："在日本，不仅是社会组织在发生变化，人与人的关系、人与集团的关系也在发生变化。在现代社会中，工作的职场、做买卖的客户、志同道合和兴趣爱好相同的人聚集在一起的连带关系，比由血缘关系构成的亲属组

---

① エンブリー著，植村元觉译：『日本の村落社会』，関書院，1955，第8页。
② 本尼迪克特著，孙志鹤等译：《菊花与刀——日本文化的诸模式》，浙江人民出版社，1987，第5页。
③ エンブリー著，植村元觉译：『日本の村落社会』，関書院，1955，第318页。

织、因地缘而组织的村落和町内会 ① 的关系比重更大。"② 在《城市与农村》一书中，他指出，理解城市生活和农村生活，有助于理解整个社会。都市社会学和农村社会学有其各自的传统，但是都属于日本社会学的研究领域，这两个领域被统一在"地域社会学"的范围内。他的研究着眼于都市社会学与农村社会学的学术对接，用农村社区和都市社区的视角，分析了整个日本社会的变化，强调了传统社会对现代社会的影响，即现代社会是传统社会的延伸，现代社会中有传统社会的意识的残留，尽管"传统社会"已经被现代社会所取代，但传统文化对现代社会的影响仍然继续着。

（四）目前日本文化人类学主要关注的问题

日本民俗学、农业经济学、农业社会学、区域社会学等学科对日本农村社会的研究成果颇丰，人类学成果也不少。与农业社会学领域以有贺、福武的"家"研究为基础的类型化研究不同的是，在社会人类学领域，泉靖一、蒲生正男和冈正雄从事的是以"个体"为基础的村落类型化研究。他们通过多种路径，从阐明传入日本列岛的文化的传统的问题意识开始，建构了社会人类学与民族学领域中的区域社会研究的基础。泉靖一、蒲生正男认同了日本社会学的村落类型说，即认同日本东北地区和西南地区的村落类型。冈正雄认同了社会学的关于"同族制"和"年龄阶梯制"的村落类型理论。住谷一彦、泉靖一、蒲生正男在村落类型理论的基础上，对村落中是否还有"隐居"现象进行了研究，认为村落类型中，还应该有个"世代阶层性村落"。

---

① 町内会是日本市町村内街道的自治团体，是自愿参加的自治会。町内会的活动主要有宗教上自古以来的村落共同体有关的神社的祭祀活动和村民的葬礼。町内会相当于中国城市里的街道办事处，在农村相当于中国的村委会。
② 米山俊直：『文化人類学の考え方』，講談社現代新書，1988，第 214 页。

1980 年以后的地域研究中出现了新的动向，大林太良的文化领域论、米山俊直的小盆地宇宙论的区域社会研究理论相继出现。在人类学的村落社会研究中，仪式、习俗、亲属关系中的社会组织的研究尤其引人注目。在日本，20 世纪 90 年代以后，地域研究再度盛行，其中日本的本土研究、东南亚研究、非洲研究比例较大，其中有中根千枝的《纵向社会的人际关系》《社会人类学——亚洲诸社会的考察》，米山俊直的《日本人的伙伴意识》《日本村落的百年》《过疏社会》《城市与农村》，祖父江孝男的《县民性》《变动期的日本社会》。日本人类学仍然重视对日本农村地域社会的研究，重视运用传统的"家""村"研究范式。之后的学者多进行专题研究，主要成果有：《奄美大岛的石神信仰》《日本的火田耕作礼仪》《茨城县的妈祖信仰》《村落社会中的女性集团——八丈岛的乡村妇女会》《日本西南部的下套狩猎》《移动的海女和不移动的海女》《东日本的阿波舞》《丧葬中体现出来的本地知识的动力——滋贺县高岛郡牧野町大字知内的事例》《阿依努工艺的历史变迁和社会涵义的研究》《岩手县远野的讲故事能手的实践》《民俗艺能的实践的保存和观光——壬生的花田植》《都市节日祭祀的多样性和扩散性——东京的佃祭》《小仓祇园太鼓所表现出来的都市的创造性》《意思与形式的相克——春日若宫祭》《神户祭的过去、现在和未来》《现代日本的大众文化的创造——有机农业为例》《丧礼体现出来的同族、亲戚、邻居关系——明治末期到大正初期的全国调查分析》《日本初期水稻农耕民如何烹饪大米》《从祭祀礼仪看大学与地域以及人类学的作用——以明石市稻爪神社的秋季祭祀调查为例》《人类学"at hometown"——关于对区域社会的贡献的日本的人类学的诸问题》。① 从以上研究成果可以看出，现代日本人类学界对农村地

---

① 麻国庆：《现代日本人类学的发展和转型》，《民族研究》2009 年第 1 期。

域社会的研究，缺乏人类学的整体观，人类学的民族志研究已不多见。

（五）西奥多·C.贝斯特的《邻里东京》

美国学者西奥多·C.贝斯特1979年5月至1981年5月在日本东京宫本町（假名）进行了将近两年的实地调查，写出了《邻里东京》一书。该书是研究日本东京一个普通社区微观生活的力作。作者运用人类学方法，对当代日本城市邻里的社会结构和内在动力进行了全面深入的研究。作者认为："日本城市的老城区往往由一个个界限分明的邻里组成。这些邻里在地理上分布紧凑，在空间上相对独立。每个邻里包括的居民数从几百个到几千个不等，他们被有效地组织起来，并且有很强的凝聚力。"该书是关于日本宫本町的社会结构和内在动力的民族志研究，是关于一个邻里社区的社会建构和维系的研究。作者把日本社会中的传统提炼成为"传统主义"，强调了"传统"在现代社会中的延伸。

（六）贝利对日本村落的研究

美国人类学家贝利1996年出版了《地域社会的变迁——关于岩手县田野畑村的调查》一书，该书探讨了区域自治体和上级行政单位如何保持良好关系的问题，描述了该村与县及邻近市町村的合作与对抗的真实情况，以及该村的发展历程和文化变迁情况。

（七）麻国庆的中国的"家""村"和日本的"家""村"的比较研究

1999年，中国人类学家麻国庆出版了《家与中国社会结构》一书，运用比较社会学的原理，把日本的"家""村"和中国的"家""村"在儒学的框架下进行了比较，其结论是中、日"家"的结构的不同折射出社会结构的不同，但同在一个儒学的文化圈里，"家"的内涵有些又是相通的。主要不同的是，日本的"家""事实上是沿着一条线延续下来……日本的家成为代代相传下去的永久性团体，永久性的家屋就是一个象征，家的完整性一直能延续下去"。[1] "与中国的家的继承相比，日本的家具有更大的灵活性和开放性"。[2] 在中国"汉族作为血缘集团的祠堂和作为地域社会的村庙，和日本最大的不同，就是在历史中，并没有自然地融合在一起，而是互相独立存在，血缘和地缘的纽带在村落中是分离的。日本的村同族集团在以共同先神为中心结合在一起的同时，又与其他的同族一起祭祀神社，祭祀共同的村守护神"。[3] 麻国庆开启了中国学者对日本传统社会中的"家""村"的人类学研究，为来者提供了宝贵的日本社会的田野经验。

四、"稻作传统"研究的选题意义

"家""村"本来是民俗学、文化人类学、社会学共同的研究领域。"二战"后，日本文化人类学更偏重于境外研究，特别是对亚洲和非洲国家的研究，到了 20 世纪 90 年代，日本文化人类学开始重新关注本国的问题，其中也有涉及农村社会的研究。但是，其研究并没有沿着传统的"家""村"研究脉络发展。而日本社会学者，特别是农村社会学者则一直恪守学科传统，始终关注着"家""村"的变迁。他们留下了很多研究成果，只是到了 21 世纪这种关注的势头才有所减弱。日本社会学的农村研究和人类学的有很大不同，社会学研究往往

---

① 麻国庆：《家与中国社会结构》，文物出版社，1999，第 189 页。
② 同上书，第 194 页。
③ 同上书，第 205 页。

是组织很多人，对一个研究地点或几个点进行短期的集中研究，其优点是时间短、见效快。但缺点也是显而易见的，最主要的是：研究成果不是由同一个人完成，由于对问题认识的角度不同，得出的结论很难完全统一，很难让人看到完整的"家""村"。相反，人类学在这方面具有优势。遗憾的是，日本本土人类学家，不太热心于本国农村社会研究。不过，日本的民俗学是靠研究农村社会的"家""村"起家的，柳田国男所创立的日本民俗学一直把农村作为研究对象。初期，日本的民族学（后来的文化人类学）、民俗学、社会学在研究方法上互相借鉴，学科界限模糊。1935年以后，民俗学和民族学（战后的人类学）有了学科界限，但由于它们本身就是关系最密切的学科，所以所关注的问题还是有不少相似之处，比如，总的感觉是都缺乏宏大的视野。相反，社会学在日本村落研究中，取得过辉煌成绩，但是，如今日本社会学对家与村的研究的农村社会研究，正如北原淳所指出的那样："其分析过程是将家与村假定为封闭的体系，并以此为立足点探讨其内在的构造关系。结果，作为农村研究的方法之一，虽然是对家与村的社会学研究，可是从农村社会来说，家和村的真实状态并没有被完全揭示出来。"[①] "战后，日本农村社会学确立了'结构分析'方法，从对'农村构造分析'发展到了对'地域社会构造'的分析，使用了整个社会构造的关联方法，把研究的重点放在了把握村落社会的构造上，这样的宏观分析方法的不足之处是会忽略农民生活中所拥有的丰富的事实。换言之，就是只把有贺和铃木作为主要研究对象，忽略了对百姓生活中的创造性的研究……"[②] 在分析为何出现这种情况的时候，松本和则指出，现在的村落研究的"理论"和"现实"不统一的

---

① 鸟越皓之著，王颉译：《日本社会论——家与村的社会学》，社会科学文献出版社，2006，第2页。
② 塚哲本人編：『現代農村における「いえ」と「村」』，未来社，1992，第121页。

主要原因之一，是战后的村落研究有概念先行的倾向，即战后日本村落研究没有社会流动的意识，只是机械地沿用了战前研究成果，没有理论创新。关于日本东北农村，有中村吉治、竹内利美等的研究业绩，有关于庄内（山形县）的农村社会学的视野下的、具有浓厚的专题研究特色的菅野正、细谷昂、田原音和的《稻作农业的发展和村落构造》《东北农民的思想和行动——庄内农村研究》。但是，这些研究所建构的日本东北农村的形象，总是"一季水稻""同族的家关系"作为村落、地域社会纽带的农村形象。这种不平衡的"实证"研究的积累，使东北农村的研究被固定化了。而且，在这背后还存在着史学问题。小山隆、森冈清美所主导的战后的"家族社会学"把日本的家族作为同质性的村落来理解，使学术研究陷入了均一的理解模式中。"小家族论"与战后占中心地位的农村论的视角虽然不同，但是忽略了"民主化"这样的战后课题，过分拘泥于细小的体系内的问题，失去了对农村社会学研究对象的农户家族的关怀，远离了农村研究的主题。[1] 竹内虽然重视村落体制的变化，注意宏观分析，重视宏观视角中的统计调查的实证经验，但却断绝了和有贺、铃木等的以"实证"研究态度为基础的"家""村"的微观专题研究的联系。虽然在村落研究中，可以看到日本的社会人类学和农村社会学的同步现象，但在社会学中却看不到与人类学中的"村落类型论"的对接。尽管日本东北地区的农村中，定型化的村落内"家联合"已经不存在了，但是村落内的"家联系"仍然存在，所以，运用传统的理论研究如今的"家族""家族间的关系""地域社会"还是行之有效的。[2]

我对日本村落的研究主要运用的是社会人类学与文化人类学的方

① 塚哲本人编：『現代農村における「いえ」と「村」』，未来社，1992，第39页。
② 高島秀樹：『日本の農村地域社会—原型・変動・現状—』，明星大学出版社，1993，第9页。

法，通过分析日本"村落共同体"的演变，透视村落变迁过程，揭示在世界经济一体化、乡村城镇化的过程中，村落维系的内在动因。所涉及的内容包括社会人类学对于村落中的社会组织、文化人类学的仪式、政治人类学的国家在场等。我研究传统日本社会的目的与日本、欧美学者不同，除了挖掘维系村落的普适性的经验之外，还希望为中国农村的发展提供实证经验。

（一）田野点的选择

我之所以选择日本"东北型"的地区宫城县仙台市秋保町作为田野点，纯属偶然。选择日本农村为研究对象，必须具备一定的条件。首先要懂日语，这对我不成问题，我是学日语出身，曾先后两次在日本留学。第二要有经费。我在决定做日本农村社会研究的时候，就开始想办法申请境外研究经费，但是都没能落实。在这种情况下，如果想继续完成计划，只得自费。自费出国必然受经费的限制，接受人也是很大问题。庆幸的是，我荣幸地得到了日本宫城县仙台市东北外国语专门学校校长桥本荣一先生的帮助。他是我多年的朋友。在他的帮助下，我从 2009 年 6 月走进了日本"东北型"村落仙台市秋保町马场村，进行了为期两个月的田野调查。2010 年 8 月，在 2009 年调查的基础上，在日本国际交流基金和日本东北大学东北亚研究中心的资助下，我又开始了新一轮的调查。其实，刚到仙台的时候，并不知道去哪里调查更好。为了选择一个好的调查点，在朋友桥本荣一先生的引荐下，我拜访了仙台农协的总负责人高野先生。高野先生是宫城县农民出身，他了解了我的调查目的后，推荐了秋保町。秋保町有汤元、境野、长袋、马场 4 个行政村，我选择了马场村作为自己的田野调查点。在桥本荣一先生的引荐下，我认识了秋保町综合支所的总务科科长伊藤先生。伊藤先生向我介绍了很多当地的情况，并且推荐了马场村落的二瓶恒男。这样我就开始一步一步走进了村落。2009年6月的一天，我第一次接触了二瓶恒男。他以前一直在秋保町综合支所工作，退休后回家务农，现在是本地区家喻户晓的种稻大户，除了务农，还热心社会活动，在很多村落社会组织中担任职务。他成了我田野调查的主要报道人。人类学田野调查最理想的是住到所调查的村子里与村民朝夕相处，我当初也曾经想这么做，但是没有做到。按照在中国农村做田野调查的经验，一般情况，只要给借宿的农户付钱，就都能被接受。但是，在日本并不那么简单，日本村民没有接待外人入住家里的习惯。所以，2009年6月10日到9月1日的调查，我主要是坐公交车去，早上去晚上回来。从仙台市去秋保町的班车一天只有两班，早上一班，中午一班，路上要一个多小时，如果中午去，就什么也干不成了，所以，我一般都是早晨去。那两个多月，我主要接触的是马场村落的村民，并在和他们接触的过程中建立起了良好的互信关系。2010年8月25日，我再次来到秋保町马场村落的时候，和大多数村民已经很熟了。为了更有效地进行田野调查，我还是想住在村里，但还是没能住到农户家里，村落的其他公共设施又不对外开放，而住在临近的秋保町温泉街的旅馆里，费用又太贵，且不能上网。最终决定骑摩托车去。于是我买了一辆50cc的铃木摩托车。我在国内也经常骑摩托车，这次来之前，也做过住不到村里就骑摩托车去的打算，所以带上了国内的驾照。买了摩托车以后，很快就换了日本的驾照。初次换日本的驾照，实习期一年。这一年之内如果有违章行为，累计被扣6分，就要重新学习，重新考试。日本的交通管理非常严格，一般的交通违章行为都要被扣除2分。虽然在换驾照的时候，在日本的车管所接受过日本的交通规则考试，但开始时，还是无意中违反过两次交通规则，被扣了4分。还剩下的2分是继续在日本骑摩托的希望。从那以后，我格外小心，每次出行都战战兢兢，最终保证了调查工作的顺利进行。日本的机动车道中没有摩托车专属车道，路上不断从身边驶过的车辆让人心惊胆战。日本人出远门很少骑摩托，在去调查地的路上，很多时候都是我一个人和汽车为伍。我去的地方是山区，经常需要翻山越岭和穿隧道，一年四季，经历过无数惊心动魄的时刻；早晨天刚刚亮就得起程，晚上直到深夜才能返回，日行四五百里是常事。每次最幸福的时刻就是快到家的时候。回到家里虽如释重负，但常常是腰酸背痛。这样的日子现在想起来，觉得难以想象，那时之所以能挺得住，靠的是强烈的事业心和从小历练出来的吃苦耐劳精神。其实，在日本骑摩托车去搞调查有很多优点，比如，可以深入村子的每个角落，省钱省时，可以减少调查成本。这一年，我隔三岔五就要去秋保町，马场村各村落之间都存在婚姻关系，一传十十传百，村民都认识了我，203 户人家我接触了一多半。

（二）研究思路

本书是一部关于日本村落"共同体"的民族志。民族志是人类学研究的叙事文本，其特殊性就在于它是在人类学民族志研究方法上完成的文本。民族志研究方法是人类学最重要的研究方法之一。"民族志研究方法发展经历了两个阶段：一是早期的业余民族志阶段。例如 18 世纪至 19 世纪一些传教士、商人和探险家写的民族风俗志；二是专业民族志阶段，是人类学、民族学研究者在田野调查的基础上撰写的民族志专著。"[①] 民族志研究的特点一是整体性，二是以小见大。民族志研究的类型可以分为科学型民族志、解释型民族志、小说体民族志和传记体民族志。科学型民族志的特点是，运用民族志调查资料，归纳出具有普遍意义的理论、法则或概念。马林诺夫斯基的《西太平洋的

---

① 何星亮、郭宏珍：《略论人类学民族志方法的创新》，《思想战线》2014 年第 5 期，第 7 页。

航海者》和拉德克利夫－布朗的《安达曼岛人》是科学型民族志的代表作。解释型民族志的特点是重视人文意义的解释，运用民族志调查资料，分析文化现象背后的意义，解释地方性知识。格尔兹的《深层的游戏——关于巴厘斗鸡的记述》是解释型民族志的代表作。小说体民族志，即以小说的形式描述一个村落或一个部落的文化，林耀华的《金翼》属于小说体民族志。黄树民所著的《林村的故事：1949年后的中国农村变革》一书，是中国人所写的典型的传记体民族志。民族志研究应该主位研究与客位研究相结合，"仅凭主位或客位研究都是不科学的，两者应该结合起来，既不能只站在研究者立场上考虑问题，也不能完全相信调查对象的解释"。①

　　我的日本"村落共同体"研究，是在日本学界普遍认为"村落共同体"已经基本消失的大背景下进行的，具有一定的挑战性。研究日本村落共同体，并不是预设的课题，而是在田野调查时发现的课题。日本现代村落的研究成果极为丰富，但对于日本村落的描述不尽相同，仅凭书本知识很难把握实情。进入日本村落能研究什么、什么更有研究价值，事前难以判断。日本村落已经"物是人非"，这种成见，在进入村落之前，我的心里是有的。当真正进入秋保町马场村调查以后，发现马场村并非像想象的那样败落，仍然充满了生机。世界在变，日本社会也在变，马场村靠什么力量支撑了自身的发展？农村的发展必然要"城市化"吗？农村城市化就意味着一定要失去与传统文化的联系吗？这些问题引起了我的思考。中国社会现在正处在社会转型期，城乡一体化是农村发展的目标。那么什么是城乡一体化？它真是农村最理想的发展方向吗？这些思考成了我日本村落研究的问题意识。带着中国的问题，考察日本村落的发展过程，成为我研究日本村落的目

---

① 何星亮、郭宏珍：《略论人类学民族志方法的创新》，《思想战线》2014年第5期，第7页。

的。我的使命是了解日本村落，并把对日本村落的经验研究的成果展现出来。村落中的什么能成为研究的切入点，在很长一段时间里，我一直为此迷茫。为寻找学术灵感，我特意花费了一周时间，游历了包括福岛、宫城、岩手、青森、秋田、山形在内的日本东北地区的6个县。8月的日本，列车经过的地方映入眼帘的是一片又一片的稻田，金黄的稻穗，在轻风中摇曳，格外妖娆。当列车进入山形县的区域后，到处都能看到丰收的景象，方圆几十里的稻田，稻香四溢，令人陶醉。日本人与稻作的主题立刻在我脑海里闪现。"稻作与村落延续"的研究主题就是在此基础上形成的。

稻作文化一直被认为是日本村落文化原点。稻作文化的核心就是"合作"，就是谁也离不开谁的"共同体"意识。在后来的村落调查中，我开始把目光聚焦到了"村落共同体"上。"村落共同体"在日本的学术概念中，曾经既是一个实体概念，又是一个解释概念，它既可以代表村落，也可以解释村落。"村落共同体社会指的是德川时代以来被称为'村'的小型地域社会的封闭结合体。日本的乡村在1860年平均拥有64户（福武直，1964，第88页）。因此，1888年（明治二十一年）以后进行了町村合并，传统的村落不再是行政单位。但此后的很长时间内，它仍然是精神结合的单位，因此铃木荣太郎称之为'自然村'。村落共同体社会是以水稻生产所需灌溉用水和村落单位拥有的山林为物质基础的自给自足的小小宇宙，在很长一段时期里是日本人社会结合的基轴（福武直，1981），也是日本人精神结构的基础（神岛二郎，1961，第159页）。"[①]"实际上在第二次世界大战之前，日本的村落共同体社会就已经受到城市化和产业化的冲击而渐渐失去了自给自足的特性，人口流动加剧，村落走向解体。将传统村落命名为

---

① 富永健一：《日本的现代化与社会变迁》，商务印书馆，2004，第159页。

'自然村'的铃木荣太郎在战前的1935年就已经洞察到了这一点。"[①]
"尽管这种社会变迁从战前就已开始，但战前上自政府，下至农村社会，到处都有固守传统主义价值体系的力量，它们抑制了家庭共同体社会和村落共同体社会的解体，阻碍着日本人从传统价值观的束缚中解放出来。社会紧张与矛盾冲突随着产业化逐渐增加，政府将消解这些紧张与矛盾的希望寄托于家庭共同体社会和村落共同体社会。在1940年的战前最后一次国情调查中，在全部劳动人口中占44%的第一产业从事者还都处于家庭共同体社会与村落共同体社会，沉湎于传统主义意识之中。'九一八事变'以后军部力量急剧扩张的时期中，民族主义转眼间变为排外的国粹主义，产生这种意识的土壤就是家庭共同体社会和村落共同体社会的传统主义。战前日本政府的传统主义体制由于与产业化的功能要求不相适应，因此本应走向解体的家庭共同体社会和村落共同体社会得以存续下来。"[②]"第二次世界大战的战败一举摧毁了日本社会业已制度化的传统主义价值体系的正当性。"[③]
由于传统主义价值体系随着战败而崩溃，不仅经济领域，"政治领域、社会—文化领域都不再有任何直接阻碍西方价值传播的力量。面对明显优于自己的外来文化而产生强烈的接受愿望是日本文化的传统。大化改新和明治维新时，这种传统都曾成为日本进步的原动力。但是战后改革与明治维新不同，在所有领域，日本的传统价值都已失去正当性，不可能再与接受的美国价值发生冲突。这样，西方发达国家价值体系的传播，不论是其传播的可能性、接受动机，还是刻意接受过程中出现的矛盾冲突的可能性，都大大提高。这是日本战后社会区别于

---

① 富永健一：《日本的现代化与社会变迁》，商务印书馆，2004，第159页。
② 同上书，第160页。
③ 同上书，第163页。

战前社会的基本特征。"[1]"日本战后社会的社会结构中也像经济领域、政治领域中那样存在着前现代、现代和后现代的三重结构。"[2]"由于农业劳动的机械化和生活方式的变化，'结''讲''组'等传统集团都消失了。这样，传统村落成为封闭性共同体社会的各种因素在战后40年间一一解体。简言之，作为村落固有特性的封闭性共同体社会的解体，也就是村的村落度的下降，正是村落的现代化过程。这是一个不可避免的，也是普遍性的变革方向。现在的日本村落以及告别了德川时代以来具有长期历史的传统村落结构，面临着创造与之不同的现代村落秩序的课题。"[3]随着村落现代化的推进，村落中出现了一些新的问题。随着传统的社会组织的消失，农业小型化、机械化的扩大，兼业农户大量出现，村落面临如何维系的问题，人们开始意识到传统的"村落共同体"的价值，开始反思如何评价"村落共同体"。"战后日本的共同体论从 20 世纪 50 年代的二元对立模式中对'共同体'的批判，到 70 年代转而对近代的批判，争论一直停留在二元对立框架中。而最近的共同体论中有超越二元对立的框架，出现第三条道路的倾向……"[4]

基于在秋保町马场村的田野调查，我认为有必要重新认识和评价"村落共同体"。本文将通过田野调查的实证经验，阐述"村落共同体"是如何被维系的，以及维系"村落共同体"的现实意义。人类学的日本村落研究，属于微观社会研究，如何使微观社会研究更有价值，马林诺夫斯基为费孝通先生的《江村经济》所作的序言给了我很多启示："不言而喻，在乡村生活、农村经济、农业人口的利益和需要中找到

① 富永健一：《日本的现代化与社会变迁》，商务印书馆，2004，第 166 页。
② 同上书，第 186 页。
③ 同上书，第 216 页。
④ 鸟越皓之编：『むらの社会を研究するフィールドからの発想』，農文協，2007，第 158 页。

的主要是农业文化基础。通过熟悉一个小村落的生活，我们犹如在显微镜下看到了整个中国的缩影。"[1] 我不敢奢望自己的研究能辐射整个日本农村社会，只希望它能为我们认识日本村落社会打开一扇窗户。

① 费孝通：《江村经济——中国农民的生活》，商务印书馆，2007，第 13 页。

第一章　田野点概述

一、秋保町

在日本，中央政府是国家的最高权力机构，地方行政单位包括都、道、府、县，再下面是市、町、村。市、町、村是日本社会中最基础的自治体^①（自治单位）。1967 年到 1988 年，秋保町是宫城县名取郡下的町，1988 年 3 月 1 日划入仙台市，由仙台市太白区管辖。秋保町本来是个独立的"自治体"，纳入仙台市以后，成了太白区的一部分，失去了原有的独立性。虽然秋保町有太白区役所（区政府）下设的秋保町综合支所，但它主要提供的是政府服务，村落管理依靠的是村落中的各种社会组织。秋保町^②，根据仙台市企划调整局综合政策部企划调查科的调查^③，2010 年的总人口为 4481 人，其中男性 2123 人，女性 2358 人，有 1800 户。2015 年的总人口为 4394 人，其中男性 2029 人，女性 2365 人，1852 户。5 年间新增 52 户，总人口略有减少，其中男

---

① 自治体是从"Autonomy"翻译而来的，是拥有自治权的团体和组织。也叫地方公共团体，日本指"地方自治体"。通常指的是"自治区""自治州""自治政府"这样的地区政府。"地方自治体"在日本简称为"自治体"。

② 日本的町概念有三个内涵，一是指街或城镇的意思。比如，上街买东西的"街"，日语可以用"町"来表示。"城镇"，日语也可以用"町"来表示。二是指日本地方行政区，以人口规模而言比村大，比市小，相当于中国的乡。三是指市或者区以下的小区。日本的町、村概念是比较混乱的。明治政府为了加强对农村的控制，把秋保乡改为秋保村，后来又改为秋保町。在宫城县还有至今没有改过来的，比如，大衡村。

③ http://www.city.sendai.jp/kikaku/seisaku/toukei/gaikyo.html，仙台市政府官方网站，2015 年 8 月 20 日访问。

性人口减少，女性人口增加。秋保町虽然划入仙台市，归太白区管，但是其自身的农业社会特点并没有改变。早在 20 世纪 70 年代，秋保町的有识之士就预感到日本城市发展的趋势必然要波及乡村，他们积极行动起来，开始编撰本地的地方志——《秋町内史》。他们有一种强烈的危机意识："都市化现象是伴随着人口集中于城市的现象。要想根本阻止它的话，只有抑制人口集中，即抑制工业生产。只要工业是重化工业，它对自然的破坏将无法避免。人本身就是绿色世界的生物，失去了绿色的人就会在身体和精神方面遭受巨大的痛苦。秋保町的自然景色对于仙台市的人来说，是无可替代的宝贵的自然财富……我们绝不能让秋保町消亡。"[1] 这是当年秋保町精英们的誓言。如今几十年过去了，秋保町保留了从前的风貌。虽然秋保町的居民已经是仙台市民，但是，他们中的绝大部分人，还是和土地相关的"农民"，秋保町也保留了农业社会的特点。我之所以选择它为田野点，就是看中了这一点。为了研究的方便，我还是以 1988 年秋保町没有划归仙台市之前的社会结构作为分析框架，实际上本地人也从来没有因为区域划分的改变，而改变自己的身份认同。秋保町在 1988 年以前由马场、长袋、境野、汤元 4 个村组成，位于海拔 150～300 米的山麓丘陵地带，按照日本的地理划分，属于中山间地区，其南部接柴田郡川崎町，北部连宫城郡宫城町，西部临山形县山形市，东面临仙台市，东西长 24.5 公里，南北宽 12.2 公里，呈 L 形，总面积 14658 公顷，是日本明治时期宫城县排名第 16 的大村（明治时期合并的村）。它的西面是山岳地带，山林占总面积的 88.9%。1973 年，有农地 37 公顷，其中水田和旱田的比例是 6∶4，山林的 57% 为国有林，37% 为公有林，其余为私有林。秋保町过去一直盛行烧木炭，有不少农户靠山林维持生

---

① 平重道监修：『秋保町史』，仙台：宫城県名取郡秋保町発行，1976，第 16 页。

活。山林的大部分是阔叶林（天然树），适合烧木炭。在改换燃料以后，改种了其他树，有的地方把山林改造成了牧草地。1962 年，秋保町有了自己的苗圃，每年可以培育 1 万～2 万株树苗，到 1973 年为止，公有林地的 78.8%、私有林地的 17.9% 被人工绿化。另外，从 1967 年到 1970 年，改造牧草地 100 公顷，开始大量饲养肉用牛。从 1903 年到 1967 年，以 1940 年为界，之前耕地开垦进展顺利，耕地明显增加，40 年间实际耕地增加 15 町步（15 公顷）。之后，虽然奖励增产，但是由于主要劳动力被征兵、征用，生产力不断下降，水田虽然增加了约 10 町步（约等于 9.9 公顷），但旱田减少了 23 町步。[1] 奥羽山脉是宫城和山形两县的分水岭，该山脉是名取川的发源地，河水由此向东流去，最后流入太平洋。其西面与津仓、北面与大东、南面与神室等千米高的山峰相连。秋保町中部的西侧山峦重叠，凹凸崎岖，多深山峡谷，名取川流经的中部地区被开辟成了平地。本地山腹呈斜面状，网状的河流穿过 V 字形山谷，由于河床低，形成了变化多端的地形。同一座山脉在秋保町境内的不同地区有不同的叫法，依次为大东岳、东奥岳、龙驹岳、三方仓山、户神山、爱宕山、大笠山、楣山、大仓山、大岩山、黑泷山。其中爱宕山中有安放着骑马武士像的爱宕神社。楣山上有领主秋保氏中世的据点砦址出城，现在还残留着土垒的"本丸"和"二之丸"遗址。大仓山山顶上有块弓形巨石，山麓有"神根"，是秋保町村民信仰中的"灵峰"。大笠山，传说过去天狗每天早上在此出没。黑泷山是祭祀黑泷不动神的地方。大岩山有知足上人[2]绝食37 天的洞穴。名取川和广濑川两条河流流经秋保町。秋保町 6 月到 8 月的平均温度为 30.5 度，温度最低的 1 月平均温度为零下 4.9 度，年

---

[1] 平重道监修：『秋保町史』，仙台：宫城県名取郡秋保町発行，1976，第 3 页。
[2] 明治时期大泷不动堂的开山鼻祖知足上人俗名佐藤太作。

平均温度11.6度。降雨集中在6月到8月，总降雨量为1494毫米左右。6月到10月阴雨天较多，其他日子多为晴天。有霜期为11月上旬到3月下旬。5月有时有晚霜，12月到3月上旬为积雪期，40年来的最深积雪为50厘米。这个气象统计始于最东端的汤原地区，越往里面（西面）温度越低，冬天西部各村落有积雪，生产和交通都受到不同程度的影响。

（一）秋保的来历

关于秋保地名的由来有很多说法。一种说法是和平安时代统治这块土地的"藤原秋保"这个人物有关；另一种说法源于《诗经》中的"保百寿之秋"，取长寿之意。有证据表明，在距今3万年前，秋保进入了旧石器时代，汤元的原野里有那个时代的遗迹，说明绳文和弥生时代的原始部族曾经在此居住、生活过。当时的人们靠耕种山间有限的土地以及在森林中狩猎和采集来维持生活。日本从弥生时代开始进入稻作农业时代，由于有了稳定的粮食生产，人口开始逐渐增加，随之产生了村落的"王"。巨大的坟墓象征着那个时代的辉煌。从仙台市远见冢古坟的遗址可以推测那里曾经有过统一仙台平原的"大王"。但是，秋保并没有发现如此大的古坟，那时名取河沿岸的秋保只是弥生时代的小村落，点缀在山间荒凉的土地上。之后，日本在中央（近畿地方）建立了大和政权，同时在东北地区设立了多贺城。秋保乡离多贺国府不远。从那时编纂的故事及歌集里，可以推测"名取的玉泉"是当时奥州①的名胜。秋保温泉是当时多贺国府派来的国府官人们疗养、游乐的地方，闻名于遥远的中央政府（大和）。据说，大和朝廷时代第29代钦明天皇的痔疮，就是用秋保的温泉水治好的。《古

---

① 日本律令制国家之一，陆奥国的别称，今日本东北地区的一部分。

今和歌集》和《金叶集》中多次出现过名取川的名字。据说传播山岳佛教的慈觉大师在汤原洞窟堂开设过精舍，平安末期平重盛的曾孙长基，曾在山清水秀之地秋保长袋待过，甚至传说他是秋保家族的祖先。秋保随着东北的首都多贺国府的繁荣，形成了以温泉为主的汤元小村落。在秋保的马场野尻的足轻们[1]在名取川上游兴建了自己的村落，并在此生活了数个世纪。坂上田村麻吕和慈觉大师来秋保，兴建了许多寺庙。秋保成为当时从仙台去山形的必经之路。之后，秋保进入了以在乡领主为核心的武士时代。

（二）平安时代的秋保

传说，平氏在壇之浦败于源氏[2]之后，一部分残余隐居到了全国各地的山间，日本社会中一直流传着山间村落是"平家落人"[3]开发的传说。据说，重盛"小松内府"的祖先平长基就是流落当地的秋保氏的祖先。秋保氏以长袋的"楯山城"[4]的"长馆"[5]为本城，在二口街道的要冲设置了馆城，防备敌人入侵。

秋保氏在战国时代，曾归属于伊达氏（政宗以前）。马场地区的

---

① 日本中世以来的杂役、步兵。日本南北朝时代动乱前后出现。江户时代最下层的武士，不允许有自己的姓氏，多为边关和行政机关的守卫。

② 平安时代后期的1180—1185年日本朝廷内发生了历时6年的内乱，以白河法皇的皇子以仁王举兵为发端，在日本各地发动了对以平清盛为首的平氏政权的叛乱，史称治承、寿永之乱（源平之战），最终平氏政权垮台，确立了以源赖朝为中心的镰仓政权。最后决定平氏命运的战役是壇之浦之战。

③ 平家落人指的是治承、寿永之乱，败北以后逃避到山间隐藏起来的平氏的残兵。这些人不光是武士还有妇女和儿童。

④ 日本封建社会的领主在自己的领地里都要修建城郭。秋保氏是地方小领主，秋保氏本家便在长袋的楯山修建小城堡，并在附近建造了宅邸。目前保留下来的其历史遗迹，是研究地方小领主的珍贵遗产。

⑤ 馆是宅邸和小城堡的意思，长馆是秋保本家位于秋保町长袋的宅邸，目前保留了其历史遗迹。

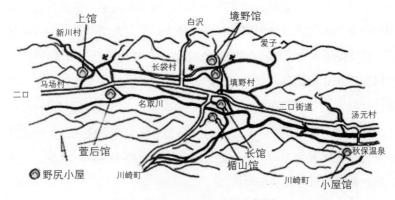

秋保氏主要的城堡和宅邸配置图（中世）

秋保分家马场氏修建了上馆城①，之后转移到了丰后馆城；在境野有秋保的另一个分家的境野馆城；秋保氏在新川也有分家。他们和本家秋保氏一起统称为"秋保御三家"。伊达政宗把根据地转移到了岩出山的时候，赐给秋保氏外样家臣的称号，让他们负责警戒，成为驻守在二口峠边界的山形最上氏的部队。他们恪尽职守，为藩政立下了汗马功劳，本应得到奖赏，但是，关原之战②以后诞生了江户幕府，这时，伊达政宗③把都城转移到了仙台，秋保乡④成了仙台藩的管辖领地。秋保氏不得已转移到了刘田郡小村崎村，离开了秋保，不久又被许可返乡，恢复了领主的地位。到了七代藩主伊达重村的时候，秋保氏23

---

① 马场村历史上是秋保氏分家的领地，上馆是他修建的小城堡，位于马场村北面的爱宕山上，之后移到马场村南面的改名为丰后馆，目前保留了其历史遗迹。

② 关原之战是德川家康和丰臣秀吉的继承人争夺权力的战争。安土桃山时代的庆长五年9月15日（1600年10月21日）在今天的岐阜县的不破郡关原为主战场进行了野战，战争波及全国，最后德川家康取得了胜利。

③ 伊达政宗，战国时代的武将。是出羽国和陆奥国（现在的青森和岩手县的一部分）的战国大名。陆奥仙台藩的第一代藩主。本姓藤原氏，系以伊达政朝宗为祖先的伊达氏。自幼右眼失明，有"独眼龙"的绰号，也被称为"东北王"和"奥州龙"。

④ 按照当时的行政划分，秋保是乡级单位。

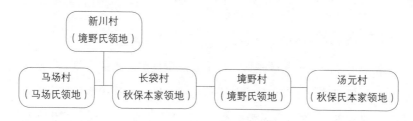

秋保氏本、分家领地示意图

代的秋保氏盛被提拔为奉行 ①，得到了千石的待遇 ②，秋保氏的地位上
升了。从现在的长袋的"馆"和"町"的村落可以窥见盛世时期的秋
保氏族的风貌。秋保的史迹、社寺、街道都和秋保氏有关。

（三）近世以后的秋保

　　日本在近世迎来了与战国时代大不相同的太平盛世，负责守卫边
境的秋保町，也迎来了和平的时期。原来设在二口峠守卫边境的野尻
村落的足轻，只管通过此地的游客和香客，不需再手持武器，防备外
敌入侵了。离仙台城较近的名取川溪谷的风景和汤元的秋保温泉成了
人们休闲娱乐的场所。人们安居乐业，一边种稻一边从事传统的烧炭
产业。在汤元、境野、长袋、马场、野尻的驿站村落中，人来人往，
香客和泡温泉的人络绎不绝。从幕末到明治时代，仙台市内的资本家
自费投资改造了二口峠，开通了人、车都能通过的收费道路，使翻山
越岭更加容易，使二口街道和秋保乡车水马龙。但是，不久秋保乡就
迎来了历史大变化时期。明治十五年开通了关山隧道，马车可以通行，
本来要经过二口街道的运输物资改道关山，繁荣的秋保乡被关山所取

① 日本武士执政的官名。镰仓幕府以后，用作衙门长官的官名。
② 日本古代，特别是江户时代大名的大小是用大米的拥有量来定的，大米相当于工资，一般的大
名都应该在 1 万石以上。千石以上的属于地方小大名。

代，宿驿村落日渐衰落。

（四）秋保家族的衰败

秋保町是秋保家族的领地，后来秋保家族归顺于仙台藩——伊达政宗。秋保家族中在仙台藩中享受待遇最高的是秋保氏盛。秋保氏盛通称"平三郎"，之后更名为玄蕃，再后来为外记，1744 年降生在秋保家分家秋保权兵卫盛之家，排行老四，1755 年 11 岁的时候，本家雅乐良盛去世，氏盛成为其养子，继承了秋保本家。传说中，氏盛看似温良恭俭让，其实性格刚毅，1764 年开始为藩主做事，1765 年开始逐渐升为御申次兼近习，1773 年为御小姓头[①]，1774 年为若年寄[②]，安永五年（1776）就任奉行[③]，俸禄增加为五百石，另被赐给职务津贴二千石。1781 年在任知行高期间，成为本领的知行[④] 替代，并被赐给町场（长袋）。现在的馆部落就是那时的原状。1784 年，他被任命为御国许[⑤]，藩政 1787 年为了犒赏他，增加了知行千石。但是，任御一门寺池伊达家的家政监督的氏盛卷入内部纷争，在宽政二年（1790）被迫退职。之后，再次被任命为奉行，1799 年 2 月 8 日逝世，享年55 岁。从此，秋保家再没有在藩政中任职的人了。明治维新以后秋保家族衰败，家族成员纷纷离开秋保町，有去东京的，还有去仙台的。据说，留在秋保的直系亲属只有一户，就是现在开"神根"温泉旅馆的秋保家。但是当地人并不完全认同，认为主人是秋保家的入赘女婿，不能算真正的秋保家族成员。尽管现在秋保家族的直系已经离开

① 日本封建时代，藩主最近的小姓和小纳户的总称。
② 江户时代的职务，是老中的辅佐，老中在江户初期被称为年寄。
③ 日本平安时期到江湖时代武士的职名之一。仙台藩的奉行指的是若年、老中。
④ 日本近世指领主对领地的支配权或领地支配的土地。
⑤ 大名的领地。

秋保，但有血缘关系的人还不少。秋保家族得名于秋保地名，秋保家族的兴盛提升了秋保的知名度。现在在仙台没有人不知道秋保町。秋保町的历史言说，特别符合日本人普遍的历史认识，即山间村落的形成与"平家落人"的说法。我研究秋保历史的时候，主要依靠的资料是《秋保町史》，书中有平安末期平重盛的曾孙长基就是流落当地的秋保氏的祖先（秋保氏和七代盛定有关）的说法，没有更多的资料可以考证其真伪，《秋保町史》的编撰者也不敢断言此说法一定是事实，但是也没有人完全否认。日本古代历史书写的只是贵族与天皇的历史，民间小人物的历史多是后人撰写的，难免有杜撰的成分。我研究秋保，是为了研究该地区的社会变迁，而不是秋保的家族史，因此，我关心的是，秋保町的后人把秋保与平家联系起来的动因。经过研究，我觉得，本地人的历史言说遵循了日本人的普遍认识，即山间村落的出现和"平家落人"有关的说法。此说法背后的隐喻是贵族历史的延伸，村落与贵族血脉相连。秋保町的历史虽然不算悠久，但秋保家族的兴衰和日本中世以后的社会发展轨迹相同，秋保町从来没有脱离过"国家"的轨道。

（五）明治维新以后的秋保町

明治维新以前，秋保地区有 5 个村，其中一半农户在长袋村，加上马场村，两村的农户占秋保地区总户数的 3/4，明治以后比例开始缩小。第二次世界大战期间，日本许多城市遭到盟军飞机的轰炸，不少疏散者来到长袋的大原，在此地新建了开拓村，此时该地区的分家也开始脱离本家，另立门户，秋保町家户开始增多，长袋街道逐渐向西延伸了 1 公里左右，成为秋保的行政、文化、教育的中心地带。战后出现的开拓村落，除了大原外，还有泷原、新田町、汤元上。秋保町各个村落有藩政时期的社会组织"组"，长袋、马场、野尻过去都是此地的驿站，长袋村馆是秋保家臣的村落，村落的特点被不同程度地保留了下来。根据《秋保町史》的记载，从明治到大正，除了本地不产的盐和鱼之外，食料和布匹都是农民自己生产的，日常用品可以在野尻、马场、长袋买到；买不到的，去仙台买。当时"讲"[①]很盛行，村内的亲戚举行婚礼、服兵役，办葬礼、法事[②]，遇到火灾、生病、换茅草房之类的时候，"讲"的成员要互相帮助。村落举行大型活动的时候，要表演流传于岩手县和宫城县的一种念佛舞蹈。[③]巡警离任时，各家出钱举行欢送会。契约讲、山神讲、小牛田讲开讲的时候，组员要出资。在年末，要给爱宕神社的别当宫野准人送年德神[④]礼金。1955年，新川地区合并到了旧宫城町。秋保村1967年更名为秋保町，1988年合并到了仙台市。稻作农业一直是本地村民的主要产业，之后以秋保温泉和秋保大泷的自然景观为主的旅游产业得到发展。

秋保町地广人稀，是仙台地区唯一的自然保护区。乘车从仙台出发顺着名取川而行，一直到秋保温泉街，都是平坦的柏油路。现在秋保传统的木结构温泉旅馆已被钢筋水泥建筑所代替。秋保温泉和马场村泷原的秋保大瀑布以及马场村野尻附近的二口登山露营地构成了秋保地区的休闲旅游景点网。秋保町因地制宜发展旅游，但并没影响村落的传统风貌，与温泉街道连接的村落和往昔一样，稻田连成一片，来到此地，有一种置身于古代村落的感觉。正如当地人所说的："这里的自然景色和村落风貌与中世相比，变化不大，村落依旧维持着原有的自然状态和与世隔绝的特性。"虽然来往的车辆穿行不断，但秋

---

① "讲"是同一信仰的人们结成的社团组织。也有的是互相扶助的组织。

② 佛事，为死者祈冥府等宗教仪式。

③ 舞者持剑，剧烈地跳跃乱舞。相传为日本修验道的修验者表演的咒术，旨在安慰亡灵，镇压和驱赶罪恶的灵魂。

④ 道教的方位神，是祭祀本年福德的吉祥神，也称为年德、岁神、正月神。

保町依然保留着道路两旁古朴的民居、房屋后的稻田、远处的高山、高山下的溪流，一片田园风光。

（六）秋保町的传统农业

秋保地区的农业主要是水田稻作农业。该地区稻作农业条件优良，周围没有任何污染源，灌溉用水是从山上流下来的山泉和名取河的河水。同时，该地因地处山间，日夜温差大，非常适合稻作农业，稻米品质好。但是，过去由于土地贫瘠，水利资源也没有被充分利用，稻子的单产量一直不高。1980年以后政府组织平整了土地，每块稻田平整成 0.2 公顷的长方形，又兴修了不少水利设施，此后，本地稻米的单产量不断提高。现在秋保环境保全稻是宫城县的"一见钟情"品牌的一个系列，很受消费者欢迎。目前本地农户基本上都使用了现代化的农机具，贩卖农户 [①] 都有一整套农机具，农户平均在农机具上投资 1000 万日元左右，现在已经看不到传统农具了。（牛耕盛行于西日本 [②]，马耕盛行于东日本，所以秋保町的农民过去一直都是用马耕地。）秋保地区的农田分为水田和旱田。水田种稻子，转产的水田种荞麦和黄豆。旱田都在山沟里或山坡上以及家屋周围。秋保地区除了种稻以外，旱田种过大麦、小麦、大豆、小豆、荞麦、栗子、稗子、黍子、红薯、茄子、牛蒡、桑叶等。但总体而言，秋保町地处山间，农业生产力比较低，规模也比较小，所以，为了维持生计，本地的农民除了经营传统的农业之外，还搞些副业，比如利用森林资源生产木炭，发展养蚕业。烧木炭和养蚕是战前农户的重要经济来源，1930年以后这些产业开始衰退，现在秋保地区已经没有养蚕和烧木炭的农户了，种植烟草

---

① 指经营耕地面积在 30 公亩以上，而且农产品贩卖额在 50 万日元以上的农业从业者。
② 日本东部和西部的划分是以中部为基准，以西为西日本，以东为东日本。西日本包括近畿、中国、四国、九州地区；东日本包括关东、东北地区。

代替了养蚕，烧木炭改为植树和栽培覃扑（一种蘑菇），畜牧业有了发展。本地农户平均拥有农地 0.7 公顷，发展副业是为了维持生计。1909 年本地区农户的收入比例是大米 37%、木炭 29%、蚕 20%。2002年秋保地区有农户 394 户，其中贩卖农户为 294 户，绝大多数的农户是拥有不到 1 公顷土地的小规模的农业经营者。另外，在贩卖农户中第 2 种兼业农户的比例占了 90%。贩卖农户的 17 户中，单一经营水稻的农户占 94%。农业的主要产物是水稻。地区的标准单位收成是7 俵（1 俵为 60 公斤），本地不是产量最高的地区，条件好的一些地方可以生产 9.5 俵，也有的地方仅能生产 6 俵。本地区内水田总面积为 217 公顷（根据 2003 年仙台农协的调查），其中调整水田面积[①]76公顷（2002 年度统计）。1960 年 62.5% 的农户靠农业收入，1970 年43.5% 的农户靠农业收入，靠工资收入的家庭从 31.5% 发展到 52.5%。从 1970 年农户的收入情况看，外出做工的年收入为 73 万日元（是县平均数的 94%），而农业所得仅为 44 万日元。农业人口逐渐减少。耕耘机的使用率已经达到 56%。1971 年开始全面使用插秧和收割机。

（七）秋保町农业人口的变迁

根据 1877 年的《名取郡地志》记载，长袋、马场、境野、汤元4 个村的总户数 309 户，总人口 2230 人。1974 年秋保町总数 951 户，人口 4669 人，平均每户人口为 4.9 人。97 年间，每年平均增加 6.6 户，25 人。在战争期间（1945 年之前）大量疏散者涌入秋保，仅 1945 年就有 430 户，1567 人。其中从仙台疏散到这里的有 237 户，847 人。据《名取郡高人数账》记载，1832 年的每户人口平均为 6.6 人；1897

---

① 1970 年以后日本出现大米生产过剩的情况，为了控制大米生产日本政府出台了大米转产计划，政府规定不再开放水田，原有水田的三分之一改种其他作物。改种其他作物所造成的经济损失由政府补贴。俗称"减反"计划。

年为 7.6 人；1924 年为 7.8 人；"二战"结束时为 5 人；1974 年为 4.9
人，只是平均人数最多的 1902 年的 8.7 人的一半左右；而到了 2010
年，平均每户只有 2.5 人。农业是本町的主产业，大部分人口从事农
业生产。名取川横贯秋保町中央，一直延续到二口街道。街两侧是农
田，守卫边界的足轻村落野尻位于秋保的最东端。北端的广濑川沿岸
有新川（现在为宫城町）和白泽，本砂金川崎方面有馆、竹之内、石神、
国久等村落。往西有泷原、森安、野口、驿（马场村的别称）、加泽、
野中、并木、境野、汤元。汤元村的人口在藩政时代只占秋保町的 8%，
只有 26 户人家，1877 年增加了 2 倍，1935 年增加了 6 倍，为 156 户，
占秋保町总人口的四分之一。1970 年增加到 307 户。[1] 明治以前，汤
元村只有一口泉眼，为附近 4 家汤治屋[2] 所共用。1886 年进行了温泉
改造工程，1915 年开通秋保铁路后，又挖掘了几口新泉，建造了饭店，
之后来这里洗温泉的人开始增多，商店也随之大量出现，商店周围盖
了大量民宅，居民多是从其他地方移居来的。其他村落从 1831 年到
1877 年，户数没有什么变化，只是人口有所增加。此后到 1955 年的
近 80 年间，人口、户数增加了 2 倍。之后出现了减少和停滞的情况。
据统计，秋保町到 2010 年 8 月 10 日为止，面积 14.5 平方公里，户
数 1759 户，人口 4425 人；农户总数为 333 户，其中贩卖农户 231 户，
自给农户 102 户，有土地的非农户为 93 户。

（八）秋保町与马场村

我的田野点主要是秋保町马场村。按照铃木荣太郎的村的分层图，
秋保町是第三社区。秋保现在叫秋保町，最早叫秋保乡，明治时期叫

---

① 平重道监修：『秋保町史』，仙台：宫城県名取郡秋保町発行，1976，第 28 页。
② 温泉疗养院。

秋保村。明治政府为了强化对农村的管理，合并了村落，秋保乡的5个村被合并成一个秋保村。下面的图就是明治维新以前的秋保乡的5个村。

旧秋保五村

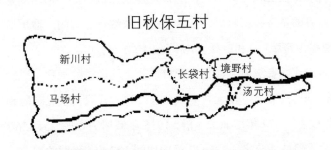

　　这5个村都是秋保家族的领地。长袋和汤元是秋保本家的领地，马场村是一个分家的领地，境野和新川是另一个分家的领地。新川在1988年秋保合并到仙台市的时候，划归到了宫城町。现在秋保町是由汤元村、境野村、长袋村和马场村组成。历史上秋保氏三家族是秋保地区的统治者，他们在统治时期，分别在自己的领地建造了宅邸和城郭。按照有贺喜左卫门的"同族团"和福武直的"家联合"理论，秋保町以前是个扩大的同族村。秋保町虽然由4个村组成，但是它们之间的联系非常密切。

　　秋保町按秋保地区的顺序排列，是汤元村、境野村、长袋村和马场村。秋保温泉街就在汤元村。汤元村过去没有几户人家，原来是秋保本家的领地，自从温泉向大众开放以来，这里来了很多经营饭店等店铺的人。他们当中本地人不多，多来自仙台市。本村人近水楼台，有不少妇女在温泉街上班，一般从事服务性工作。温泉的开发占用了本村一部分土地，但大部分农田得以保留。本村的农户都是兼业农户，农业不是主业是兼业，男人除了种地外，都另外上班，少数人在温泉街上班，多数在仙台上班。温泉街道旅馆林立，有历史悠久的旅馆，

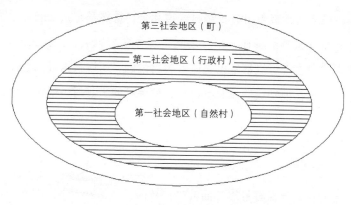

村落分层图

也有外地人新建的旅馆。这里是典型的混住型农村，本地人和外地人混住在一起，本地人多是农户，外地人多是旅馆的经营者和旅馆服务人员。我关心的是本地的农民，对另一部分很少了解。明治以前，汤元村和马场村一样是独立的行政村，明治以后，被合并成了秋保"村"。从那时起，汤元村和马场村就同属一个"村"了。明治时期在长袋诹访神社基础上，把其他村的神社合并成秋保神社，秋保神社就成了秋保町的镇守①所在地，其中供奉的神是秋保地区居民的氏神②，居民同是秋保神社的氏子。为此，几个村的村民被紧紧联系在了一起，共同的文化认同，是他们同为"秋保人"的基础。我去秋保町马场村，

① 镇守是守护那块土地和那块土地上的人的神。平安时代以后，形成了庄园制，确立了贵族和武士、寺院等的私有领地，氏族社会崩溃，氏族信仰也随之淡薄。取而代之的则是：庄园领主们以守护庄园为目的，开始祭祀其土地的守护神。守护神被称为镇守，室町时代以后庄园制崩溃后，守护神开始与氏神合祭，直至今日。

② 古代各地豪族古代氏族组织的"氏"是被作为祖神和守护神来祭奉的神。平安时代以后，不仅是有血缘关系的一族，包括和这个氏族一起生活的人，都被称为氏子。这和中世初期日本的地域社会中，民间形成的假借古代的氏的氏组织有关。中世以后，住在氏神的周围，参加氏神祭礼的所有人都是氏子。氏神和镇守、产土神是一致的，祭祀同样氏神的人们叫"氏子中"或"氏子同"，以其代表人的氏子总代表为中心负责神事和祭祀。不住在祭祀氏神的神社周围，但是信仰这个神的人叫作"崇敬者"，和氏子并称为"氏子崇敬者"。祭祀天皇祖神的伊势神宫在近代以前只是皇室的氏神，但是现在被确立为全日本人的总氏神。

要经过汤元村、境野村、长袋村。这几个村虽然都是独立的，但历史上都是秋保家族的领地，相互之间一直存在婚姻关系。农业委员会、农业实践组合等组织都是以秋保町为单位的，所以秋保町的老住户都是熟人。现在最基层的政府机构设在秋保町的长袋村，秋保农协也在长袋村。

1. 汤元村

汤元村是秋保町最靠外面的村，从前是秋保家族本家的领地。该村有秋保温泉街，全村 1/3 的人在温泉街上班，农户都是兼业农户。本村除了老住户外，还有不少在这里买地盖房的新住户。我去马场村首先路过的就是这个村，村里我最熟悉的是佐藤。他说：

> 种的稻子一部分要给农协来抵消赊用的肥料款，剩余的自己吃。我有 0.9 公顷的水田，1/3 在转产，转产的土地不能种稻，只能种其他作物，我种了蔬菜。

他是典型的兼业农户，和老父亲共同经营自家的土地。父亲以前也工作过，退休后靠退休金（厚生年金①）生活。他不指望农业赚钱，也没有扩大农业规模的想法。他儿子在外面工作，农忙的时候也会帮助做些农活；女儿嫁到离这里不远的温泉街附近，会经常回来帮助做些事情。母亲已经去世。他不和父亲同住一处，而是像过去的本家和分家那样，在租屋旁边另盖了一栋房子。他家是本村的大户，真正的本家离这里不远。他家里什么农机具都有，但没有收割机，所以每逢

---

① 所谓的厚生年金，正式的说法是厚生年金保险。主要是日本的民间企业的工人参加的国家的年金制度。由日本年金机构给参加者和其遗属支付老年年金、伤病年金、遗属年金。以上是根据厚生年金保险法决定的。

收割季节，他要借本村落亲戚的收割机用。他虽然没有参加任何农业组织，但秋保町内组织的活动基本上都参加。

2. 境野村

去马场村经过的第二个村子是境野。这里从前是秋保家族分家境野氏的领地。这个村的农业传统也保持得很完整。柴田家是村里最大的家族。这个村我最熟悉的是柴田市郎。他说：

> 以前我家和其他农户一样，也是以种稻为生，后来成了秋保町的养牛专业户，养牛的历史已有三代。祖父靠一头牛起家，发展到现在有几十头的规模。主要养的是奶牛。父亲今年80多岁，曾经当过秋保神社的总代。[1]

他家是秋保町仅有的三户专业农户之一，他本人是秋保农业实践组合[2]的组合长。我在秋保地区搞调查，在很多场合都能见到他。秋保町的农户几乎都是农业实践组合的成员，所以他和秋保町的农户都有联系。

马场村野口的菅原家是斋藤家母亲的娘家。由于这个关系，我访谈了斋藤遗孀几次。她今年83岁，本家在川崎町，是家里的老大。战争期间，按照当时日本政府的规定，有男丁的家庭要出人当兵，没有男丁的家庭也要出人做后勤服务工作。她17岁的时候，当了妇女挺进队队员，在川崎的一家军工厂里工作，除了工作之外，还要慰问上战场者的家属。战争结束，她嫁给了斋藤，几年前丈夫去世。她有

---

① 总代是氏子的总代表的意思。
② 是日本农业转产农业政策的产物，主要负责落实农业政策中的转产项目的农业组织。

两个儿子、两个女儿。女儿都远嫁他乡，很少回来。二儿子在外地。她现在和大儿子一起生活，但是各住各的，儿子的房屋在前面，有点像本、分家的格局。她家有水田 1.5 公顷（一般家庭为 0.9 公顷左右），主要是她和大儿子经营，经常可以看到她在田间干活。她儿子一家夫妇二人，都在仙台有工作，没有孩子，儿子休息的时候也好侍弄家里的地。认识了她以后，一遇到她，我总要和她聊聊。她讲：

> 我年轻的时候，本村农民的生活很苦，一年四季都要劳动，根本没有歇息的时候。夏天忙着种稻，种稻不像现在靠机械，都是手工劳动，草要用手拔，插秧季节，妇女负责插秧，男的负责拉线（插秧的行距）、运秧苗；冬天家家户户都要烧木炭，男人上山烧木炭，女人往家背木炭。除此之外，我还要带 4 个孩子。女人并不比男人轻松，每天都很辛苦，一直过着比较封闭的生活，对外界的情况很少了解，特别像我这样嫁过来的女人，社会交往就更少了。

她的婆婆家是马场村野口村的菅原本家，所以她对马场的情况很熟悉。婆婆在世的时候，还和本家有来往，婆婆去世以后，来往就少了，不过对于本家的事情还是很关心的。

3. 长袋村

长袋村是我去马场村路过的第三个村。这个村一直是秋保地区的政治、经济、文化的中心，历史上曾经是秋保家族本家的居住地，有秋保家城堡的遗址。近代，这个村的冈崎家出了秋保町人最引以为荣的人物——仙台市第一任市长冈崎荣作。文献资料上说，冈崎荣作 1883 年 12 月 22 日生在长袋村町南的冈崎家。我调查时，马场村的村民都说他的生家在马场的太田家，后来成为冈崎家的养子。秋保町人都以他为骄傲，当然，马场村和长袋村的人更为之自豪。冈崎荣作从宫城师范学校考入日本大学，1910 年毕业后，出任丸森小学校训导 ①，岩手山小学校、桃生郡视学 ②，1917 年成为县视学。1920 年进入政界。离开横滨市政府后，历任东京都社会局保护科长、福利科长、监察科长、下谷区长、大森区长等。昭和二年（1927），创办了财团法人日本营养协会。 昭和十八年（1943）返回故里，任宫城县商工经济会理事长，之后于 1946 年 6 月通过公选，被选为第一任仙台市长。仙台遭空袭后，变为一片废墟。他在任四届，为再建和复兴仙台市，保持仙台的特色，使其成为东北地区的中心城市，倾注了自己的全部心血。虽然没有实现生前的愿望，但他在 1954 年提出的大仙台市的建设构想，为世人所瞩目。在任期间，他还兼任东北七县市长会会长、全国市长会副会长等要职。1960 年 4 月逝去，享年 77 岁。在长袋户崎的冈崎牧场，有他生前用过的书斋。据说，他一生从来没有间断过读书，经常接触有识之士，不断吸收新知识，所以他有很多想法。卸任市长以后，他和不少艺术家交往甚笃，他用自己的钱支援他们搞创作。晚年他为创立宫城教育大学呕心沥血，学校成立的时候，校方送给他一座石灯笼作为纪念品。现在的冈崎家在秋保町也很有影响力，是秋保町的专业农户之一，专门种牧草。冈崎家的男主人是仙台农业委员会秋保町代表之一（秋保町一共有 3 位代表，另 2 位是马场村野口的中野和境野村的早坂）。

　　长袋村除了农户外，还有过去来此地做生意的人。长袋的佐藤女士今年 54 岁，生于长袋。她说：

---

① 日本旧制小学的正式教员。
② 即督学，日本旧制的地方教育行政长官。

我们家不是农户，祖上是从岩手县来长袋做生意的。长袋直到 20 世纪 80 年代，生意还很好做，自从秋保温泉开通了爱子国道以后，这里的生意就不好做了，店铺相继关闭。

据资料显示，长袋曾经是秋保町的商业中心。从现在街道两边的建筑和街道布局，可以想见当时的繁荣景象。她丈夫在外面做事，她在本地区打些零工，有两个孩子，一个和他们住在一起，一个在仙台。她还有一个妹妹，在秋保中学附近开了一家大众食堂。她不认同自己是在农村长大的说法，她认为她的家庭环境和农民不一样。她的话，使我想起了前几天遇到的一个很有绅士风度的、住在这里的、在仙台上班的男人。我问他，你是否认为这里是农村？他很坚决地说，从来没有这样认为过。他讲的不是没有道理。他生长的家庭本来就不是农民家庭，而是商业家庭，让他说这里是农村，从情理上他是很难接受的。而且以前这里商业发达的时候，人来人往，更像是小城镇。事实上长袋一直是秋保町的中心地段，商业发达。从这里开车半个多小时就能到仙台。根据现在的概念，居住在离中心城市半个小时车程以内的地区都属于城市范围，而且现在秋保本身就属于仙台市管辖。按照东京人的观念，半小时车程以内的居住区，是属于中心区了。所以，那位绅士有那种认识是可以理解的。但是，村民的房屋背后，就是延绵不断的稻田，谁又能说这里不是农村呢？

确实，在长袋村住的不光是本地的农户及生意人的后代，还有后来的移民。移民中还有退伍军人，小野道晃就是其中的一位。他今年87 岁，身体很好，有两个儿子、一个女儿，大儿子在大阪当警察，二儿子毕业于日本东北大学，现在在一家宇宙开发公司工作，女儿出嫁到了千叶，家里就剩他们老两口了。他告诉我，年轻时当过兵，但没有上过战场，主要负责保卫仙台军用机场。日本战败后，在城市没找到工作，他就响应政府号召，领取了一点安家费，来秋保当了农民。他出生在仙台市，是来这里之后成的家。他向我讲述了他的一些生活情况。他和这里的其他同辈人一样，烧过木炭，现在可以领取年金[①]，还有 0.8 公顷的水田，曾经当过町内总会会长（相当于以前的村长），业余爱好日本剑道。

长袋村的加泽村落和马场村连着，居民都有亲戚关系，其中有不少农户。我和该村姓吹的老人很熟。他今年 65 岁，我经常遇到他。他干农活用的农具很旧，收割机也是借别人的。问其原因，他讲：

> 因为家里只有 0.4 公顷的水田，不值得买农机具。有 3 个女孩，大女儿出嫁到仙台的其他农村，二女儿在仙台上班，也已经成家，三女儿和我们住在一起，也在仙台上班，还没有结婚，最有可能继承家业的就是她了。

从老人的话语中，可以感觉到他特别希望能招回个女婿来。我观察了几天，发现本地没有买收割机的农户多半是因为没有明确的继承人。他以前也在外面做事，现在退休了，返乡务农。他老伴儿没有领取年金（60 岁）的资格，生活主要靠他一个人的年金（一个月 11 万日元），比较拮据。他很担心生活中会发生什么意外，所以，尽管身体不太好，还是尽可能地出去挣钱。他是我遇到的家境不太好的一位。

加泽的太田信芳一家我也比较熟。大女婿的本家在仙台市的若叶区，结婚后成了太田信芳家的入赘女婿。按照日本的法律，他可以成为太田家的继承人。他们家不买农机具的原因是认为不划算，买农机具种

---

① 年金，即养老金、抚恤金。对符合老龄、残疾、死亡等规定的对象，定期付给一定金额的制度。也指所支付的钱款。大致分为国家年金和民间年金。

稻，不如买米吃。秋收的时候，他们全家七八口人一起出动，使用的是旧式收割机和脱谷机。用传统的收割机，收割必须分两次进行：先收割，同时把收割的稻谷晾晒在田地中搭好的架子上，一般一个月左右才能完全干透，再在晾晒的田地上脱谷，然后找人帮助脱壳。他们不想靠种稻挣钱，种稻就是为了自己食用。这样的农户在日本农村不少。

二、马场村

马场村是秋保町4个行政村之一，过去叫"字"。秋保町划到仙台市以后，马场村的正式名称是仙台市太白区秋保町马场地区。但是人们还按习惯称马场为"字"。字的下面是小字[①]，小字就是自然村。本书为了行文方便，"字"一律统一称为行政村，"小字"统一称为自然村。自然村和行政村的概念是日本著名社会学家铃木荣太郎首先提出来的。本人的田野调查表明，自然村理论仍然可以用来表述当今的日本农村社会。秋保町是由马场村和汤元村、境野村、长袋村组成的，马场村则包括驿站、野口、泷原、野尻4个自然村，驿站是马场村的中心。按照铃木荣太郎的自然村理论，构成村落主体的是村民，维系村落的是"村精神"。"村精神"源于村的文化传统。日本在明治维新的时候，为了强化对农村的管理，建立了统一的民族国家，进行了村落合并和神社合并，这样的村落，史称"明治村"或旧村。在这次合并中，秋保町的5个村并成了一个大村，各个村的神社也合并成了秋

---

① 小字：近世村是大字，近世村内部的字多相当于小字。小字是字的一个区，如果是同族结合的地区的话，在同一个小字内有本家和分家，具有血缘和地缘的双重关系。如果是村组结合的地区的话，小字作为村组的范围，是地缘结合。小字内的人，在同一空间内度过一生，对祖先生活过的土地的热爱、房子的样式和生活习惯基本都一样。

保神社，把民间神道和日本国家神道结合在了一起。日本著名学者南方熊楠站在村民的立场上，曾经反对过一个行政村只留一个神社的神社合祀令（1906 年），并提出了自然村保护论。但是，学者的声音没有能够阻止日本政府对村落的合并。秋保町原来有过一个共同的领主秋保家族。秋保家族的本家和分家控制着当时秋保町的各个村。对于秋保家族来说，秋保町是个整体，但是对当时的秋保地区的村民来说，并不完全是这样，因为每个村落都有其相对独立的文化传统。然而，明治维新以后，通过村落合并和神社合并的办法，把原本小范围的"村落精神"整合成了大范围的"村落精神"，秋保神社成为居住在秋保町所有人的文化认同的标志。马场村的文化认同圈也扩大到了秋保町。但是，马场村本身的文化认同并没有完全消失。秋保町和马场村的关系符合日本村落圈层理论。

马场村驿站曾经是山形藩主最上氏和仙台藩主伊达政宗争夺势力范围的古战场。在马场和加泽的交界处的鹰来山下，有马场村的领主秋保的分家马场摄津定重的二男甚左卫门重利家的遗址。庆长十九年（1615），他从父亲那里得到 47 石大米，成了分家，之后一边服务于仙台藩，一边靠种地生活。到明治八年（1876）第八代的秋保盛次移居到了仙台。江户时代，马场村出现了助右卫门、三右卫门、善五郎、善侍十郎、市右卫门、久藏、阳三郎 [1] 这样的"肝入" [2]。初期的"肝

---

[1] 秋保町在形成一村的 4 个"大字"中有 18 个字（自然村）再细分的话还有很多"小名"。藩政时代的地检簿和名寄账上都以小名记载了各个水田和旱田的所在地。明治六年进行的"地押"（江户时代的地检的一种，测量农地的品质、收获量等）废除了小名，改用了别的名称。在明治十九年重新"地押"的时候，又废除了一部分，但是山林小字仍沿用至今。另外除在长袋、马场、野尻的各个町场外，全村每户都有自己的"屋号"。屋号，村落中的住宅、宅第的通称。使用时根据地形、职业的称呼，以区别同姓、商号、商家、堂号、堂名（日本歌舞伎演员家庭的通称）。在不允许有姓的藩政时代，它代替了名字，用"某某屋敷谁谁"来表示，现在尚有残余——在村落内部互相称呼的时候，不称呼名字而称呼屋号。
[2] 日本江户时代的村官，相当于"庄屋"和名主，在关西一般叫"庄屋"，东北地区叫"肝入"。

入"是村创始时期的豪族，江户末年任用了一些百姓^①担任这个职务。入选条件除了门第、出身外，开始注重个人能力。组头^②受"肝入"的领导，主要是负责督促村民服劳役，以及缴纳年租。过去马场村由驿站、野口、森安祖、泷原（野尻作为足轻享受特殊待遇）4个组组成。安政三年（1856）之前，马场村的组头是驿站的平十郎。驿站设立了检断^③，中野家为世袭家族。弥平治曾被任命担任管理运输物资的职务，元治年间（1864）职务让给了弥藏。在马场村的历史上有两个村落是宿场町^④：一个是马场村驿站，还有一个是野尻驿站。马场村驿站曾经是仙台到山形的货物中转站，是人和马歇息的地方。明治时代，马场村驿站的二瓶金太郎当过秋保村（现在的秋保町）的村长。现在马场村宛如城市的社区，有公立幼儿园、公立小学（指定避难所）、政府投资的绿色中心^⑤、派出所（现在没人常驻）、邮局、商店、三工艺店、理发店、门球场等设施。马场村村民都在马场小学上过学。马场村按照现在的行政区划分叫马场地区，管理机构是自治体的町内会。町内会有马场村的总町内会和各个自然村的町内会。总町内会也叫马场村町内会，会长在各个自然村町内会会长中产生，由村民选出。总町内

---

① 普通农民。

② 组头。日本江户时代的村政府三官之一，名主、庄屋的助手。

③ 日本近世相当于"大庄屋"的职位。

④ 近世的宿场町一般指农村中接受人马换乘的地方。宿不是指的农村，而是指该村为过路人提供住宿的场所。"宿"也是批发物资的场所。据说起源于"问丸"。"在宿场町中有著名的东海道、中山道、日光街道、甲州街道、奥州街道等五街道。还有肋街道（支路），是对江户时代幕府直辖的五大道而言的副道和支线的总称。如水户大道、美浓路、西国路、伊势路、中国路、佐渡路等。过去这些街道被称为宿驿站。很多人通过"宿驿站"出去打工，进入城市。

⑤ 所谓的绿色中心就是粪便污水处理中心。其建筑物不仅外形美观，而且室内设备先进。处理中心采用的是标准脱氮处理方式的处理设备，采用了最先进的技术，特别注意防公害，除了确保不产生废气、噪音、恶臭的污染外，为了保证水质采用的是高度处理方式的设施，还考虑周围，在周围建立了绿化带，有的地方还有小公园。

会没有常设办公地点,自然村的町内会一般都在各村的集会所①活动,町内会会长也没有固定的办公地点。町内会负责传达国家的有关政策,组织村民开展村落的各种活动。村落中还有各种相对独立的社会组织。町内会的活动以自然村为单位。村町内会主要是负责协助秋保综合支所举办各种活动,反映村民的诉求。

　　驿站地处秋保町的西面,东面比邻的是长袋村的加泽村落,西面依次是野口、泷原、野尻。马场村的驿站和野尻在明治以前属于街村②,通往山形的路被封以后,就成了路村,原来的商店也都停业了,但通往二口峰的道路还经过此处。村的外侧是大山,山和村落之间是平整好的农田。按照过去民俗学家对日本村落的调查得出的结论,以前村落与村落有明显的边界。村民通过"道切"③的仪式活动和供奉道祖神的方式表明村境的存在。村境内侧即村落,是自己的世界,外侧即世间④。村落的土地一直延伸到不同的世界。村落的入口处挂有注连绳⑤,供奉道

---

① 集会所过去是由村民集资修建,现在都是由政府出资修建,由村落的町内会管理。有些村落没有集会所,有市民生活改善中心或环境改善中心,实际上和集会所一样都是村民开展各种活动的场所,只不过,后者是由农村中政府部门管理,在秋保町,由秋保市民中心管理。马场村野口的马场市民中心和泷原的生活改善中心就属于这种类型。这些公共设施的资金来源于国民保险金的利息。

② 日本的村落按形状分类分为集村、块村、列村、路村、街村、圆村、环村、散村等。集村是指房屋由几十间到几百间聚集在一起的村落;块村是指房屋呈块状不规则分布的集居地,在日本的西南经常可以看到;列村是指房屋沿自然堤防和山麓的涌水线呈列状分布的村落;路村是指房屋沿道路呈列状分布的村落,常见于开拓地;街村是指房屋和商店沿着道路呈列状分布的村落。路村对道路的依赖性很高。路村的特点是路的两旁是村落的民宅;街村的特点是路的两旁是街区。圆村、环村是指房屋围着中央的圆形、椭圆形的广场,呈环状分布的村落,散村、散居村是指房屋分散的村落。

③ "道切"是在进入村界的入口处的路和路岔口进行的民俗活动之一。在日本,村落和山之间的原野,或村与村的交界处,自古以来被认为有使魔鬼和疫病泛滥的神出没,为了防止和驱除在村口出没的魔鬼,要举行祭祀道祖神、拉界绳(用稻草做的蛇)、供草鞋等仪式活动。

④ 日语的世间有三个意思:1 佛教中的世间。2 社会、人世间。3 交往的范围。

⑤ 界绳,指为阻止恶神入内而在神前或在举行神道仪式场所周围圈起的稻草绳,标示神域的界限,有的做成蛇的样子。

祖神①，村民认为自己的村落是干净的地方，之外是恶灵和恶人存在的地方，摆放这些是为了防止其入内。而且，要把村落中出现的不洁净的东西赶到村外去。村民有明显的内外意识，在外面做事情可以不受村规的制约。日本的村落不像中国的村落那样在村口有明显的牌楼或标识，一般人很难把握村落边界。我询问过几位老人，他们都说马场村是有村界的，但是不太醒目。马场村和加泽村落的村界是座小桥，在小桥加泽一侧的第一户人家的院子外面摆放着几座山神和马头观音石碑，这就是村界，但没有界绳。村民讲，村界两侧住的都是太田家族的人，另外马场村驿站的水田和加泽村落的水田都连在一起，所以两村的界线不明显。但是，其他村落的情况有所不同，泷原村的村界就非常明显，每年初春时节，村民要在村口挂界绳。一般日本传统村落的边界是小河，没有小河的地方一般摆放石碑为界。但是，现在日本的农村已经不像日本民俗学家所描绘的那样，村落与村落泾渭分明了，也基本不再举办"道切"仪式。野口是马场村第二个村落，东面与驿站接壤，西面与泷原为邻，分野口和森安两个部分。野口属于街村，从仙台市马场村落到达二口峰的道路经过该村。森安则靠近山脉，有一条从野口通往泷原大泷（瀑布）的道路，在泷原和仙台到二口的道路会合。这条路从前是信徒参拜大泷的西光寺的参拜路，现在走的人很少。野口村民的水田主要在这里。泷原自然村也是仙台到二口峰途中的沿线村落，村的东面是野口，中间是弯弯曲曲的山路，之间还有名取河相隔，村界是名取河大桥。村落被两座山夹着，中间的开阔地很少，山和村之间还有一条河。山间的河槽很

---

① 道祖神是路边的神。村落的村界和村落的中央、村内和村外的界限和道路的十字路口、三岔口等地方祭奉的神，一般为石碑或石像形式。最早被视为村落的守护神和子孙繁荣神，近世被视为旅游和交通安全神。道祖神从古至今融合科＝各种宗教信仰。神佛合祭以后，也融合了地藏信仰。道祖神的"祖"字有"且"字边，"且"在甲骨文和金文中表示男根，"道"字有女阴的现状。道祖神象征着男女结合。马场村的各个村落的村境和村中央，路口旁都供奉道祖神。

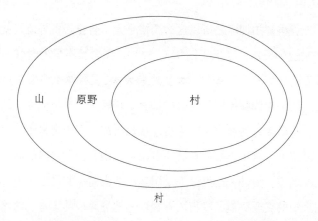

村

高，自古以来不太适合种稻。本村的种稻农户一直不多。1997 年仙台
市政府把附近的大泷修建成了国家植物园，从此，这个地方开始热闹起
来，来这里游玩的客人络绎不绝。这个村靠农业养活不了家，游客多了
以后，有几位来自仙台市内和长袋村的人在这里投资经营了荞麦馆和西
餐厅，有的农户的女人就出来打工，还有的在旅游点开了土特产商店，
还有的种菜、种蘑菇、养鸡、开农家餐馆。经过秋保大瀑布，再往西走
八九千米就是马场村野尻。野尻位于两山之间，历史上是仙台到山形县
的唯一通道。在二口峰东侧的野尻有仙台藩的足轻把守，所以野尻也被
说成足轻村落。这个村落的主要姓氏是佐藤，据说有一户佐藤家与平氏
家族有关系。从镰仓时代开始他们就居住在这里，伊达政宗让他们做了
"御足轻"，把分散的家户集中到一起，房屋形成了两面可以对视的排列
格局。这种格局可以从家里直接监视过往的行人，具有军事上的用途。
现在的街道仍然保留着历史的原貌。在野尻町北侧的西面有野尻的"御
番所"，17 名足轻曾轮流在这里值班。番所检查的对象是人马、物资和
徒步的不法出入境者。天和三年（1683），边境管理条例规定：人、鹰、
马出入境要盖章，绳索、兵器要有奉行（领地衙门）证书，铜、铅、锡、
铁、米、大豆、麻、布、纸、木材、鱼油、漆、木炭等要有出入证明，
红花、烟草要有结算奉行证明。如果没有，是不许通关的，会被认为是

偷运，人货将被扣押。之所以这么严格是为了防止物资外流，使领地的自给体制遭到破坏。享保十四年（1729），在大米不足的时候，守关卫兵和批发商冒犯禁令，放了大量违禁大米，受到了仙台领主严厉的处分，野尻的茶屋佐藤保留了当时的处分令。后来，这里成为驿站，是过往行人、车马歇息的地方。因为是连接仙台和山形距离最短的道路，所以交通量很大。这里也是仙台居民登出羽三山、经营海鲜的商人运送物资的主要通道。另外，这里过去是伊达（仙台藩）和最上（山形藩）两氏之间最短的交通要道，沿街还有警备领地分界线的史迹、馆迹。明治维新以后，资本家用自己的钱，修建了到二口峰的道路，开通了人马通行的收费道路。明治十五年（1883），随着关山街道（国道48号线）车道的开通，这里日渐衰落。后来这个村逐渐成为百姓村，村民开始以农业为生，这个传统一直延续至今。由此可见，马场村不是一般的村，而是有着丰富历史传承的村。

（一）马场村的人口变迁

下表是笔者根据《秋保町史》中关于马场村的户数和人口变迁的统计表所做的归纳。1970年以后的数字由笔者补充。

马场	1832年	1887年	1935年	1955年	1970年	2010年
驿站	28	37	54（375）	63（399）	66（363）	61
野口	22	21	37（322）	47（374）	46（269）	61
泷原	10	11	51（320）	27（285）	30（153）	43
野尻	24	25	以上包括	50（285）	51（208）	38
合计	86（542）	94	142（1017）	187（1214）	193（1214）	203

从上表可以看出马场村各个自然村的户数和人口变化。全村户数的增加有两个高峰期：一个是明治维新以后，另一个是第二次世界大战前后。村落家户数的变化，反映了这两个时期的日本农业政策的变化。第一个时期，即明治时期，日本政府为了加快资金积累，把原来的实物地租改为现金地租，并且允许土地转卖。有些本来是自耕农的农户，在歉收和遇到自然灾害的时候，靠抵押土地，借钱为生，一旦到期还不了债，土地归债权人，自己只好再租种原来的土地，向债权人交租金，沦为债权人的佃户。传统的日本村落的债权关系多发生在本、分家之间。日本的村落本家一般只有一个分家，分家再一个接一个地分下去，逐渐形成家族，家族的历史越长分家越多。日本村落中家族有大本家与小本家之分，大本家只有一个，小本家可以有几个。明治时期分散了土地，使家族中的小本家增多。马场村的主要姓氏是太田、中野和二瓶，其他姓氏基本都是明治维新以后入村的，其中有很多是"职人"①，也有大夫。关于这个问题我访谈了佐藤龙夫。佐藤是现任的马场村町内会会长，也是泷原自然村的町内会会长，以前在秋保综合支所上班，退休以后靠退休金生活。他说：

　　村落管理中主要是村落的各种组织在发挥作用，町内会、青年契约讲、水利管理组合、实践共同组合、十户邻里组合、秋保神社氏子会都是村落的重要组织。作为马场村总町内会的会长，自己亲自组织的活动很少，主要工作是参加秋保综合支所召开的会议，向村民传达和落实会议精神。比如，2010 年底日本政府开始讨论加入 TPP 的问题，要收集村民的

---

① 日本江户时代士农工商中的"工"，在历史上是被尊重的职业。从朝鲜半岛来的陶艺和金属冶炼工匠曾受到"士"的待遇。现在指有手工技能的人、工匠，包括木工、泥瓦工、金属锻造工等。

意见，我就要组织召集各村落的町内会会长，布置任务。

马场村还有传统信仰组织，传统的信仰体系依然在维系村民之间的关系方面发挥着作用。我在马场村的调查发现，位于马场村驿站的北山上的爱宕神社 ① 是马场村的镇守（所在地），爱宕神社里供奉着马场村的氏神，马场村的村民都是氏子。在没有秋保神社之前，马场村的村民，主要是野口和驿站的村民，每年的 7 月，都要举办爱宕神社祭祀活动。泷原是马场村的一个自然村，虽然离这里比较远，村民也要来驿站参加祭祀活动。野尻村落也有一座爱宕神社，是野尻村的镇守，里面供奉着本村的氏神，村民都是氏子。马场村驿站和野尻村落，在文化认同上是一样的。

我在马场村驿站经常接触的斋藤享，是马场村驿站村落的町内会会长。他的本家是马场村野口村落的斋藤昭夫家。他家祖辈都不是地道的农民，而是"职人"。他的父亲做过木匠，还去东京附近的横须贺码头修过船。他父亲不是入赘女婿，而是娶了太田家的女人，在此落户的，在本村不仅盖了房子，还买了地，是野口村落斋藤昭夫家住到驿站的第一代人。他说：

> 我父亲的"职人"意识很强，希望自己能另立门户，手艺有人传承。但是到我这辈，并没有继承父亲的手艺，而是在秋保综合支所当了公务员，后来还在仙台的公司里当过职

---

① 爱宕神社还是马场村防止火灾的镇守。明治末年马场村驿站发生了一场大火，据说有人看到在大火燃烧之前，爱宕神骑着白马来提醒过大家。明治四十二年（1910），爱宕神社被合并到了诹访神社。京都的爱宕神社是全国约 900 座神社的总社，祭拜的神为"稚产日命"等，自古以来敬奉防火和镇火神。在神佛分祭之前，本地佛供是长胜地藏。作为山岳修业灵场，它是修验道七高山之一，产生了天狗信仰。爱宕信仰遍布日本全国。

员。家里种的稻子和蔬菜只供自家食用。按照日本政府对农户的分类，我家不是贩卖农户，属于自给型农户。[1]

第二时期是指 1935 年到 1955 年，其中的 1945 年前后是重要的时间段。战后初期，日本经济满目疮痍，粮食短缺，大量城市人口开始疏散到农村。这个时期，本村家里的老二、老三回来了不少。1946 年日本实行农地改革，日本政府为了解决土地流转过程中出现的严重的阶层分化问题，强制性地实行了农地开放注册。国家强制性地从地主手中收购出租的土地，再卖给佃户，来增加自耕农的数量。收购的对象主要是不在村地主的全部出租土地，以及在村地主的超过 1 公顷的那部分土地。收购价格水田是当时价格的 4 倍，旱田是 48 倍。政府最多支付现金 400 日元，其余的部分在 24 年内用当时政府发的农地证券分期兑付。秋保町的农地改革是以町为单位进行的，为了制定收买、出售方案，按地主 3 人、自耕农 3 人、佃户 5 人的比例，选出了秋保町农地委员会。秋保当时有在村地主[2]149 人，不在村地主[3]46 人，接受土地买卖的佃户 290 人。经过农地改革，本村的农户大多数都成了自耕农。土地均分以后，农村中本、分家的依附关系发生了改变，本家已经不具备再产生分家的条件了，所以从农地改革以后，本村的家户数基本没有什么变化，该数字一直延续至今。明治维新以前，野口只有 20 多户，战前已经发展到 37 户，战后发展到 47 户。野口和

---

① 日本政府规定农业经营面积不足 0.3 公顷，农产品贩卖额不满 50 万日元的农户为自给型农户。

② 在村地主也叫在地地主或耕作地主。他们是把自己的土地租给佃户，收取地租，而且自己也从事农业生产的人。第一次农地改革规定，在村地主只能租给佃户 5 公顷左右的土地，第二次农地改革规定只能出租 1 公顷（北海道 4 公顷）左右的土地，超过的部分被国家赎买，国家再把赎买土地低价卖给佃户。

③ 也叫不在村地主。自己不住在所有的土地内，把土地租给佃户，收取地租的人。第二次农地改革把不在村地主租给佃户的土地全部赎买，国家再把赎买的土地低价卖给佃户。买了土地的佃农成了自耕农。

驿站一样，自然环境很适合稻作，本地区有马场村最大的在村地主。根据我的调查，该村和驿站村基本相似，1887 年到 1935 年间户数的增加主要是因为分家，明治以后改变了农村的课税制度，实物地租改为现金地租，加上其间闹过几次灾害，原来的自耕农成了本家的佃户，另外还有一些工匠迁入本村；1935 年到 1955 年，主要是 1945 年以后，增加的人口中除了一部分是出去的分家回来了以外，还有一些是 1945 年为躲避仙台轰炸疏散到本村的人。1970 年到 2010 年，村里来了些城里人，他们在村里买地盖房，居住下来。山口芳男今年 75 岁，就是后来移居该村的。他说：

> 我的曾祖父是秋保向泉寺的僧人，生在爱知县，我生在东京，小学 6 年级的时候，为躲避美军轰炸，疏散到这里，战争结束后，回到了东京。后又投奔我的远房亲戚，来到这里。最后在本村找柴田家的女人，结了婚。我是本村唯一姓山口的。

他还介绍说，1970 年以后，本村还有一些家里的老二、老三陆续回来，他们从本家那里买了宅基地，盖上房，住了下来。按照日本农村的传统，家业由长子继承，其他的兄弟姐妹自谋生路，有些老二、老三会做上门女婿或给本家打工，寄身本家。进入工业社会后，他们多进城打工。战后初期，日本经济萧条，在城市里不好混，不少老二、老三就回来了。野口的斋藤重美就是这种情况。他是斋藤三夫的分家的分家。因为没有什么地可分了，他从小一直帮着小本家做事情，挣点口粮，后来外出打工，1964 年和境野村的女人结了婚，育有二女一男。刚开始他一直和小本家住在一起，后来大本家和小本家给他匀了一块宅基地和 0.3 公顷的水田。因为地太少，种的稻子只够自己吃，就又去仙台，在仙台市政府找了一份清洁工的工作，一干就是 20 多年。

泷原村落的农户一直不多，1887 年仅有 10 户人家。该村离山很近，水田少，发展稻作农业的条件不好。所以，该村农户自古以来不能完全靠农业维持生计，搞副业的人一直很多，种的稻子，主要是自家食用，很少出售。该村大多数是自给型农户，而且主要从事蔬菜种植。1887 年以后，由原来的 11 户，发展到二十几户，主要是因为分家中的老二、老三返村。早年，因仙台经济还不发达，就业机会少，所以村里的很多人都去了东京。当时去东京的人，家境一般都不太好。返回的原因，主要是经过大正时期的经济萧条，东北地区又遭受自然灾害，城市粮食短缺。1918 年日本爆发了波及全国的米骚动①，1923 年又发生了关东大地震，政府鼓励城市人口疏散到农村开荒种地，有些人就回来了。我经常访谈的佐藤龙夫的父亲，就是这时候回来的。佐藤龙夫是本村的町内会会长，也是马场村的町内会会长，按照中国人的说法，他是马场村的"村长"。该村的主要姓氏是佐藤和柴田，其中姓佐藤的有三个家系。佐藤龙夫讲：

> 我父亲生在本地，是家中的老二，成年后，和很多人一起去了东京。之后又回来，回来时，村里接受了他们。但是村里已经没有地了，我父亲和那几位一起回来的人，开始开荒，把山坡夷为了平地。在开垦的土地上，盖了新房，种上了稻谷。到我这一辈的时候，我去秋保综合支所当了公务员，娶了附近川崎町的女人。女人后来也出去工作，家里的地，

---

① 米骚动，日本以米价暴涨为导火线而引发的民众暴动。大正七年（1918）始自富山县的鱼津而波及全国。民众要求稻米贱卖并袭击投机商。政府出动军队予以镇压。

靠我老父亲伺弄。父亲去世以后，我索性用一部分地栽种了栗子树和柿子树，另一部分地租给了本村的专业农户佐藤。我一心当起了公务员。

他有土地，自己不种，租出去了。按照日本农业政策的规定，他已经不算农户①了。1955年到1970年该村的户数没有变化。1980年以后，该村附近的"大瀑布"作为仙台市的旅游景点得到了开发，在瀑布的前面，新修了国家级的秋保大瀑布植物园。1990年中期，原来横贯秋保町中心的、从仙台到二口的旧路被铺上沥青，本地旅游兴旺起来。瀑布前面出现了几家餐馆及卖旅游产品和地方特产的店铺，但其中只有两三家是本地人开的，其余都是外地人开的。一些外地人在此买地盖了房，户籍关系也转到了秋保町马场村泷原，这样的人有10户。其中有一户就是北海道人长泽，50多岁，他说：

> 我生在北海道的札幌市，大学是在东京读的，毕业后在东京的一家公司干了10年，后来经人介绍，带着老婆来到了这里，买了块山边的地。日本政府规定农地只能卖给农民，我买的地在账面上是山林，不受限制。山林地靠近山口，我在那里盖了房，办起了养鸡场。在山口外的平地上，还盖了间小屋，老婆在此经营起了咖啡店。我家的经济来源主要是靠养鸡、卖蛋的收入和小咖啡屋的收入。来这里喝咖啡的，主要是去大瀑布时路过这里的游人。我给自己的地方起了名字，叫自然农园。

---

① 日本的农户定义为，有耕地面积0.1公顷（1000平方米）以上，或者耕地面积不到0.1公顷，但是年农产品贩卖金额在15万日元以上的为农户。其中有耕地在0.3公顷以上或年农产品贩卖金额在50万日元以上的为贩卖农户，其余的为自给型农户。

因为他的农园在街道里面的山脚下，本来过往的行人是看不到的，他就在前面的路上，竖了块醒目的招牌。他说收入还可以。他有3个孩子，都是在这里出生的。他虽然没有什么农地，但是他贩卖农产品的数额已经远远超过贩卖农户的基本标准，所以，事实上，他是贩卖农户，而且还是主业农户①，但是还没有申请认定。没有通过认定就不能算专业农户。他和当地的老农户完全不同，不参加町内会，也不加入农协。他说他来这里图的是清静，不是为当农民来的。后来我核实过，他确实不是被认定的农民，不是他当农民的条件不够，而是他自己不想被认定为农民。他认为，被认定为农民对自己没有任何好处。他现在的身份是靠农业收入生活的人。村里的农户们也不把他当农民看，他们之间井水不犯河水，各干各的。

野尻本来是足轻村落。足轻，是负责戍边的最下级武士，本来是靠俸禄生活的，但是戍边时代结束以后，他们不得不自己解决衣食问题。明治以后，他们变成了"百姓"。百姓在日语中就是农民的意思。野尻因为这一历史原因，稻作农业不发达。村落的人口变化，主要发生在1935年到1955年之间和1970年以后。泷原与野尻村落的人口变化相似。该村是马场村最早村民集体外出打工的村落，他们去的地方主要是东京。1950年以后又回来了一些人，野尻的大场就是其中之一。大场的遗孀讲：

> 父辈是山形县的和服商人，当年经常住在佐藤孙一家，后来娶了佐藤的女儿，也就是我的母亲。结婚以后去了仙台，后来又去了东京，在神奈川的"味之素"工厂当了工人。战争期间，虽然我们已经有了两个孩子，但按照当时的规定，

---

① 家庭收入的50%是农业收入，不满65岁，每年从事农业生产60天以上的农业从业者。

丈夫还是必须去当兵。他当了几年兵，负伤回国。这期间，我母亲带着两个孩子，投靠自己的娘家人来了。刚回来的时候，住在马场村野口的姐姐家，后来野尻的娘家人给了一块地，就在此地盖了房屋，住了下来。

1970年以后，该村人口开始减少，主要是有些家户没有了继承人，出去的人也再没有回来。我的调查发现，这些家户多数不是本村的老住户，而是后来从临近的山形县过来的。还有的是在此地烧木炭、做买卖①留下的人。这里不是他们的祖籍，他们对家的观念也不像本地人那样强，有的家里就剩下了老人，年轻人出去后就不回来了。野尻村的宗片弥的遗孀就是这样的老人，她的两个孩子都不在身边，只有老太太一个人在家。这家的房屋是我看到过的最破的，是过去的茅草房上加了一层防雨的铁皮，弱不禁风。我在村里遇到过她几次，她总是孤苦伶仃的一个人。听邻居讲，她原来住在仙台市内，是二婚嫁到这里的，丈夫祖籍在山形县。丈夫死的早，他们之间没有孩子。原配的孩子，父亲去世以后，就不回来了，只是她自己的孩子偶尔来看她，家里一副败落的样子，地也没人种，长满了野草。

（二）马场村小抱泽的传说

明治以前秋保町是从仙台去山形最近的通道。秋保町是秋保氏开辟的地盘，战国时代被仙台藩伊达政宗收服。之后秋保家族一直是本地的小"大名"②，为仙台藩服务。当时，奥羽地方③的两大势力伊达

---

① 以前野尻也是驿站，在仙台到山形经过此地的道路通行的时代，这里并不荒凉，后来因为道路关闭，变得冷清了。但是由于二口登山宿营地和二口来客接待站的建设，路过这里的人也不少，只是农业一直不发达。

② 大名是大名主的意思。指的是地方有势力的人。在武士社会指的是拥有领地和家臣的武士。

③ 基本是现在的日本东北地区。

氏和山形的最上氏①虽然联姻，但还是风波不断。天正十五年（1587）8月建立了睦邻友好关系，但是由于长井庄的土豪鲇贝的背叛，这个关系又被破坏。从第二年的3月开始，中山口成为主战场，关山、二口、笹谷等交界处，两军对峙，摩擦不断。此时，伊达氏通过山路长门，给秋保直盛下了防卫的命令，秋保进入了战争状态。秋保直盛在4月28日击退了最上氏，并且取得了歼灭101人的战绩，之后把首级献给了伊达氏，为此受到了奖赏。7月，在伊达政宗的生母最上夫人的斡旋下，避免了一场血腥的战争。8月，宫城郡东半部的领主留主氏派遣枪队，和最上的军队交火。秋保的汤守15代的佐藤长门在"马场交战"中战死。"御境目守"佐藤家的祖先作为代官的时候，曾经打败过最上偷袭的部队，还为此受到了伊达政宗的嘉奖。之后（1599年），马场摄津守率领孤军击退了最上入侵泷原的部队，作为奖赏，伊达政宗赐予他调动秋保内百姓的权力，野尻现在还有和那次战争有关系的地名。二口溪谷前面的街道，就是传说中的古战场。当时最上氏的部队乘着天黑，潜伏到了那里，调整好部队以后，向野尻进军。闻讯后的野尻的老幼、妇女纷纷躲到了"小屋立山"②，秋保在那里摆开了战场，准备固守要塞，击退敌人。然而敌人声东击西，并没有直接过来，而是绕到守军的背后，从砂金川上游，顺流直下，直捣秋保的老巢丰后馆③。丰后馆很快被占领，妇女、儿童成了俘虏。秋保眼看就要成为最上氏囊中之物的时候，摄津的妻子抱着还吃奶的孩子，从"小抱泽"山崖跳下。九死一生的秋保氏力挽狂澜，最终成功地击退了最上氏的部队。但是从此以后，人们晚上过"小抱泽"的时候，总有妖怪出没，还能听到哭泣的声音，行人无不为之恐惧。摄津想这可能是亡妻在作

① 山形县藩主。
② 山名。野尻村附近的山。
③ 秋保氏分家在马场建造的小城堡。

祟，于是在馆的旁边修建了西光寺，凭吊为村民们牺牲了自己生命的妻子的亡灵。从此以后，怪异的事情就再也不发生了。

（三）马场村磐司岩的传说

磐司岩位于马场村的南面。据说，很久以前，有两位游客模样的女人穿过小东峠，沿着大行泽的杣道行走，其中一位是公主，另一位是她的乳母。下山以后，眼前是东山流下来的溪流，她们用溪流润了润嗓子，正准备休息的时候，突然公主的肚子剧痛起来，便向乳母要药。乳母赶紧去村落找药，公主留在那里痛苦不堪，一回头，发现一个怪物就在自己的身边。公主想这回死定了，便吓得昏了过去。等乳母返回的时候，不见了公主，便呼喊、寻找，但始终不见踪影，她便投身瀑布，自尽了。公主醒来，发现自己在铺着树叶的洞穴里，奇怪的是肚子也不疼了，倒是饿了，一看周围，那个怪物又来了。她吓得正要跑的时候，外面的一只猴子，正往里看，公主下定决心要看看那怪物长什么模样，原来那怪物是只全身银装素裹的大猴子。怪物没有要加害她的意思，它把抓满树木果实的"大手"伸过去，对她说吃吧。公主战战兢兢地吃了一粒。那是一种无法言表的、酸酸的、很好吃的果实。从那以后，公主就开始和猴群们一起过上了奇妙的洞穴生活。不久公主生了磐神郎和磐三郎两兄弟，磐司岩周边是他们的出生地。关于磐神郎、磐三郎还有不同的说法，有人说他们是狩猎人的祖先，还有人说他们是接受了慈觉大师的教化，痛改前非的鬼和被惩罚的屋敷鬼以及妖怪泽的怪兽儿子。据说他们生活过的洞穴是现在磐司岩的千人洞，引起公主姬腹痛的是京渊泽，乳母投身瀑布自尽的是梯子瀑布。磐司岩本身奇妙的景观和关于它的传说使秋保町的马场村享誉四方。

（四）马场村农户的生计

马场村在秋保町的 4 个村中是稻作传统保持得最完整的村，特别是驿站和野口这两个自然村。我至今还记得第一次去马场村的情景：绿绿的稻田一直延伸到山脚下，蓝天、绿地，一幅优美的画卷展现在眼前。我早就知道，在日本，稻田就代表农村。这不光是从书本上学来的，也是自己亲身体会到的。我站在稻田边，思绪一下把我带回了 25 年前。25 年前，作为中国最早的一批自费留学生，我来到了日本冈山大学。冈山属于西日本。当时要一边工作，一边学习。去了不久，便找到一份在冈山津山落合町教中文的工作。津山落合町在山区，以农业为主。我每周六下午去，晚饭后开始上课，晚上轮流住在"学生"家里。学生基本都是农户，有老有少。第二天，如果我有时间，有时候还要在那里逗留一会儿，和学生们下下地，看看他们种的作物。虽然是山区，放眼看去也是满眼的稻田，只是在农户院子旁边有些菜地。这就是我对日本农村的最初印象。没有想到，今天我又来到了日本农村，站在田头，心情难以平静。

在以后的日子里，我了解到马场村自古以来的农业主要是种稻。不过由于这里是山区，每户的水田不多，光靠种稻，很难维持生活，因此村民也养过蚕、烧过木炭、种过烟草。但不论做什么，都只是副业，是增加现金收入的手段，稻作一直是马场村的主业。现金收入的手段后来被外出打工所代替，但是，种稻从来没有被放弃过。过去，这里的水田高低不平，水利灌溉很不好搞，水稻产量在仙台算比较低的。平成五年，也就是 1993 年，本地开始搞农地改良，把高低不平的土地平整成每块 0.2 公顷的长方形的水田。当时为此成立了秋保土地改良委员会。该村过去的理事长是中野熏，现在是太田胜美，他们负责承担秋保町的土地改良工作。关于那时候的事情我问了中野洋行。他说：

这里的土地改良事业，一共花了 6 亿多日元，都要分摊到农户。我家有水田 0.69 公顷，每季度要缴 4.69 万日元，一年要缴 18.76 万日元。我现在把水田租给二瓶种了。每 0.1 公顷的土地可以从二瓶那里得到 3.5 万日元租金，这个标准是集体定的。扣除每 0.1 公顷的土地所缴的平整土地费，自己所剩无几。我现在在村落里开了中野商店，干脆不种地。农地改良是多此一举。农地改良已经过去 18 年了，村民们和农协签订的偿还农地改良费用期限为 30 年，村民们欠的款要到平成三十五年（2023）才能还完，还有 13 年。现在由于水稻价格不高，农户种稻成本高，收入主要用来购买农机具，有很多农户还背着买农机具的债务，每个月都要按期还款。农户种稻基本不赚钱，特别是每户不足 1 公顷农地的兼业农户。兼业农户占日本总农户的绝大多数。

中野现在经营着马场村唯一可以称得上小超市的商店，根本没有精力种稻，所以他认为平整土地是多此一举。我了解到，更多的人对平整土地还是心怀感激的，特别是那些准备成为专业农户的人，太田胜美就是其中之一。他现在是土地改良委员会的理事长，参与组织、实施了土地平整项目。他认为，现在土地是自己的，平整好土地，一劳永逸，造福子孙，是好事。但是，拥护平整土地的农户也有苦恼，他们花钱把土地平整好了，也买了各种农机具，准备在种稻方面一展身手。可是，计划赶不上变化，大米的价格不断下滑，现在靠种稻很难养家。所以有人索性就不再种水稻，干起了别的，中野就是其中的一位。现在日本的农户有条件种稻的就种，没有条件的，家里缺少劳动力的，就把地租出去。正像马场村野口町内会中野勋说的那样，现在日本的农户大多是兼业农户，农业赚不了钱，还可以靠别的，农业对他们没有什么压力。但是，专业农户就不同了，他们很关心农业政策以及市场需求的变化。该村有两个种稻大户，一户是二瓶恒男，另一户是太田胜美。按规模，他们都可以算是专业农户了，但是由于他们的孩子都有其他工作，也就是说，他们家还有其他收入，因此不能算专业农户。对于二瓶来说，能成为专业农户更好，成不了也没有关系，他还有年金。对于太田胜美来说，他很希望能成为专业农户。当兵转业以后，他就当了农民，其间有过很短的一段外出工作的经历，可以说，他一辈子种地，还买了两千多万日元的农机具，其中有不少钱是靠农协信用社的贷款，他应该是真正的农户，但是现在他还只能算"业余农民"，为此他很遗憾。太田胜美是我的主要访谈对象。他今年82岁，曾经当过海军，在横须贺①服过役。老婆是二瓶家人，他们有4个孩子，3男1女。大儿子和他住在一起，今年59岁，在养老院工作。大儿媳妇是川崎町人。他有4个孙子。儿子今年退休后，他有可能如愿以偿成为专业农户了。在日本不管你退休前做什么工作，一退休，收入会少很多，所以日本人退休以后，总想找点儿事干。大学教师退休了，出去代代课，还算不错，没有特殊技能的人退了休，再找的工作也只能是卖苦力了。去过日本的人都知道，日本的汽车司机，特别是出租车司机，大部分是老人，就是这个道理。大儿子一家一直和父母住在一起，继承家业本应顺理成章。按照过去的做法，儿子继承家业，老两口要过隐退者②生活，但现在还是同住在一个屋檐下。按照农村过去的标准，他们的家业不但有人继承，还扩大了，是最理想的家庭。但是他家种的5公顷多的地，不完全是自己的，自家只有1.5公顷，其余的都是租来的。马场村平均农户水田只有0.8公

---

① 位于日本神奈川县三浦半岛东部，东京湾口。作为旧军港繁荣起来的。

② 放弃户主身份或把家庭责任让给继承人以便安静地过隐退生活的人。

顷，他家的地本来就比其他人家多一些，据说 1946 年农地改革的时候，太田是农业委员会的成员，分地的时候，有农户不想买，他最先知道了这个信息，于是就买下了。马场村野口的一家农户在我访谈时，说起此事来，至今还愤愤不平，认为他占了便宜。现在看，他确实捡了个便宜，因为当时价格很低。这件事，我从来没有从马场村驿站人的嘴里听说过，这使我认识到在本村了解本村的事，反倒不容易。马场村的 4 个自然村虽然相互关系密切，但都是独立村落，都有其各自的历史。日本著名社会学家有贺喜左卫门，在对日本农村进行专题研究时，提出了"同族团"①的概念。他指出，同族团是独立的家的联合体，其本身虽然不是一个家，但是，其中所包含的家与家的结合的特性是与复合家庭和大家庭相通的。他的理论被后来的福武直继承并发扬光大。福武直认为，村落社会的构造是由构成村落的"家"的构造所决定的。"家"的结合中有同族结合和讲、组结合，由此形成的村有"同族结合的村"和"讲组结合的村"。调查马场村很难验证其学说的正确性。驿站主要有太田、中野、二瓶三大姓。三个姓哪个在先呢？问了几个人，都说不清楚。有人说，太田的祖上是从邻县山形县来的。早就有中世②马场村是秋保氏分家马场氏的领地的说法，马场村的名字和马场氏有关系。至于村民和马场氏有什么关系，却很难说得清楚。从日本社会的常识来看，马场氏是领主，是不会和领地的百姓通婚的，如果有通婚关系也只会是在江户时代本村出现了豪族③以后才有可能，但是没有听说马场氏和那豪族有什么瓜葛。至于太田、中野和二瓶的祖上，充其量都是马场氏的百姓（农民）罢了。这三家原本是兄弟的说法也无从考证，《秋保町史》也没有说明白。

---

① 以本家为中心，由依靠本家的血缘分家以及非血缘分家（家仆等）组成的集团。
② 日本的历史时期，从 1160 年的平安时代到 1603 年的江户时代。
③ 豪族，马场村的野口森安的敕使河原幸一是后来的豪族。

这个问题估计很难搞清楚，因为，明治维新以前，一般的百姓是不能有姓氏的。太田、中野、二瓶的姓是从明治维新以后才有的，他们当时为什么给自己的家起了这些名字，连他们自己的后代也说不清。所以，马场村驿站是由有血缘关系的家族的同族团组成的村落之说证据不足。野口的主要姓氏是斋藤和柴田，泷原的主要姓氏是佐藤和柴田，野尻的主要姓氏是佐藤，但是佐藤姓中也有 3 个不同的家系。从目前了解到的情况看，很难说马场的各个自然村都是同族村。就这个问题我问了二瓶恒男，他没有肯定。问了斋藤享，他明确否定了同族村的说法，而且他认为，在这里根本没有同族的说法，一般是说"亲戚"。他的说法和我了解到的情况基本吻合。这个村，村内婚很普遍，特别是交表婚。据太田讲，本村有 3/4 的人是亲戚。正因为他们中很多都是亲戚，所以，有些话就不会传到我的耳朵里。亲戚关系给村里人带来了很多方便，比如，他们之间可以转租土地。转租土地虽然要经过农业委员会的核实、批准，但那只是个形式。我在马场村的驿站调查时发现，除了我还有一位属于村里的"外人"，他是日本九州熊本县人，我不知道他的真名，只知道他叫"三笑"。他以前是铁路工人，随着工地转战南北，最后落脚到了仙台。退休以后，本来想在仙台买房和孩子住到一起，但是看到两代人住在一户公寓里的邻里经常有摩擦，他就放弃了继续在仙台住公寓的想法，但在仙台市内建造传统的日本式的小二楼又觉得贵，于是，经人介绍从马场村的中野手里买了宅基地，盖了新房，还在新房前面盖了门脸房，经营糯米年糕和秋保工艺品，店名叫三笑，当地人不叫他本名，也叫他三笑。他已经在这里待了十五六年了，和村民们相处得很融洽。大儿子和他们住在一起，女儿也经常带着外孙来看他。他很满意现在的生活。说他是"外人"，不是说他受到了排挤，而是说他和村民们不一样。一是他的皮肤比一般村民白，二是他身上有城市人的特点，喜欢对事情发表看法，而村里人一般不这样，很少就什么事情发表议论，除非你问他。我觉得，村里的生活虽然比较单调，但是比较温馨。这里的人说，以前比现在还好。野尻的二瓶本家对我讲：

> （20 世纪）80 年代以前，村里的"讲""结"这样的社会组织很活跃，插秧的时候，组员轮流为各户插；插完秧以后，请人插秧的那家，准备饭菜款待大家。插秧季节，是他家一年中最快乐的时候。

还有马场村驿站的太田胜美也讲了许多以前的事情。他很留恋过去的生活。他说：

> 本村过去确实有过许多"讲"和"结"，"结"到 1960 年以后就逐渐消失了。"念佛讲"一直持续到平成年间。那时一个月就有一次例会，会场就在会员家，实行轮流坐庄，每次例会的时候会员要带上钱和大米到指定的人家，先开例会，之后一起会餐。到了 20 世纪 80 年代末，有人认为，这样做，承办的人家太麻烦，事前要准备，事后要打扫，所以提议停止这项活动。经过大家讨论，采纳了这个意见，于是取消了这个活动。现在的情况和以前大不一样了，人们各顾各，很少有机会在一起。

不过，我发现，村里有很多组织，而且每年都要举行一些活动，算下来村民每年聚在一起的时候也不少。据一位仙台市内的朋友讲，她现在在家里觉得很没意思，邻里们见面，只是客客气气地打个招呼，没有什么来往，街道的町内会，也不组织什么活动，如果你自己没有什么爱好，不参加什么组织，生活在城市里是很孤独的。她讲的，我能体会到，不光是活人，就是死了人，城市和农村也不一样。农村的葬礼办得都很隆重，不管你生前干没干过轰轰烈烈的事情，死了，家人和村民们都会把葬礼办得如果死者有灵也会感动。我遇到过的几次葬礼，每次参加的人都有几十人，多的上百人，村里人能出动的都出动；而且，还有很隆重的仪式，要请僧侣念经，请町内会会长念悼词。相反，我在城市里看到的就冷清多了，死者的家人请来葬礼公司，帮着操办一下就完了，也没有什么隆重的仪式。这样看来，日本的农村还保持着浓重的乡土气息。

（五）马场村的农户

前面说过，日本把农户分成两种，贩卖农户和自给农户。贩卖农户又分成专业农户和兼业农户。兼业农户进一步分为第一种兼业农户和第二种兼业农户。第一种兼业农户指农业收入占家庭总收入 50% 以上的农户，第二种兼业农户是低于 50% 的农户。此外，还分为主业农户和准主业农户以及副业农户。所谓主业农户是指，农业收入占家庭总收入 50% 以上的、65 岁以下的农业从业者年平均从事农业生产 60 个工作日以上的农户。准主业农户是指，以农业以外的收入为主的，65 岁以下的农业从业者年平均从事农业生产 60 个工作日以上的农户。副业农户是指家庭中没有 65 岁以下的农业从业者，年平均从事农业生产 60 个工作日以上的农户。以下是根据日本农林水产省 2005 年的农业统计得来的数字。总计数字不包括自给型农户。马场村总耕地面积为 61.27 公顷，其中水田耕地面积为 51.89 公顷，旱田耕地面积 9.38 公顷，耕作放弃地 ① 面积为 10.56 公顷，水稻种植面积

---

① 指一年以上没有耕作的，而且以后再不打算耕作的农地。

39.39 公顷。马场村人口为 346 人，其中农业从业人数 [1] 为 230 人，农业就业 [2] 人数为 102 人，基础农业从业人数为 35 人。农业从业者的平均年龄为 53.9 岁。基础农业从业者的平均年龄为 68.7 人。马场村总计 203 户，其中贩卖农户 73 户，占全村的 1/3 以上；主业农户数为 16 户，准主业农户数 27 户，副业农户数为 30 户，专业农户数为 5 户，第一种兼业农户数为 23 户，第二种兼业农户数为 45 户。

　　马场村的 203 户人家中，除了 73 户贩卖农户，还有三十几户非农户，剩下的就是自给农户了。自给农户有九十多户，就这个问题，我问了各个自然村的町内会会长，他们提供的数字也是大概的。马场村将近一半是自给农户，这高于日本贩卖农户与自给农户的比例。根据 2010 年日本农林水产省的农业统计，日本共有 253 万户农户，其中贩卖农户 163 万户，自给农户 90 万户。贩卖农户与自给农户的比例基本上是 1.8 : 1，马场村的比例是 0.8 : 1，贩卖农户的比率不到全国平均数的一半。这个数字正好反映了日本中山间地区 [3] 农村的特点。[4] 另外，在马场村的农业统计中有 10.56 公顷的闲置农地。在世界上，农地闲置的原因不外乎缺水、自然灾害和战争，而日本的情况不是这样，土地闲置的主要原因是缺少农业继承人。根据日本农林水产省 2010 年的农业统计，在日本有 40 万公顷耕地，其中 11.75% 被闲置。马场村的

---

① 15 岁以上的家庭成员中，一年从事自营农业 1 天以上者。

② 只从事自营农业的，即使从事其他职业，年平均工作日低于农业劳动的人。

③ 所谓的中山间地区是指，都市地区和平地农业地区以外的地区，是农业领域的特殊用语，是都市和平原以外的，中间农业地区和山间农业地区的总称。此分类基于日本的法律，不同于一般的分类。食料、农业、农村基本法第三十五条中把其定义为"山间地区及其周边的地区以及其他地势等地理条件差，农业生产条件不利的地区"，多指"平坦耕地少的地区"。日本对农业地域的划分有：都市地域、山间农业地域、中山间农业地域、平地农业地域。

④ 日本全国耕地面积 469.2 万公顷，中山间所占耕地面积 203 万公顷，占总耕地的 43.3%。总农户数 312 万户，中山间农户户数 134.5 万户，占总农户的 43.4%。贩卖农户全国总户数 229.1 万，中山间贩卖农户数 95.6 万户，占全国贩卖农户总数的 42.6%。

闲置土地占总耕地的 17.3%，高于全国平均数。据马场村驿站的中野正幸讲：

> 现在由于水稻价格不高，农户种稻成本高，要购买农机具，有很多农户为此背上了不少债务。种稻基本不赚钱，特别是每户耕地不足 1 公顷农地的兼业农户。

日本政府对部分农户有一些补助，补助金额为每 0.1 公顷的水田 3.5 万日元。日本的农业政策是谁种田谁受益，如果有人出租土地，有人租种土地，租种土地者是真正的种地者，将从国家那里领到补贴。租种他人土地的人，把从国家那里领到的补贴还给土地出租者即可。这种做法，在日本农村很盛行，村民习惯上称其为"共保制度"，因为它既保护了出租者，又保护了租种者，实际上等于租地者不花钱"租地"，只是把国家的补贴转给了土地拥有者而已。日本政府为了保护日本的农业，对种稻实行了一系列特殊保护政策，这就是其中之一。所以，农户很少有放弃土地的，不想种田，转租给他人即可。对此，也有人有意见，野口的斋藤重美就是其中之一。斋藤重美说：

> "减反"是种稻农户每 3 年实现转产的日本的农业政策。国家给减反的农户每 0.1 公顷补助 3.5 万日元。我家有 0.3 公顷的水田，能得到 10 万多日元的补助金，用这些钱虽然可以买一年食用的大米，但买农机具还是靠贷款的，每年得还贷。不"减反"的话，每年种的稻子除了自己吃以外，还能赚点儿钱还贷。现在每 3 年就有 1 年不能种稻，也就是 3 年有 1 年不能还贷。我为买农机具花了 500 多万日元，至今还不了

贷款。另外，农地改良（平整土地）每年每 0.1 公顷要付 2 万元，我家每年要交 6 万日元，已经付了 20 年，累计付款 120 万日元。农民的土地，根本就不是分的，是高价买来的。

秋保农协和秋保温泉街的老板们以及秋保农户，主要是马场的农户，经过几年的努力，联合开发了本地的品牌大米"秋保环境保全米—见钟情"。品牌大米主要特点是：很少施化肥，利用秋保地区得天独厚的自然条件生产的一种无公害大米。马场村的稻田主要集中在驿站和野口的森安。驿站和森安的水田在山脚下，灌溉用水是从山上流下来的山泉。生产的大米主要通过农协销售给秋保温泉街的温泉组合①，温泉组合再销售给游客。据说这样做可以增加大米的附加值，比一般大米多卖一些钱。按照日本的农业政策，无论什么地方都要调整大米的生产量，俗称"减反"，但是森安地区不用"减反"，因为那里水源丰富，适合种稻，如果不种稻，改种其他作物就太可惜了。另外，此地是山区，猴子经常出没，种其他作物，不好管理，弄不好会成了猴子的食粮基地，据说本地人有过这样的教训。所以，该地区的农户和秋保农业实践组合沟通以后，允许该村不"减反"，仍然种稻子，但种的不是食用稻"一见钟情"，而是饲料稻"大姑娘"。日本政府对食用稻的生产是有限制的，但是，对用于造酒和做饲料的稻子的生产没有限制，所以根据本地情况，在"减反"的土地上改种其他用途的稻子，并不违反日本政府的"减反"政策，因为这一政策的主要目的就是为了避免食用稻的产能过剩。虽然造酒的和做饲料的稻子的收购价格比食用大米价格低，但是，由于种这类稻子也属于转产，可以得到国家的转产补贴，这样算下来，不管种什么稻，其收益基本都一样。

---

① 温泉组合是秋保町温泉街温泉旅馆的行业组织。

因此，在森安看不到稻田转产的情景。

（六）马场村的特点

　　前文说过，马场村由马场村落、野口村落、泷原村落、野尻村落组成，每个村落都有各自的特点，但是，它们又密不可分，除了村落与村落间有不少婚姻关系以外，它们的稻田也都连在一起。在明治维新以前，驿站村落和野口村落的共同祭祀场所是马场村落的爱宕神社，爱宕神社祭奉着它们共同的氏神。明治维新以后，爱宕神社被合并为秋保神社，但是当地人的传统习惯还在延续，每年6月在爱宕神社都要举行祭祀活动，届时驿站和野口的农户都要派人来参加，爱宕神社依然是他们亲近关系的纽带。当然爱宕神社的祭祀活动现在不如以前那么隆重了，参加的人也不如以前那么多。但是，由于其他方面的组织比如农业实践组合等，还很活跃，所以彼此的往来并没有间断。另外，本村上一代人的婚姻圈基本在秋保町内，村落、村、町都是他们熟悉的社会。每个村落都由几户大姓组成，他们操纵着村落的社会组织，使本村落内部的关系紧密。现在，不论大户小户，轮流担任村落中的町内会会长，大家和睦相处，村落内部那种家族关系，不再影响村落管理。另外，在马场村内有两座寺庙，一座是西光寺，另一座是大云寺，村民是这两座寺庙的檀家，其中西光寺庙的檀家多于大云寺。村落虽然都有其各自的特点和历史，但是，明治维新改变了村落局面，村落在保持各自独特文化的基础上，在村的框架下形成了一个更大范围的共同体，负责管理的也变成了日本最基层的政府部门秋保综合支所。但是，村落实行自治，支所不直接干预村落内部的事务，只为村落自治提供服务，传递国家的方针、政策。村有村町内会会长，他负责统管各个村落的町内会会长，而真正发挥作用的是后者。马场村的传统农业是稻作，现在基本保持了历史的原貌。野尻村落有些独特，该村落的地理位置处于仙台和山形县交会的山间的通道上，也就是山形和仙台的边关，最早这里并没有村落，只有 12 户驻守于此的最下层的守关武士"足轻"。历史上他们并不种地，只负责检查过往行人的物品。因为村落的开发和戍边有关，所以村民的生活是靠俸禄的，只在家屋的周围种些菜以供自己食用。到了明治时期，废藩置县，他们就不用守关了。当时这里已经发展成为有近 50 户人家的村落了。土地资源贫乏，使这些曾靠国家俸禄生活的"农民"一筹莫展，他们在开始开垦所有能开垦的土地的同时，也四处想办法，有的人到了附近新发现的铜矿当了采矿工人，有的人开始上山烧木炭。当时的明治政府也为他们想了些办法，开办了技工学校，让他们有一技之长。所以这个村落的村民是本村最早外出打工赚钱的村民。也有些村民在政府的鼓励下举家迁往新开发的北海道。留下的人们，就用开垦的土地种些粮食。因为这里是山区，气温比平原低，水源也不好解决，所以最初他们种的是五谷杂粮，后来从 2 公里以外的高山上，铺设了水管引水，发展起了稻作农业。不过，现在种稻的已经很少，种了也主要是自己食用。泷原村落地处名取河和广濑河之间，但河槽太深，引水不便，靠农业很难维持生计，有不少人家不得已离开了这里。1980 年以后，村里的人口才稳定下来，村民直至今日主要仍是种水稻。

第二章　日本稻作农业

一、日本稻作农业的历史

普遍认为稻作起源于植物丰富的中国云南省。但是，最近的考古调查发现，云南省的稻作遗址只能追溯到 4400 多年前。1980 年，在长江下游的浙江省余姚的河姆渡村，科学家用碳素年代测定法，发现了大约 7000 年至 6500 年前的水田耕作遗物，证明水田稻作起源于长江下游。关于水稻是如何传到日本的，有几种说法：第一种说法是从长江下游直接传到日本的九州北部（对马暖流路径）；第二种说法是从江西经过西南诸岛，传到日本九州南部（黑潮路径）；第三种说法是从长江下游经过辽东半岛，再经过朝鲜半岛，传到九州北部。江西—黑潮路径说是柳田国男提出来的，即所谓海上之路说，因为没有足够的考古资料支撑，并没有引起人们的广泛关注。一般认为，有明确记载的日本稻作历史，始于 2 世纪的弥生时代。稻作真正在日本全国普及，始于飞鸟①时代。那时，出现了日本历史上第一个女天皇，为了辅佐其执政，设立了摄政②职位。圣德太子出任摄政官，任职期间他派出大量遣隋使向中国学习，推行了一系列改革措施。其中一项最重

---

① 日本历史上的一个时代，一般指从推古天皇元年（593）圣德太子摄政以后到持统天皇八年（694）的藤原迁都为止的 102 年。

② 代替郡主执政的职位。在日本，自圣德太子以后一直由皇族担当，但清和天皇时外戚藤原良房接受此任以后一直由藤原氏把持。现在的《皇室典范》规定，在天皇未成年、生病、遇事故时，任命成年皇族摄政。

要的工作，就是以中国律令制政治制度为蓝本，制定了日本的《班田授受法》①。奈良时代②苛捐杂税繁重，人口不断增加，有不少农民苦于租、庸、调和劳役，放弃了口分田。日本朝廷为了增加新田，在722年制订了开发百万公顷土地的计划，723年出台了三世一身法③。743年又出台了垦田永世私有令④。平安时代⑤，桓武天皇把都城从奈良（平城京）迁到了京都。被称为是虾夷⑥之地的日本东北地区，不服从朝廷的管制，朝廷发动了"虾夷征伐"。9世纪开始了代替天皇执政的藤原氏的"摄关政治"⑦。平安时代出现了武士阶级的萌芽，其时代特征是庄园制⑧。10世纪到12世纪庄园继续增加，国家土地上的口分田减少，政府逐渐变得软弱无力。庄园领地的土地纷争和地方官吏的征税，压得农民喘不过气来，为了保护自己，农民开始武装自己，成了平时种田的武士。之后形成了武士集团，军事力量越来越强大。镰仓时代⑨，朝廷设置了地头⑩，拥有裁判权和年贡⑪征集权，庄园的权力关系复杂化，贵族和寺社势力被削弱，实权开始转移到农民出身的武

---

① 大化三年（647），首先实行了公地公民制度，在律令制下所有的土地和人民都属于国家，之后实施了《班田授受法》。所谓的《班田授受法》就是，大和朝廷分给每人一定的口分田，用稻谷纳税。口分田禁止买卖，土地权属于国家。

② 日本历史上的一个时代。公元710年至794年。

③ 所谓三世一身法是鼓励开垦田地的法令，被开垦的田地可以作为私有地使用三代。

④ 所谓垦田永世私有令就是，开垦田地的个人能永远拥有他开垦的田地。它打破了律令制度的土地公有原则，是一项重大改革。其结果使有实力的贵族和寺院都争先开发土地，扩大私有地。

⑤ 日本历史上的一个时代，公元794年至1192年。

⑥ 日本古代对居住在日本东北地区至北海道的人们的蔑称。近世以后主要指居住在北海道的爱伊努族。

⑦ 所谓摄关政治是指，摄政、关白辅佐天皇掌握政务实权的政治形态。

⑧ 贵族和寺社开垦的土地叫庄园。庄园领主奖励种稻，因为大米是社会的基础，是实力的象征。

⑨ 日本历史上的一个时代，公元1192年至1333年。

⑩ 日本镰仓幕府、室町幕府为了管理庄园、国领地（公领）设置的职务。从在地的家臣中选拔，直接管理土地和农民。江户时代把领主也叫地头。

⑪ 日本历史上的一种租税。律令制田税是平安时代初期到中期实行的，随着律令制的崩溃，保留下来的是贡租。中世、近世领主继续向农民收租税，主要是用大米缴税，其大米叫年贡米。

士①手中。那时有稻米就有财富和权力，武士之所以能统治天下，就是因为他们手里有稻米，他们也是稻米的生产者。镰仓时代，稻米的生产量大幅度提高。农户开始用牛、马耕地，水车浇水，出现了专门制造金属镰刀、锹、锄头的铁匠，水利管理组织也相应地发展起来。村落的寄合②制度、村掟③被确定下来，农民自治组织"惣"④也发展起来。农民扩大了庄园的范围，势力不断壮大，大规模的一揆⑤一触即发。1428 年爆发了农民起义。此后，农民起义不断，幕府的力量被削弱。室町末期的治水和新田开发，改变了日本的河流，使许多不毛之地变成了沃野，农民生活有了保障，在许多农村，农民在插秧的间隙，用笛、钲和大鼓伴奏，跳起了田乐⑥。室町时代⑦的应仁之乱⑧以后，大名趁乱进入京都，都城遭到严重破坏，历史进入了战乱的战国时代。战国大名挖空心思扩大自己的领地，提高大米的产量。他们一边奖励农业，一边绞尽脑汁瓦解农民的自治组织"惣"，夺下了农民的武器，使一部分农民成了家臣，并用行政村强行代替了自然村。为了使稻米增产，大名奖励荒地开发，增加水田面积；为了防止水田被淹，又开始兴修水利。近世⑨新田不断被开发，新村不断出现，农户不断增加。为扩大自己的领地，战国大名开始进行土地测量，俗称地

---

① 后来他们成了在地领主、开发领主。
② 日本中世、近代农村的自治性集会，负责决定公共土地的使用、制定村规以及对犯罪者的处罚等。
③ 村规。
④ 日本室町时代公领和庄园内的农民自治组织。
⑤ 农民起义。
⑥ 日本在插秧时节祈祝稻谷丰收的舞乐。
⑦ 日本历史上的一个时代，1467 年到 1574 年。
⑧ 应仁之乱。日本室町末期应仁元年至文明九年（1467—1477），以京都为中心发生的大混战。围绕足利将军继嗣问题，幕府内部分成以细川胜元为首的东军和以山名宗金为首的西军，两军在各地开战，从此幕府势力减弱。
⑨ 日本历史上的一个时代，土桃山时代（1574—1603）。

检，其中最有名的是丰臣秀吉的太合地检①。丰臣秀吉为了减少中间盘剥，规定土地的年贡（纳税量）由耕作土地的农民自己负责缴纳，土地册上记载的是农民的名字。这样做，一方面是为了培养农民的自立精神，另一方面是为了直接敛财。但是，"地检"并没有改变庄园制下的土地制度。江户时代②，大名的主要经济来源还是稻谷，农民还是用稻米缴租。大名们把收来的稻米运到大阪或江户出售赚钱。当时给大名的俸禄也是大米，大名的等级是用大米数量"石"③来衡量的。江户时代，大名不能随便冒犯他国，扩大领地，只能在各自的领地内开发新田。为促进稻作农业的发展，研发了许多新型农机具。由于长期锁国，日本缺乏防止自然灾害和虫害的知识，仍然采用驱虫仪式和驱鸟仪式以及风祭、祈雨等传统的民俗仪式，通过祈求神灵保护的办法来防止灾害和虫害。近代以前的日本村落社会内部具有绵密的礼仪和秩序，德川幕府后期，村落被高度整合，形成了世界上罕见的稻作小农社会。在统合和制度化的过程中，村落与村落的关系既是合作的，又是对立的，村民只有在村落的保护下，才能从事生产，村民的本村意识极强，集体主义的行动模式，深深地根植于日本水田稻作的农民之中。幕藩体制是"石高制"社会，个人的经济收入都以稻谷的数量来计算。幕府、大名，甚至农民都被稻谷所束缚，疯狂开发新田。稻谷伴随着幕府的锁国政策，成为日本列岛中粮食自给自足基础的同时，也成为财富的象征。但是大米本身并不是真正的财富，幕府和大名们从农民那里征收的地租依然是大米，他们把大米卖给商人，得到现金，

---

① 太合地检：天正十年（1582）丰臣秀吉测定了全国的土地、收获量、年贡量并做了记录。秀吉还规定了"一块地一个农民"的原则。此前的庄园制中，农民和领主之间还有庄官、地头和守护，土地被有权势的人层层盘剥。
② 日本历史上的一个时代，公元 1603 年至 1868 年。
③ 1 石大约等于 180 升（约 150 千克），相当于一人一年的食用量。

来维持幕府和领主的财政。到了明治时代①，日本政府为了巩固财政基础，确立了土地所有权，实行了地租改革②，纳税由用大米改为用现金。1894 年开设了国家农事试验场，培育出很多优良稻种。明治中期开始使用化学药品除草，发明了具有划时代意义的除草机"田车"③，水田面积急剧增加，达到了 294 万公顷，是江户时代 150 万公顷的两倍。大正④三年（1914）爆发了第一次世界大战，大战期间日本出现了经济繁荣景象，大米价格高涨，地主家业开始兴旺。此时，农机具开始用电和柴油驱动，水田的排水和扬水、脱谷、脱壳、制粉等都用上了机器。1918 年夏天，由于大米价格高涨，富山县最先爆发了"米骚动"，且很快波及全国。日本人的主食是大米，米价暴涨，直接关系到百姓的生活，"米骚动"一直持续到 9 月中旬。第一次世界大战结束以后，农业机械化成为日本国家的最大目标。昭和⑤八年（1933）前后，日本开始使用动力耕耘机。但由于太平洋战争引起了石油短缺，农户虽然喜欢动力耕耘机，它也并没有得到普及。由于战争，粮食短缺，大米被国家统一管理，由农户提供大米，市民接受配给。战争结束的1945 年，由于长期战争，国土荒芜，加上劳动力不足，日本的大米产量跌落到 587 万吨。配给的大米不足，住在都市的人们便纷纷到农村购买食品。昭和三十年（1955）以后，随着工业化的发展，水利灌溉的改善，农田改造事业的推进，新的栽培技术的推广，大米的产量也大幅度提高。⑥插秧机从明治时代就有人开始研究，但由于当时的

---

① 日本历史上的一个时代，1868 年至 1912 年。

② 明治六年（873）明治政府确立了土地的私有权，允许土地买卖，交 3% 的地价税。

③ 田车前端宽 30 厘米左右，挂个像小水车似的旋转筒。为使用它，要把秧苗以 30 厘米宽的间隔平行插入地里。把秧苗直插入的"正条植入"法也自此开始在日本普及。

④ 日本历史上的一个时代，1912 年到 1925 年。

⑤ 日本历史上的一个时代，1925 年到 1989 年。

⑥ 随着各种技术的开发，大米的产量由江户时代的每反（日本的面积单位，约 997.1 平方米——编注）250 千克左右，增加到了 500 千克。

插秧机用的都是 30 厘米高的秧苗，不适合用机器。1965 年前后，出现了 15 厘米左右的短苗，相应的插秧机随之试制成功，并很快普及。机械化程度的提高，减少了农民的劳动时间。1950 年，每 0.1 公顷的稻田，需要的劳动时间为 207 小时，1992 年缩短到了 32 小时。虽然说大米是日本人的主食，但是能随便吃大米的时代是从 1965 年以后才开始的。1965 年以后，日本进入全面现代化时代，农业机械化程度的提高，干燥储藏设备的出现，使大米的扩大生产成为可能。到了平成时代 ①，日本农业人口减少，日本列岛的农业面临新的挑战，日本人开始反思农业。

日本东北地区的稻作农业

日本在历史上和稻作关系密切。现实情况又是如何？带着这个问题，我走进了日本的大米主要产区，东北地区的稻作村落。在进入仙台秋保町调查之前，我专门对中部地区的长野县和整个东北地区进行了为期一周的考察。东北之行，从仙台出发，经过岩手县的花卷市、盛冈市、宫古市，青森县的八户市、青森市、弘前市，秋田县的秋田市、横手市、汤泽市，山形县的酒田町、新庄市、山形市，最后回到仙台。列车离开仙台车站不久，映入眼帘的便是金黄的稻田，这种景色一直延续到青森的八户市。在我的印象中，秋田县和青森县是苹果的故乡，总以为进入青森县便到处可以看到果园里挂满苹果的果树。然而看到的还是延绵不断的稻田，果园只是偶尔闪过。后来我了解到，其实这些地方也是以种稻为主的。山形县是日本自古以来的大米主产区，有号称"天下粮仓"的庄内。名不虚传，当列车进入庄内，七十多公里沿线的平地，全是金黄的稻田。从北海道到冲绳县，日本没有

---

① 1989 年为平成元年。

不种稻子的地方，但是，在面积和产量方面，东北地区名列日本榜首。东北地区自古就是日本稻作农业最兴盛的地方。江户时代，东北地区生产的大米被运到江户和大阪。最上川流域的大米批发商兴旺的情景，在井原西鹤的《日本永代藏》中可以看到。寒冷的东北地区，看似不适合种稻子，但东北地区的农民经过不懈努力，使该地区成了日本稻作农业最发达的地区。东北地区的歌谣中有不少关于稻作的篇章。岩手县的《丰年来呀》民谣中有这样的唱词："今年啊，请你来吧；今年啊，丰年满仓；道边小草，变成稻谷，堆满粮仓。"日本各地都有寄托着农民们祈盼丰收的民歌和各种仪式活动。在日本东北地区，由稻作而生的智慧和行动催生了无数充满个性的仪式活动、风俗习惯、饮食习惯，产生了以稻作为基础的丰富的生活方式和价值观。在日本东北地区，大米支撑着农村经济，稻作孕育了坚实稳定的农村社会基础和文化。

二、日本稻作农业面临的挑战

历史上，稻作曾经被视为日本最重要的产业，是国家最重要的经济来源。随着日本工业化进程的发展，农业收入占 GDP 的比例越来越低。尽管如此，稻作仍然是日本农业的支柱，日本人的生活也离不开稻作农业。目前日本稻作农业面临诸多问题，其中最主要的问题是农户种稻的积极性不如以前。农民觉得现在的大米价格太低，种稻不挣钱。有过在日本生活经历的人都知道，日本市场上的国产大米与其他粮食相比价格不菲。日本的大米市场价是国家保护稻作农业的价格。日本政府为了保护本国的稻作农业，禁止国外的廉价大米进口，TPP谈判的焦点也是是否解禁大米进口的问题。可以说，日本的大米价格不是真正意义上的市场价格。尽管如此，农民还是觉得大米价格太低，因为他们对稻作农业生产的投入很多。现在每户农户都置备了不少农机具，投入的资金少则几百万日元，多则几千万日元；除此之外，还要买化肥，雇人撒农药，致使种稻的成本过高。我调查的马场村村民太田胜美讲：

> 种稻每公顷毛收入最多 100 万日元。马场村兼业农户平均水田耕地 0.9 公顷。按此计算，平均水稻收入为 90 万日元左右。除去买化肥、支付土地改良的费用，买农机具的还贷等费用，纯收入所剩无几。一般兼业农户，并不指望种稻挣钱。种的稻谷一部分自己吃，一部分出售。如果稻谷的收购价格太低，农户就没有钱可赚了，所以有农户说，如今，种稻不如买米。现在日本的农民很矛盾，尽管土地是属于自己的，但是国家不允许土地抛荒，土地闲置要受到处罚。有的农户不得已，只得把土地转给他人种。

战后日本进行了农地改革，村落的土地被均分，每户分的土地虽然不多，但由于整个社会还没有完全进入工业社会，农户靠这些土地也能维持基本生活。当时，城市人的生活也很艰难，甚至不如农村——农民可以吃饱肚子，而城市人有钱也买不到粮食，农村是城市人向往的地方。因此，早年离开农村的人，又开始返乡。20 世纪 60 年代以后，日本经济开始好转，城市经济迅速发展，城乡生活水平逐渐拉大，农民再靠仅有的土地，已经无法满足日益高涨的生活消费。有些已经继承家业的长子，也不得不外出工作，很多农户都成了兼业农户。农民只有靠其他收入，才能维持和其他职业的家庭同样的消费水平，久而久之，这成了日本农村的一种新模式，即兼业为主的模式，这种模式一直延续至今。村民靠农业不能完全维持生计，但又不放弃稻作，全因日本政府在战后实行的农业保护政策，特别是种稻补贴的特殊政策。自从日本民主党执政以来，为了摆脱日本经济长期低迷的状况，增强本国企业的竞争力，计划加入 TPP。之后的安倍政府更加热衷于加入 TPP，到目前为止，已经和相关国家举行过几次谈判，还是没有最终定下来，其主要原因就是考虑加入 TPP 之后，对日本农业，特别是对稻作农业的负面影响。

日本现代社会的建构没有经过西方那样的漫长的阶段，农业社会的影响贯穿日本现代社会，从明治维新开始到第二次世界大战结束，日本经历过几次农村人口向城市转移的过程，大量来自农村的劳动力在建设日本现代都市的同时，给都市带来了村落文化，并使其渗透到都市文化的血脉中，使日本都市人对乡村有着永久的眷恋。面对社会转型，人们不希望传统农村遭到破坏，希望传统文化得以延续。所以，日本政府提出要加入 TPP 的时候，遭到多数农户和农协的反对。日本虽然是发达的工业国家，但农本主义①思想在很多人的头脑中依然根深蒂固，特别是农户和一些政治家，尤其不希望改变农业现状。仙台市农业委员会会长在 2011 年新年祝词中，明确表示了对加入 TPP 的忧虑。他说：

　　加入 TPP 的话，就要取消关税，这对我国的农业、农业政策的影响是无法估量的。日本米价如果按照国际米价定的话，就无法维持生产，已经平整好的良田能否得到保护将面临挑战。

---

① 即重农主义，把农业作为国家的经济基础，把农民看作民族之根本的思想。

他认为，现在是全体国民认真讨论日本农业和粮食生产的时候了。他反复强调了把第一产业置于优先位置的意义。他希望全体农户坚定信心，克服困难，农业委员会的委员则要牢牢记住自己是农户的代表，关注农业发展局势，倾听农户的心声，为农户提供正确的信息，向市政、国政反映所了解的情况。他的意见有一定代表性。日本如果加入TPP，将改变日本农村社会的发展方向，关系到农户的生存。种稻是日本农村的传统产业，吃大米是日本人的饮食习惯，大米在日本人的生活中不可或缺。而且，日本人一直对国产大米有一种固执的偏爱，他们认为，日本的大米品质最好。所以，当日本政府开始议论是否加入TPP的时候，除了农户，最先出来反对的是日本农协。他们既担忧日本农业，也担忧自身生存。因为他们是为农业服务的组织，自身的生存依靠的是农业的发展，农业受到冲击，最先殃及的是他们，其次才是农户。虽然日本政府一再声明加入了TPP后会用个别补贴的办法减少农业从业者的损失，但是，人们仍然心存疑虑。为此，日本政府正小心翼翼地向前推进，并派出很多工作组到基层收集意见，希望不要因此而引起波澜，因为这将是日本战败以后在农业改革方面迈出的最大一步。原本应该在2011年6月公布日本政府的讨论结果，但是直到今天日本政府和美国的谈判也没有结束。尽管如此，日本政府最终选择加入TPP的可能性很大。日本政府面临如何应对本国的文化传统，如何做出合理的安排、安抚好农户的课题。从历史的经验看，日本没有全然不顾农民利益的改革惯例，可以预想，日本政府会绞尽脑汁，平衡利弊。

三、马场村的稻作农户

太田胜美是马场村数一数二的种稻大户。他家有 5 公顷多的稻田，这个数字在日本 1946 年农地改革之前是大地主的数字，现在是专业农户的数字。但是他两者都不是：若说他是"地主"，可是他种的土地不全是自己的，三分之二是从亲戚那里租来的；若说是专业农户吧，他的规模虽然够了，但是他还没有得到农业委员会的认可。因为，他虽然一辈子务农，可他的孩子，并没有专门从事农业，到去年为止，一直在养老院上班，今年（2011 年）退休，打算接父亲的班，太田胜美才申请成为专业农户。专业农户和兼业农户最大的不同是可以向农协申请低息贷款。对于想在农业方面谋求发展的人来说，低息贷款很有吸引力。太田胜美一门心思想当专业农户，这个愿望很快就要实现了。关于稻作的问题，我专门访谈过他几次。他是土生土长的秋保町人，一生务农。他说：

> 这里有山有水，日夜温差大，很适合种水稻。这里有自己的大米品牌"一见钟情"。"一见钟情"是环保水稻，有秋保的得天独厚的自然环境所赋予的品质。

在秋保人的眼里，"一见钟情"是最理想的大米，很少用农药和化肥，是在原始的生态环境下生产的大米。"一见钟情"的特点是煮出来的饭柔软、颗粒饱满、香甜、光泽度好，凉了也好吃，适合做盒饭，也适合各种吃法，是一种全能大米。要生产品质好的大米，除了品种好以外，对水质和温差也有很高的要求。秋保地处山区，日夜温差大于平地地区，山上流下来的水，矿物质多，营养成分丰富。据说，为了打造秋保的"一见钟情"大米品牌，秋保农协与农户及秋保温泉街的老板们合作，搞了规范化的种植和销售模式，而且由农协统一提供稻种，并严格控制化肥的使用量。

（一）插秧前的准备

现在稻苗还是需要农户自己准备。初春，在秋保町的村落中，可以看到种稻农户的院子里都有塑料大棚，那是育苗的地方。农协给农户提供已经处理好的稻种，他们只要把稻种浸泡在水里催芽，之后放到苗床上培育即可。农协提供的稻种在3月初开始发送到农户手里。马场村的中野正幸告诉我：

> 现在稻种由农协统一提供，秧苗由农户自己培育。农协
> 为了推广无公害的环保稻子，推广了标准化的水稻种植模式。
> 仙台地区的农户采用的都是这个模式。

秋保町的稻作农户3月开始搭建育秧的塑料大棚，4月初把农协送来的稻种按照要求播种在自家的苗床上，开始培育秧苗。秧苗长到30厘米左右即可插秧。秋保地区今年的气温比往年偏低，插秧时间推迟。我4月底5月初去秋保的时候，稻作农户院子里的大棚里还都是绿油油的秧苗；田野里到处都是拖拉机在耕地。这之后，开始往稻田里灌水。灌水前，村里的水利组合员要集体出动，检查送水的主干道是否堵塞、整个水利系统是否畅通。检查疏通以后，就可以放水了。过去水量不充足，放水的时候为了避免发生冲突，实行"番水"，即轮流给各家放水。现在秋保地区平整了农地，增修了不少蓄水池，插秧时，放水的时间农户可以根据情况自己掌握。因此，在这期间，什

么时候都能看到农户灌水的情景。但是，插秧结束以后，用水量增大，为了使大家都能用上水，村落仍实行"番水"。农户水田的水道上都有水闸，轮到谁家用水，管理人员就提前把水闸打开。

（二）插秧

在明治维新以前，插秧没有什么固定的方法，1908年出现了"正条插秧"①法，插秧标准化了。插秧的时候，男人需要前一天的晚上或者当天早上把捆好的苗运到田地里，再用绳子在平整好的田地上画直线，之后用定型耙②沿着画好的线拉格子，之后女人们开始按照画好的格子插秧。插的秧整整齐齐，不光是为了好看，也是为了合理利用稻田，提高水稻的产量。看似简单的方法，对于当时的稻作农业却是一项重大的发明，它为日后发展到机械化插秧打下了基础。太田讲：

> 过去插秧主要是女人的事情，插秧的女人，被称为"早乙女"。一到插秧的时候，女人们的腰间就会挎上苗篓。她们手里一般一次拿上三四株秧苗，一直弯着腰干活，非常辛苦。1965年以后，插秧机开始普及了，手工插秧的情况少了，插秧女的身影也看不见了。过去为了统一稻子的成长过程，插秧几乎都在同一天完成。插秧的时候，家里人手不够的话，要请邻居或亲戚帮忙，有的则依靠村落的组织。马场村野尻的"结"，当时对村民来说是非常重要的。

马场村野尻的二瓶告诉我：

---

① 株与株的间隔整齐、有间隙、能照上太阳、通风好、除草作业的效率高，产量增加。
② 田地上定型的农具，横竖的间隔可以调整。

插秧的时候，"结"的组员轮流插秧，轮到谁家，就在谁家吃饭，插秧季节是农村最热闹的时候。"结"在农村中是非常重要的互助组织。现在都是以家庭为单位插秧，用的都是插秧机。效率提高了，但是人与人的交往少了。有的家里全是老人，没有劳动力，只好委托村里的农业实践组合去种。委托农业实践组合种和过去依靠"结"是不同的。依靠"结"还是为自己，委托农业组合只是为了避免因为闲置农地而受罚。日本的农业政策规定，农地不能随便闲置，闲置要受罚。所以，没有劳力的农户，不得不把土地交给农业组合种。只要农地不闲置，就可以领到日本政府对种稻转产的补贴。一般每 0.1 公顷补助 3.5 万日元。补助由土地的所有者领取，许多农户把领到的大部分补贴充抵了平整农田的费用。1993 年秋保地区对水田进行了平整，平整的时候还修了不少水池，这些费用一部分由农户均摊，一部分由国家补贴。

农户把地委托给农业实践组合，自己得不到多少利益，主要是为了保住自己的地。农业实践组合等于白种了其他农户的地，他们把这些地作为水稻转产的土地，种上大豆或者荞麦。在野尻主要种荞麦，赚的钱用于农业组合自身的发展。二瓶讲的，在我后来的调查中都得到了证实。太田家地多，插秧的时候，主要靠亲戚们帮忙。马场村同姓多，村内婚普遍，老住户都沾亲。所以，亲戚之间的帮助多于其他组织。过去插秧是村落集体劳动一个内容，从插秧活动一眼就可以看出村落是"讲""组"型村落还是"家"联合型村落。从我目前的观察看，按照日本的所谓"'讲''组'型村落"和"家联合村落"的模式去套用马场村的话，马场村驿站有些"家"联合村落特征。野尻村落虽然绝大多数村民姓佐藤，但是他们不是一个家系，是三个家系，从稻作生产的特征上看有一些"讲""组"型村落的特征。境野的斋藤遗孀，今年84岁，是我遇到的还在稻作第一线劳作的为数不多的女人之一。她家也是种稻大户，有1.5公顷水田。她讲：

> 现在种稻都用机械，过去都是手工劳动，草也用手拔。插秧季节，男人运秧苗，还要在田地里画线，女人按照线插秧。插秧和收割都是自己家人，从来没有靠过什么人。以前，插秧不都靠"结"和亲戚，也有自己一家干的。自己一家干，时间要花费长一点。现在插秧形式多样，也有一家单干的。一家单干也分几种情况，一种是稻田面积少的农户，家里的老夫妇出动，男人操纵插秧机，女人帮助男人往插秧机上上秧苗。还有一种是家里水田面积大的农户，有几户亲戚一起出动的，他们按顺序为每家插秧。

现在插秧和（1975年）以前最大的不同，是所有的稻种农户都使用了插秧机，而且区别不仅在于插秧机的先进程度不同，农户的下地次数也不同。一般插秧之前要先往地里施底肥，插秧以后的三四天之内要在秧田里撒杀虫剂。现在最先进的插秧机可以一次完成所有程序，而一般的插秧机只能插秧，其他工序单独进行。农户们几乎都在同一时间段插秧。现在农户多是兼业农户，一般都在插秧季节的周六和周日进行，如果这时去村里看看，会看到每块稻田上都有插秧的。现在尽管每家每户都有现代化的农机具，经常是以家庭为单位从事农业劳动，但正如上面讲过的那样，稻作农业的性质并没有改变。集体插秧的情景现在虽然已经看不到了，但是手工插秧的情景还是经常可以看到的。插秧机插不到的地方，最后还得要用手插。不过，如果你的视线只停留在这个层面上，会得出现在日本村落的稻作农业都是以家庭为单位、农户之间没有什么联系了的结论。其实，这只是表面现象。虽然1975年以后插秧方式发生了改变，但是稻作农业中互相合作的传统并没有完全改变。稻作农业中曾经有两个重要社会组织，一个是水利组合，另一个是"结"。"结"现在在村民的生活中已经消失了，但水利组合仍然存在。现在水利组合的集体劳动还不少。另外村里还有农业实践组合，稻种农户都是组合员。

（三）除草、杀虫

插秧以后到收割一共要除三四次草。插完秧，为了防止杂草长出，要先用农协指定的化学除草剂除草。除草的目的一方面是防止草长影响稻子的生长，另一方面是防止草上寄生的虫子蔓延到稻田里。稻虫有很多种，最好的预防办法是除草。农户对除草非常重视，在插秧时就着手落实。撒除草剂有不同的方法，最现代化的方法是使用最先进的插秧机，插秧、施肥、撒除草剂同时进行，但使用这类插秧机的农户占村落农户的不到一半。最原始的方法是，插秧结束之后，农户像撒肥料一样背着除草剂，用手往稻田里撒。还有两个人用除草剂机器撒的：先在机器里装满除草剂，再在机器的吹风口接上一条30多米长的、有很多小孔的塑料袋子，撒的时候，两人一个人背着机器，另一个人拿着塑料袋的一头，一起往前走，除草剂就会均匀地从小孔中撒落到田地里。插秧时虽然撒过除草剂，但除草剂不可能完全抑制杂草的生长，所以还要进行田间除草。到了7月份，稻田里的禾苗长高了，田埂上的杂草也长了出来，为了防止杂草蔓延到稻田里，要割掉田埂上的杂草。过去割草用的是镰刀，现在用的是割草机。割草机有手提式和推拉式两种。太田胜美用的是推拉式的，他孙子用的是手提式的。太田讲：

在稻子长到快要出穗的时候，一定要除草。因为这时候田埂上的草也长出来了，很容易蔓延。有一种稗草很像稻子，蔓延起来就很难处理。稗草刚刚长出不久，就要把它除掉。

在种稻过程中，除草是别人代替不了的，如果不及时除草，草蔓延到稻田里，那就糟了。2010年开春，马场村驿站的二瓶恒男突然生病，卧床不起。当时孩子们也忙，错过了除草时机，稻田长满了稗草，最后影响了稻谷的收成。在马场村，除了自家除草，还有集体除草。集体除草除的是水渠和农道等公共地带的草。我虽然没有亲眼看到村民集体除草的场面，但是参加马场村水利组合会议时，听村民讲过集体除草的事情。马场村野口的町内会会长中野讲：

除草不仅是自己家的事情，也是大家的事情。现在集体劳动除了水渠管理之外还有除草。一年要除三四次草，到时候村里每家每户都要派人，一般是5月、7月、8月各除一次。除草是集体劳动，到时候，哪家不能派人参加除草，得交工钱。

他说的情况，后来在马场的其他村落也得到了证实。村里定的规矩有很强的约束力。田埂上的草长出来以后，还要喷洒杀虫剂。别的地方使用手提喷雾器喷洒，稻田面积小的可以用这种方法，但马场村各家的稻田都连成了一片，不适合用。马场村到了应该杀虫的时候，每户出钱，通过农协委托专业的公司，用小型遥控直升飞机来实施杀虫。在秋保町期间，我目睹了直升飞机杀虫的场面：工作人员站在田边，用无线电操纵着载满杀虫剂的小型直升飞机，一片5公顷的稻田没用多长时间就喷洒完了。现在杀虫的办法很多，村民已经不太担心虫害的问题了。以前，虫害是大问题，一到夏天，就要举行驱赶害虫的仪式活动，村民把这个仪式叫作"送虫"：夜晚，全村人一起出动，拿上松明和灯笼，敲着钟，打着鼓，吹着法螺，唱着赶虫歌，围着田埂转，把虫子赶到村外去。日本各地的送虫仪式大同小异。过去农民除了担心杂草和虫子以外，还担心鸟类。为使稻谷不受鸟的侵害，农民常常用稻草做成稻草人，竖立在田里，用来吓唬鸟。平安地收获以后，还要把竖立在田地里的稻草人拉到院子里，供上年糕，对其表示感谢。现在已经没有送虫仪式了，但是在稻田插稻草人的情况还是很普遍的。

（四）施肥

夏天将到，稻子在生长旺季需要肥料，所以要及时施肥。从前的肥料主要是人粪便、家畜的粪便、炉灰、淘米水等。堆肥是最典型的有机肥料，过去都是农户自己用人粪便做。以前农户爱说，上厕所一定要在自己家的厕所上，在别人家的厕所上就亏了。过去日本农村，自家的粪便不够，农户要去市里淘，淘来的粪便放到粪池里发酵之后再用。现在农户用的肥料基本上都是农协提供的有机肥和化肥，也有农户自己做肥料的。马场驿站的中野正幸是位退休教师，特别喜欢钻研，除了从书本上学习以外，还自费到岐阜大学农学部登门求教。他用谷糠和做红糖的渣滓做的堆肥与众不同。在稻子快出穗的时候，施的肥是农协提供的，是严格按照标准生产的。"环境保全米一见钟情"是宫城县的品牌大米，为了确保品牌大米的货真价实，农协在肥料使用上严格把关：一把化肥的质量关，二把化肥的用量关——农协要求农户使用化肥的量不能超过总量的一半。农户一般都能严格按照农协的标准施肥，但是也有例外。有时，调查的时候发现，在稻子快收割的时候，多数稻田的稻子茎秆挺拔，但也有的稻田的稻穗会耷拉下来。

一问，原来是肥料施得太多，稻子的茎秆长得太长，支撑不住稻穗，稻穗就耷拉下来，这样最终会影响产量。因此，施肥虽然很重要，但要掌握好施肥的时机和量，不是越多越好。

插秧前还要施底肥。施底肥有直接用手撒的，还有用小型撒肥机撒的。撒肥机是背包式的，把肥料背在身后，背包上有个燃油的小马达，马达把背后的肥料输送到手里拿的喷洒管里，打开开关就可以喷洒肥料。机器喷洒比纯人工的省力气，速度快。

（五）灌溉

施完底肥以后，开始灌溉。村里有水利组合，稻作农户都是水利组合的成员。稻田灌溉由村里的水利组合统一管理，管理人员的费用从本村的町内会费中支出。有专人负责管理通往各家各户的水渠上的水闸，实行轮流灌水，日本称之为"番水"。番水制度严格，成员必须遵守，如若违反会受到惩罚。过去水利设施不完善时，村民常因用水发生冲突，现在在水利组合的合理安排下，村民用水都得到了满足，不再因此而引发冲突。

稻作农业离不开水利灌溉。村落里有两条"路"格外醒目：一条是村里的农业用道，俗称农道；另一条就是水渠，水渠条条通向农田。秋保町的水利灌溉主要是利用山上流下来的水，蓄水池在山脚下的高处，土垒的蓄水池是村落原来就有的，周围长满杂草；用水泥砌的蓄水池是秋保地区实现农地改良的配套设施，很漂亮，为了安全，周围还有护网。水利管理对于稻作农业非常重要，日本的村落就是在水利组合的基础上形成的。

（六）收割

到了收割季节，把握好收割的时间很重要，太早收割会影响产量，

图 2-1　长袋村加泽的太田家用传统的方法收割稻子（作者摄）

图 2-2　马场村二瓶恒男家在收割稻子（作者摄）

晚一点收割虽然能增加产量，但米的颜色和光泽度会差一点，影响品质。过去割稻子一般用割草的镰刀，明治初期开始使用锯齿形镰刀。割下的稻子，放到稻谷架上晾晒。秋保地区 10 月就到了稻谷的收割期。收割在过去要费很多时间，现在，日本农户收割稻子时都使用收割机，包括收割、烘干、脱壳在内的整个过程只需要 10 个工作日。但收割机也有很多种类，最现代化的是联合收割机，收割、脱谷一气呵成；

也有比较落后的收割机。用什么样的收割机和水稻的种植面积有关，不说明家庭的富裕程度。日本农户的绝大多数是兼业农户，农业收入都不多，富裕不富裕要看其农业以外的收入。

四、稻作农业与水

　　稻作农业离不开水，日本能发展稻作农业和日本丰富的水资源有关。日本全国纵贯 25 个纬度，南北气温差异显著。北海道与本州的高原地带属亚寒带，冲绳等南方诸岛则为亚热带，其他地区属温带。日本受季候风及洋流交汇的影响，四季分明，降水充沛。日本有"水见半作"的说法，意思是水的管理工作占种稻总工作量的一半。水田的灌溉和排水直接影响稻子的产量。秋保町稻作农业发达的地区在名取川两岸。名取川中游溪谷深，河水很难用于灌溉，该地区的稻作主要利用溪流和蓄水池的水。蓄水池一般修建在高处，由高处往低处送水。也有相反的情况，这就需要扬水站。秋保有蓄水池 58 座，灌溉面积 143 公顷，还有利用河川灌溉的 49 公顷，雨水灌溉的 12 公顷，合计 204 公顷。每座蓄水池和堰池的受益农户要选出"堤守"[①]，负责维护管理水利设施。秋保町不是水源丰富的地区，且不同季节，水量也不一样，因此，水利管理很重要。过去，在插秧季节，要预先决定放水的日期，统一放水。那时不像现在每户的水渠上都有水闸，当时只有通管，放水时，要拔开通管上的塞子。以前有"夜间偷水"的情况，个别农户在大家统一拔塞的时候不拔，晚上自己偷拔，目的是增加流量。为了防范此类现象，水利组合要派人整晚守护，防止偷水。该制

---

① 专门管理蓄水池的人员。

度在藩政时期已经有了。秋保町 1936 年制定了"蓄水池管理条例"，强化了管理。1940 年"水利组合"委员通过实地调查，为村民做了用水账本，在每年的 1 月和 8 月的例会上公布每户的平均用水费。

　　日本稻作农业产生了丰富多彩的稻作文化，水文化是稻作文化的一个组成部分，至今保存完好。种稻期间，河流的水量减少，会影响到农业用水，因此，日本农村都有轮流给水的"番水"惯例①。实行番水的组织是村落里的水利组合。水利组合是全村性的组织，负责管理水利灌溉系统。水利灌溉系统包括池塘、水渠等。村落池塘的多少和村落的地形、耕地数量有关。一个村子一般都有几个池塘，水利组合的组合员轮流管理池塘和水渠。听村民讲，在马场，过去在用水高峰的 7、8 月，为了防止偷水，要几个人一起"看水"。看水是为了保证水资源公平使用，看水的过程也是村民交流的过程，现在这种情况已经没有了。1988 年秋保町实施了土地改良计划，土地改良区的水利设施都是配套修建的，用钢筋水泥浇灌而成，十分坚固。不过，水利设施的日常管理和水资源调配仍由水利组合负责。马场驿站的中野正幸讲：

　　　　种稻不是一件容易的事情，比种旱田作物要难。水的管理、肥料的管理等都很费心。村里有水利组合负责管理水资源，每户按照稻田的数量出资，出的钱主要是支付管理水利所需要的劳务费。

　　稻作需要水利灌溉。日本农村的大部分村落是稻作村落，稻作村

---

① 水量不充足的时候的灌溉方式。把灌溉区域划分成地区，在各个区内，在规定的时间内轮番灌溉的方法。

落的独特性就是在保护和利用水资源的过程中形成的。稻作农业需要大家合作，日本的稻作农业的模式按照日本学者的划分，分为东北地区"同族型村落"和西南地区的"讲、组型村落"。在传统的农业社会，"村"和"家"一样重要，"家"是村民生活的场所，"村"是村民生产的空间，没有村也就没有"家"，村民要通过各种形式，组织起来保护村。村落中的各种组织，不仅能满足村民生活互助、情感交流的需要，也是村民共同防御外族入侵的力量。维系稻作农业的根本是保护水资源。水历来是引起村落内部矛盾冲突和外部对抗的导火线。有学者认为，日本村落社会之所以能够整合在稻作文化上，是由于传统的稻作农业使"村"与"村"、村民与村民之间一直有一种对立的紧张关系，不解决好这个问题，稻作农业便无法维系。日本的村落，不是独立发展起来的，是在和邻村的不断磨合中发展起来的。由于水源分配方面不断和外部存在着紧张关系，所以需要培育本村人的归属意识，需要内部的高度团结，一旦因为水而发生争端，村里的青年组织要冲锋在前。村落的各种组织的出现最初都和农业生产有关，而且最重要的是和稻作有关。水利组合是维系稻作农业所不可缺少的组织，村落发展同样也不能缺少青年团。我调查的马场村的每个村落都有健全的水利管理系统和青年团，其中，前者是稻作农业的命脉，是村落中人与人关系的重要纽带，是维系家与"村"发展的重要保证。马场村泷原的佐藤龙夫讲：

> 秋保土地改良区的灌溉靠的是大家出钱修建的地下水蓄水池和雨水蓄水池的水，水由水利组合管理，管理费用由组合成员负担，水利组合成员越多，水的成本就越低。

日本稻作农业离不开水利组合。种其他作物，则不必非靠水利组

图2-3　水利组合员在清理水道中的杂物（作者摄）

合，秋保町的一位农户讲，自己愿意种稻，但是很担心其他农户把土地转让出去，土地转让出去，种什么就很难把握。没有人管理水，稻作农业就维持不下去。

五、稻作与马

过去，除了水，马在稻作中的作用也是很重要的。在日本的很多地方，有"马一匹半身上"的说法，即一匹马相当于家产的一半。马可以耕地、运输，还可以把马圈里铺的草、马粪变成堆肥。马的圈肥发酵后热量大，是寒冷地方做堆肥不可缺少的原料。日本东北地区的农民很崇拜马，一般都把马养在正屋里。以前秋保町农户养的家畜主要是马。1941年，为了节省劳力和增加肥料引进了一些母牛（经营者是早坂一男和长谷正）。战争结束以后，牛的数量猛增，取代了马的地位。之后由于农业机械的普及，耕牛的使用数量减少，有的农户养牛也只是为了肥料。饲养规模小，饲养技术比较低，饲料主要是稻草，养牛的经济效益不高。秋保地区的养牛户主要集中在境野村，他们现在还有这个传统。养马以前主要在马场村。1939 年，在马场村驿站太田敏男和农协职员佐藤肇的提议下，成立了畜产组合，这是秋保町最早的以繁殖为目的的畜产组合。据说，他们起初向宫城县里借母马，遭到了拒绝，最后以保证到期偿还为条件，借来了种马。秋保町最多的时候有一百多户养马。马场村驿站的太田敏男是畜牧组合的负责人，在秋保町的 8 个村落都有联络员，每到配种的季节，太田就会骑上种马，到各村去配种，每匹马配一次收费 30 日元。当时，养马除了自家耕地用以外，主要是给日本军队提供军马。养马对于村民来说，是半强制性的，国家给养马的农户 30 日元的补贴，计其养马产驹。小马养到两岁，就卖给国家作军马。马场村马的数量因此年年增加，最多的时候 1 年产驹 25 匹。战争结束以后，不需要军马了，种马还给了县里，畜牧组合也解散了。此后，养马改成了养牛。在全靠人力的时代，马是农民最好的帮手，是劳动的伙伴，马对农民来说非常重要，他们希望马也能得到神的保佑。村民把马头观音视为马的保护神，他们还认为，马头观音不仅是马和其他牲畜的保护神，也保护人。村民认为，马的食量大，可以吃下人的烦恼和痛苦。马头观音也被称为"马头观音菩萨""马头观世音菩萨""马头明王"。在村落里，马被神圣化、神灵化了。马耕时代虽早已结束，但是村民对马的崇拜一直保留至今，由此而产生的与稻作有关的马文化也还在延续。

我在马场村调查时发现，村口一般都摆放着马头观音。为此，我问过村民，他们说，这是因为过去除了用马耕地外，还用马驮运物资，马有时会突然死在路边，为了防止这种情况出现，便在路边摆放了马头观音，祈求马的平安。现在马场村农业生产已经完全机械化，没人养马了。但是对马头观音的崇拜深深根植于村民的心里，成为一种民间信仰，村落道路旁仍然摆放着马头观音，村民希望继续得到马头观音的保佑。马头观音有很多种，有人身马头的，有一面两臂的，有一面四臂的，有三面四臂的，有四面八臂的，不过这些一般都放置在寺庙里。我在马场村看到的马头观音，一般都是马头观音石碑。据说，在日本各地的养马场和赛马场的附近也都放置有马头观音。日本有"东马西牛"的说法——东日本主要是马耕，西日本主要是牛耕。牛耕使用的是犁，马耕使用的是马锄。在日本，牛棚也叫马厩，说明日本用马的历史比牛早。

马场村驿站的二瓶博，人称村里的活字典，他说：

过去养的马都和人住在一起，家里的马厩还保存着历史的原貌，和主人住的家屋连在一起，进门过道一侧就是过去的马厩。过去农民认为马是家里的成员，所以都在一个屋檐下。日本东北地区冬季寒冷，马住在家里可以御寒，在一起也可以随时观察马有无异常。不仅马和人住在一起，马冬季吃的干草也放在屋顶夹层里。日本传统的屋子都是梯形屋顶，屋顶的夹层有很大的空间。在养马的时代，一般都放干草和饲料。现在一般都放杂物。

太田胜美家，过去也是人和马同住一栋房，马厩和人住的房子中间只有一个过道相隔，现在的房子已经翻修过，但还能依稀看到旧貌。太田胜美讲：

那时，为了随时照顾马，马和人都住在同一栋房里。马和人住在一起，给人的生活带来了很多麻烦，苍蝇泛滥，但是，当时没有一家农户嫌弃。

村里的路边和山脚下，到处都有马头观音石碑。2011年3月11日的大地震，使不少马头观音被震倒，我把这个情况告诉了太田，他说村民们都知道了，过些天，会有专业人员来修复的。果然，几天以后，马头观音都被扶起来了。由此看来，村民们确实很重视马头观音。现在，村民祭祀马头观音已经成为一种民俗传统，对马的崇拜也成了日本东北地区民间信仰和稻作文化传统的一个组成部分。

六、稻作与农具

有人说日本人能生产出精巧的仪器、汽车，和稻作农业有关。从日本农机具的发展历史看，这话也许有道理。在秋保町调查时，我发现许多农户还保存着昭和三十年（1955）前使用过的锹和镰刀等农具。日本的木制农具始于古坟时代，之后木锹头变为铁制的；同时代，牛犁、马锹也开始使用。江户时代（1603—1867），脱谷机有了划时代的发展，"千齿挬"① 也问世了。"千齿挬"的使用缩短了脱谷时间，促进了回茬（复种作物）。明治时期作为革新的耕作技术，推广使用了旱地马耕。其做法是把水田的水放掉，待地干了以后，用牛和马耕地。昭和四十年（1965），农民们梦寐以求的插秧机、拖拉机、收割机等农机具开始普及。与此同时，很多农机具开始从农户的仓库中消失，但现在的农机具都是在传统的农机具基础上产生的。在正月和端午，农民会给辛苦了一年的农具供上年糕，以表达对农具的感激之情。近世以前，铁匠一般不住在村里，只是不定期来村里修理农具。到了近

---

① 一种脱谷机，在宽15厘米、长40厘米的铁片上，嵌上20根梳齿制成脱谷农具。用它可以把稻穗挬下来。

世，由于农业技术和农具制造水平的提高，随着新开垦农田的热潮的出现，对于铁制农具的需求量越来越大，他们开始住到了村子里，经营起铁匠店。根据农民的要求，他们可以订做农具。在日本，有"三里不同锹"的说法，说明村民用的锹基本都是各村铁匠各自做的。其中有一种锹很独特，是专门用来翻水田的。现在的水田收割完稻子以后，就没水了，是干燥的；然而，明治初期，水田一年中几乎都是湿的。翻湿地，用一般的锹不行，必须用沉重的"洗澡锹"①，才能一点一点地把水田的土翻起来，是非常繁重的体力劳动。明治时期，干田马耕技术得到了推广。马耕的普及与水田变成"干田"有关。所谓的干田指的是：秋天把稻田里的水放出去，使稻田干燥，春天再深耕，并加入肥料，提高地力，是一种增产的方法。深耕用锹是做不到的，只能靠牛耕和马耕。随着干田马耕方法的推广，稻谷的产量提高了将近一倍。水田变成了干田，收割完稻子，还可以继续种小麦。但是，水田变成干田以后土壤会变硬，用锹重新平整土地不易。明治后期，发明了马耕用的犁。昭和三十年（1955）普及了动力耕耘机，开始实现了耕地机械化。我在马场村驿站柴田家的仓库里看到了马场村1960年以前使用过的农机具和当时穿的蓑衣与草鞋。看到这些，我的感觉是，过去其实离现在不远，也就几十年，但是人类社会却发生了巨大变化。在马场村，太田胜美和二瓶恒男在购买农机具方面花费的最多。来日本之前，我在中国广东省的西部地区雷州的一个村庄做过田野调查，那个村有一百多户人家，加起来的农机具还不如这两家的多。太田在农机具上花了2000万日元，相当于人民币160万元。泷原佐藤龙夫讲：

---

① 木制的结构上镶嵌着刀刃的锹叫洗澡锹，长290毫米，高1180毫米，深120毫米。之所以叫洗澡锹，是因为做木架的工匠是做洗澡盆的。

现在的大米不值钱，稻子种得越多越亏本。首先，现在的大米价格不如以前贵，在日本政府没有开放大米市场的时期，大米的价格比现在高一倍。其次，大米生产的成本比以前高。现在一般多是兼业农户，青壮年没有更多时间务农，农业主要的劳动力是65岁以上的老人，太重的农活都得靠农机具，所以，不想完全放弃农业的家庭都购置了各种农机具，平均要花1000万日元，有的达到1500万以上。种稻每公顷的平均利润为100万日元，当地的平均农户拥有1公顷土地，其稻作收入平均仅为100万日元左右。由于农户都贷款买了农机具，每年要还贷，一般贷款500万日元的要还5年，贷款1000万日元的要还10年。在5到10年中，农户的农业收入基本为零。农户把从农业挣的钱，又都投到了农业上，甚至有的把农业以外的收入也投入农业中，所以，农户讲靠纯农业是无法生存，是有道理的。农村青壮年平时很忙，只能利用空余时间务农，没有农机具不行；老年人年事已高，没有体力，不得不依靠农机具，所以不得不买农机具。

现在日本农户的平均土地为1.1公顷，农户非农收入大于农业收入。据统计，日本农户在农协存款额平均每户300万日元。一般农户对农机具的投资平均为1000万日元左右。机械化使农户产生了剩余时间，剩余时间主要从事农业以外的工作。日本农业成本高的一个主要原因是在农机具上花费太多。过去农业生产毛收入的1/3来自大米，现在只有6%了。种稻每1公顷土地的收益仅有100万日元，所以种1公顷稻谷，根本养不了家。目前，日本的稻作农户是在日本政府的保护下才得以生存的。日本有很多与农业有关的补助金，有近400种补助金是由农林水产省各级单位负责分配和管理的。马场村有些兼业农户，本来想买地扩大种稻面积，但虽然农业政策允许农户间的土地转让，不过由于大米价格偏低，购买土地风险太大，想扩大耕种面积的农户一般还是采用租土地的办法。所以，日本的农业规模无法扩大；规模不扩大，就不可能有太大的经济效益。日本大米的价格，农民认为不贵，是因为他们投入得太多，但对于一般的消费者来说，大米很贵。贵的主要原因是农民的劳务费和过多的农机设备投资。据说这两项相加的费用为大米价格的75%。劳务费高是由于规模太小，劳动力不能有效利用。农机投资浪费是日本农业发展的严重的问题。如果要有效利用农机，只能扩大规模。但是，鉴于目前日本的农业状况，即使有人转让土地也没有农户敢买。农户很少买地种稻。我调查的马场村，有几位年轻的兼业农户想买土地，朝专业农户方向发展，但是不敢贸然行事，只靠租赁土地来扩大种稻规模，可是，土地不属于自己，他们的内心又不安。总而言之，日本的农业政策对土地拥有者相当有利。日本政府想通过加入TPP改变现状，而有的地方则开始尝试用农业法人的方式摆脱目前的困境，这使得有些专业农户有了压力。仙台近郊的冈田村的专业农户铃木讲：

> 村落今年4月就要成立农业法人会①，在农协的帮助下，
> 农户们组织起来，以应对村落的老龄化、农机具过剩化的问
> 题，增强市场竞争力。

如真能像他所说的那样，未必不是好事，那样，日本农业就能得到保护，稻作文化也会得到保护。

---

① 农业法人是以法人的形式经营农业的法人的总称。农业法人根据其有无土地的所有权可以分为"农业生产法人"和"一般农业法人"。

第三章 "共同体社会"中的"家"与"村"

一、"家"与"村"

（一）太合地检与"家"和家族的形成

近世以前的日本实行的是庄园制，即土地领有制，土地属于幕府和各地方大名，农民是土地领主的奴仆，没有自己的土地，没有姓氏，家族观念淡薄，"家"只是繁衍生息和生活的场所，家族的血缘团体虽然客观上存在，但并不是生活的共同体，他们左右不了自己的命运，一切要听领主的安排。所以在讨论日本的"家"共同体出现的时期的时候，学者们普遍认为日本的"家"始于近世[①]，也就是说，中世日本是没有"家"共同体的，因此当然也就不可能有"村"共同体。一般认为，日本自耕农的出现和太合地检有关[②]，是太合地检把大多数农民变成了自耕农——在一地一人的原则下，大多数农民的土地所有权被承认，他们成了"本百姓"[③]，进而成立了"家"，并以"家"和"家

[①] 日本历史上后期封建制时期的安土桃山、江户时代。

[②] 太合地检是在日本历史上战国、安土桃山时代，群雄争天下中统一天下的丰臣秀吉主持进行的。地检始于普通天正十年（1582）。地检最初的目的是想通过丈量土地，了解各地领主实际拥有土地的情况，以便对其进行进一步控制。当时，每征服一个地方，就派奉公人去丈量土地。此举，带来了巨大的社会变革。当时，经常发生当地领主阶层（国人、土豪）反抗的情况，但是都在丰臣秀吉强有力的镇压下平息了。

[③] 基本农民。日本江户时代登记在土地册中的、拥有农民股份并承担地租以及各种劳役的农民阶层。初期限定为上层农民，中期以后指拥有土地和房屋、缴纳地租的村落基本构成人员。

的系谱关系为基础结成了同族。当时，由拥有土地的"石高"①的多少来决定缴纳年贡（地租）的数量，"家"意识由此开始产生。农民有了自家的土地，种的是自家的水稻，为崇拜自家祖先创造了条件，由各家组成的同族团也相继出现。日本大化革新以前的氏姓制度中的地位顺序是：氏上—氏人—奴婢，改革后的班田制（乡里制）中的地位顺序是：乡户主—房户主—"寄口"②、奴婢。平安末期到中世后期的庄园制中的地位顺序是：惣领—庶子—家子、郎党—下人、所从，或者是名主—分家名主—在家—作人、下人。纵向关系构成了大家族制，亦称同族制度。此时的"同族"，并非生物遗传学意义上的血缘家族，而是包括非血缘关系在内的、扩大的家族共同体，是在氏上、乡户主、惣领、名主等特权身份人的身边形成的复杂的"同族"，甚至一族结构。但是，除了那些特权身份者以外，一般百姓（农民）是没有独立的"家"意识的，他们和特殊身份者是一种主从关系。前面讲过，日本的大家族的、拟制的、主从的、支配的"家"的结合是太合地检的结果。也就是说大多数农民成为"本百姓"、农民作为自耕农被国家所承认是从太合地检开始的。中世日本的东北和九州地区有很多大惣领、名主，太合地检以后，其统治力仍然存在，造成很多无法独立的"作人"③"名子"④"下人"⑤，这些人被编入"本百姓"的家族中，处于从属地位。东北地区有名子制，即分家的子女和父母一样也是大本家的"召使"⑥，服务到一定期限，可以成为分家的名子。大本家按照分家名子、屋敷

---

① 日本近世表示土地产量的单位。
② 律令制下，自由民的没落者，以个人或者家族形式作为寄住者被编入他人户籍的人。
③ 日本庄园制度下的农民，对名主负有责任的自耕农。
④ 隶农，中、近世日本社会中，身份低于一般农民的、隶属于地主的农民。在户籍上未得到承认，不能单独立户的，也称为"下人"。
⑤ 日本平安到战国时代的农民，处于身份制下的最底层，可以买卖和转让，后逐渐独立成为一般农民。
⑥ 佣人，仆人。

名子、作子的顺序结合在一起，他们之间存在着主从的"恩情"关系。日本东北地区大家族制之所以能够维持，形成序列严格的同族关系，在于名子和二、三男很难自立；即使自立，也要靠本分家的帮助。江户中期（18世纪初），日本的"家"开始从大家族[①]向直系家族发展。藩政时期[②]到第二次世界大战以前，直系家族成为被法律承认的、"家制度"[③]的基础。明治时期的家制度是在户籍法和民法基础上建立起来的，户主代表"家"监督管理家族，拥有"家"财产权，决定家族成员的就业、婚姻，但到了一定年龄，就要隐居，由长子继承。

（二）明治政府与日本家族制度

明治时期的日本社会秩序是在"家制度"的基础上建立起来的。明治的"家制度"遵奉国家制定的"家"规范，它对日本国民，特别是农民的家族关系产生了很大的影响。农民家族本来具有多样性，但在"家制度"下，形成了统一的模式。明治时代，农村经济进入了以商品生产为基础的货币经济时代，地租由实物地租改为现金地租。但是，在农业生产中，"家"依然是经营的主体，"家"与"家"之间的关系，仍然保持着家族原来的经营关系。即使分了家，分出去的土地所有权仍然在原来承包人的名下，土地册不变，还在本家，等于本家把土地承包给了分家。现在日本的本、分家的关系也是如此。区别本、分家的最好的办法，就是看土地册。家族的土地都注册在本家的土地册上。土地册（地账）一般保存在日本政府在农村的常设机构里，马场村村民的土地册由秋保综合支所保存，一般人不能随便看。我在马

---

① 包括合同家族、同族家族。

② 江户时代，1603—1867 年。

③ 1898 年制定的民法中规定的家族制度。在"家"中只由户主说了算，建立在以江户时代发展起来的武士阶级的家父长制度的基础上。

场村驿站村落调查时，发现有一家姓馆山的，据了解这里以前没有这个姓氏。我问这家的男主人是怎么住到这个村里的，他说：

> 老婆是本村佐藤家的女人，自己是仙台南人。娶佐藤家
> 女儿的时候，从佐藤家里买了一块宅基地。

他不是佐藤家的分家，还姓馆山，他家有自己独立的土地册。也就是说，他娶了佐藤的女人，买了佐藤家的部分宅基地，办了土地转让手续。这样，他家只能算佐藤家的亲戚，而不是分家。在日本农村，只有成了上门女婿，其组建的家庭才有可能成为分家。马场村有几位倒插门女婿成为分家的，后文要提到的中野正幸就是其中之一。在日本，过去有很多分家是本家的佃户，他们之间不仅有地主和佃户之间的土地租赁关系，还有亲戚关系。在日本，一般的地主和佃户之所以没有成为对立关系，原因往往在于他们之间存在着一种温情，即亲情或拟制的亲情关系，存在着本家关爱分家、分家知恩图报的"义理人情"①，这个问题，我在马场村野口村落调查时得到了验证。斋藤重美是斋藤三夫的分家的分家，他说：

> 到我这代已经没有地可分了，我成了大本家的佃户。后
> 来成家的时候从大本家和小本家那里分了一点地，盖了房子，
> 在野口村落一直住了下来。

他在讲述这个故事的时候语气平和，没有怨言，有的只是感激之情。他是家中的老二，小时候就离开了村子，回来后，本家接纳了他，

---

① 情义和义气。知情回报。

所以他有一种报恩的情结。在日本农村，本家、分家之间的这种情结，首先缘于他们之间的依附关系，其次缘于亲情关系；另外，还受到日本旧民法中的"家制度"的制约。传统的日本社会中的旧民法，建立在农业社会经济的基础上，以维护农业社会的稳定发展为目的。亲情、需要、法律约束力形成的日本社会习俗，维护了社会秩序。民法规定，户主有至高无上的权力。日本社会中有"四怕"的说法，即怕地震、怕打雷、怕火灾、怕父亲，而父亲是"四怕"之最。父亲的"家长"权威受法律保护。实际上，在日本最有权威的是"家长"这个位置，而不是父亲本身。原则上父亲为"家长"，但是在实际生活中，母亲也可以成为"家长"。母亲成为"家长"必须符合两个条件，一是父亲去世或者长期不在家，二是父亲是入赘女婿。这样的家庭，我在调查过程中遇到过很多。驿站村落的中野正幸和二瓶博家、泷原村落的高桥奎助家都属于此类。据高桥的老婆讲：

> 自己的祖上不是马场村人，是临近的川崎人。姥爷那辈来到这里，母亲生在这里，和本村的佐藤结婚后，先去了东京，之后丈夫服兵役，战争结束以后，一家又回到了这里。这里是母亲的娘家，父亲随了母亲家的姓，成了上门女婿。母亲生了我们姐妹俩，我也招了上门女婿。

野尻村落佐藤孝作的遗孀今年77岁，已经是曾祖母了，她母亲来自马场村森安村落的敕使河原本家。她招了女婿，她女儿也招了女婿，现在和她住在一起，她家是典型的"女系"家族。过去在日本的电影里，见过女系家族，这回在马场村才真正遇到了几个女系家族。在中国人的观念中，支撑家庭的应该是男人，但由于日本的"家制度"规定由长子继承家业、守护祖坟，而"长子"不分男女，女性成为家长也就

图 3-1　马场村野尻村落佐藤孝作的遗孀和本人交谈（作者摄）

不足为怪。马场村的女系家族的家长做得不比男人逊色。

（三）明治维新以后的本家—分家关系

与近世不同的是，明治时期的户主权，是靠法律确立起来的。明治以后实施的"家制度"，一方面在私有制的前提下确立了个人的地位；另一方面，个人又被"家制度"所制约。明治以后的本家—分家关系和江户时代的不同，分家可以在本家户主的基础上另立户主。本家、分家虽各有户主，但有上下之分，规格不同。经济上本家占主导地位，分家从本家那里得到土地，租用本家的农具和家畜。明治维新以后，农业生产力得到提高，每反①大米产量增加。虽然本家在农业生产方面仍然保持一定优势，但也出现了分家与本家经济实力接近或本家没落的情况。随着本家地位上的变化，本家、分家的关系开始发生改变，日本农村中以本家—分家为核心的农业模式开始瓦解。

---

① 日本的土地面积单位，每反为 10 公亩。

（四）马场村的本家—分家关系

马场村驿站村落一共有 62 户人家，其中中野 18 户、太田 12 户、二瓶 7 户、伊藤 6 户、佐藤 4 户、斋藤 3 户、槻田 3 户、武田 2 户、柴田 1 户、松林 1 户、馆山 1 户、小岩 1 户、房前 1 户、小川 1 户、冈崎 1 户。马场村驿站村落的主要姓氏为中野、太田、二瓶、伊藤。小川家是大夫，柴田家和斋藤家是木工，武田家是电工，他们都是明治维新以后入村的。在秋保町没有"同族"概念，只有亲戚概念。亲戚分血亲和婚亲，马场村驿站的大姓之间都有婚姻关系，有的既是婚亲又是血亲。

二、日本人的家族意识

日本学术界所说的村落中同族关系，即本家—分家关系，明治以后开始松弛。随着本家权威的削弱，本家—分家关系变成了纯粹的"家"联合关系。这种情况在西日本更加明显。以前在年初，有本家、分家互送礼品的习惯，日本民间称其为"开门""门礼"，元旦早晨分家给本家拜年是当时的社会习俗。明治以后，该社会习俗逐渐淡化。过去本家、分家除了共同劳动、共同祭祀之外，婚丧嫁娶、过年、盂兰盆节、盖房子、换屋顶、植树、伐树、插秧、收割等时候都要互相帮助。现在只有共同祭祀、婚丧嫁娶、过年、盂兰盆节的时候才有交往。在讨论日本同族的时候，一个不可忽略的问题是同族的宗教功能。"同族"认同的基础是同族神、祖先墓、持佛堂、本家佛龛等。"家"成立的基本条件是家产、家名、家格、祖先祭祀具、继承等。"家"的意识往往体现在祭祖上，日本村民的家里都有祖先的牌位以及石碑、佛龛、神龛，这种社会习俗始于日本近世的元禄①以后。我调查的马场村，几乎所有旧家（老住户）都重视继承家业。继承家业，最主要的内容之一就是守护祖坟、祭祀祖先。日本人很在意自己的家谱和自家的出身门第。其实日本老百姓可以追溯的家族史并不长，日本文字记载的只是皇族和大名的历史，老百姓很难在历史的长河中寻觅到自家的蛛丝马迹。在源平合战中败北的平家一门的"落人"（逃兵）进入山间，开发了村落。因此平家落人②的传说流传甚广，山间村落的农民都愿意把自己的家世和平家落人联系起来。日本的民间历史记载很少，这为日本人编撰自家历史提供了方便，所以对于他们怎么说，没有人特别在意。但是，也可以从中窥见日本人对高贵血统的仰慕。历史上日本是个等级分明的国家，有此情结可以理解。秋保町公认的平家落人是秋保氏。马场村野尻村落的佐藤家和境野村的早坂家据说也和平家落人有些瓜葛。过去日本社会等级森严，阶层意识深深根植于日本人的意识之中，谁和皇族沾亲带故，会感到荣耀无比，并借此提高自己的身份。在日本，历来漂泊不定的武士和僧人在村民的意识中也令人敬畏。每个村落都有各种各样的传说，有的还把其起源和神佛、贵人联系起来，以显示村落的高贵地位，加强团结，增进村民的共同体意识。

---

① 日本历史上的年号之一，1688—1703 年。

② 平氏族和源氏族都属天皇家族，1159 年以平清盛为代表的天皇家族的势力和以源义朝为代表的上皇势力，为了争夺天下的统治权发动了一场战争，史称"源平合战"。在这场战争中，平氏败北，战败的平家的武士四处逃窜，有好多逃到了人烟稀少的山里。所以，后来就有了日本的山间村落是平家落人开拓的说法。

三、"家"继承

在日本农村，还有一个重要问题是"家"继承。以父子为核心的直系家族中只能留一个孩子做继承人，即长子继承——所谓的长子继承，包括长女继承。根据大间知笃的分类，日本的家继承可以分为长男继承、长女家督继承、末子继承、选定继承。在日本的东北地区，奉行的是长男继承，长女可以做家督，没有末子继承的情况。

（一）"长子"与"家"继承

日本文化人类学家中根千枝在《纵向社会的人际关系》一书中指出，"构成'家'的最基本的要素，不是继承'家'的长子夫妇和老父母居住在一起的外在形式和家长权力，'家'是生活的共同体和经营体；'家'是由'家'成员组成的，是明确的社会集团的单位"[①]，"'家'集团中的人际关系，优先于其他人际关系"。[②] 她指出了"家"在日本人心中的位置。日本人类学家川本彰在《家族的文化构造》一书中指出：在传统农村地域社会的"家"的观念中，对于农民来说，土地是世代祖先传给子孙的家产，而保护世代相传的土地并继续传给子孙是家长的责任。[③] 中国人类学家麻国庆在《日本的家与社会》中指出，日本的"家""事实上是沿着一条线延续下来……日本的'家'成为代代相传下去的永久性团体，相当永久性的家屋就是一个象征，'家'的完整性一直能延续下去"。但是"与中国的家的继承相比，日本的'家'

---

① 中根千枝：『タテ社会の人間関係——単一社会の理論』，日本：講談社，2008，第 32 页。
② 同上书，第 33 页。
③ 川本彰：『家族の文化構造』，東京：講談社，1978，第 52 页。

具有更大的灵活性和开放性"。在中国，"汉族作为血缘集团的祠堂和作为地域社会的村庙，和日本最大的不同，就是在历史中，它们并没有自然地融合在一起，而是互相独立存在——血缘和地缘的纽带在村落中是分离的。而日本的村同族集团在以共同先神为中心结合在一起的同时，又与其他同族一起祭祀神社，祭祀共同的村守护神"。^①家是人类生产的基础，没有家就没有个人。因此，任何社会都重视家的传承。日本在真正步入工业社会之前，"家"继承受到制度的保护，长子继承家业是义务。1947年废除"家制度"以后，"家"可以由家中的任何成员继承。在农业社会，这项新政策对于孩子来说也许是个福音。但是进入工业社会以后，在靠专门从事农业已经越来越难以维系"家"生产的情况下，"家"的继承已经没有往日的魅力，更多的是一种责任。谁来承担这种责任是我关注的焦点。我发现以往无论是日本的学者还是中国的学者在讨论日本农村的"家"的时候，都强调了"家"的三方面特征，即财产继承、祖先祭祀、传宗接代。探讨的主要是理论问题，即"家"继承"继承的是什么"等问题。21世纪的学者们对于日本"家"继承的研究热情虽然不减，但是主要侧重于"家"继承的比较研究方面，集中在对韩国和中国这样的东亚国家的家继承的比较研究上。其中，申秀逸的《中日传统的"家"继承制度的比较》^②很有代表性。该文章以现代中日两国"家"产生巨大影响的、中国明清时代普遍存在的、有"共同财产"的关系的"家"和日本近世（江户时代）的武家的"家"为研究对象，阐明了家继承的内容和形态上的各种差异，总结了中日两国传统的"家"的继承制度及对现代的影响。其次是对家族农业经营继承的研究。其中，大泽正俊的《家族农业经

---

① 麻国庆 . 日本的家与社会 [J]. 北京：世界民族 .1999（2）。
② 申秀逸 :『中日伝統の「家」相続制度の比較』，日本：千叶大学人文社会科学研究，2008（3）。

营的继承与土地的继承》[1]一文很有特点，文章阐述了第二次世界大战以后农户继承的问题，主要是农地的细分化的问题，强调了由于1947年民法（亲族法和继承法）全面修订，长子单独继承发展为均分继承，促进了农地的细分化。不仅如此，该文章还指出，本来就小型化的日本的农业经营进一步小型化，不仅造成了生产水平的低下，而且威胁到了支撑日本农业的专业农户的生活空间，阻碍了农户继承的培育。

虽然日本农村的"家"继承问题一直是日本学者关注的问题，研究成果颇丰。但是，本人觉得日本学者对于"家"继承的研究多是从现代农村变迁的视角和农业经营的角度，观察农村的家继承。他们普遍认为日本从1947年废除了家制度以后，继承权不再是长子的专利了，家里的孩子都可以继承，似乎日本农村社会的"长子继承"已经不复存在。但是据我对马场村的调查，村落中的"家"继承事实上仍然是由家中的长子承担。长子继承不仅是男性长子，女性长子即长女照样可以继承家业，而且同样承担了很大的社会责任。马场村的女性长子之所以在家继承方面发挥重要作用，反映了日本社会中"家"继承的传统作用，即长女在"家"继承中的责任意识以及现代社会中女性在择偶方面的优势。

（二）日本"家"继承的传统

日本从江户时代开始确立了武家制度，现代社会的"家"制度[2]始于明治以后，它是在前者的基础上建立起来的，其核心是家长权利至高无上和长子继承。所谓长子继承是指由最初生的孩子（长子）继

---

[1] 大澤正俊：『家族農業経営の承継と農地相続』，日本：明治大学大学院法学研究论文集，1997（2）。
[2] 指的是日本明治三十一年（1898）制定的民法中规定的"家"制度。此制度赋予户主以统制家的至高无上的权限。它是建立在江户时代武士阶级的家父长制的基础上的制度。

承家产的制度。直到 1947 年以前，"长子"① 一直是农村社会中"家"的法定继承人。理论上，长子继承不分男女，但实际上还是以长男继承为主，长女继承的并不多见。长子继承的不仅是财产还有"家"的管理权和在家中的地位。江户时代之前，没有明确的继承法，"家"的继承的形式多种多样，为此经常发生家庭内部的骚动。从明治维新到第二次世界大战结束，日本的"家"继承状况发生了很大变化。明治初年，政府规定华族②和士族③身份由长男继承，其阶层的家庭也由长子继承，长男充当家督④。明治三十一年（1898）的民法，确立了"家"制度，随之建立起了家督的户主权制度，即家督拥有户主权。新的户主继承前任户主的财产权，但妻子和孩子享有遗产继承权的情况也不是完全没有。1947 年日本修正了民法，废除了家督继承制度，也废除了长男继承制度，配偶和孩子都可以平等地继承家产，但是实际上长男继承的传统在很多地方仍在延续，照顾老人、继承家业的也多是长男。日本的旧民法规定，结婚时原则上是妻子要离开原来的家，去丈夫家，但还规定了"家制度"是家的基础，要重视"家"的继承，已经成为法定户主的人原则上不能离家结婚，即男的要娶妻，女的要招婿。女性继承人结婚时，其丈夫要和妻子的父母签订养子协议，建立起女婿—养子缘组关系。日本社会招女婿继承家业的传统，产生于古代社会，早期主要是在日本的天皇家和贵族家盛行，民间社会发端

---

① 日本 1947 年的长子继承法中"长子"虽然包括长男和长女，但事实上"长子继承"中长女多被排除在外。
② 所谓"华族"指的是明治二年（1869）到昭和二十二年（1947）存在的近代日本的贵族阶级。由"公家"发展起来的华族叫"公家华族"，由江户时代的藩主发展起来的华族叫"大名华族"（"诸侯华族"），因受到国家嘉奖而加入华族队伍的叫"新华族"（"功勋华族"），区别于元皇族和皇亲华族。
③ 所谓"士族"是指明治维新以后，江户时代的旧武士阶层和"公家"等统治层中，领取俸禄的、没有成为华族的身份阶级的族称。属于士族阶级者在"壬申户籍"中记载了其士族身份，在第二次世界大战以后的 1947 年的民法修正、废除家制度时一直记载于户籍中。
④ 家督，户主，继承人统管家族的人。

于江户时代的武家和商家，真正普及到百姓阶层是从明治维新以后才开始的。明治维新以后日本政府出台了新的土地政策，土地可以买卖了，农村出现了富裕的农户。这个时期农民的婚姻圈在村的范围里，但村落中的富裕户、富裕地区的农户招不富裕农户和贫穷地区的男孩子为上门女婿的情况开始出现，并在1955年以前达到高峰。这一时期，日本还没有从战后的废墟中走出来，农村是人们获得温饱的好地方，这也是入赘的女婿开始增多的原因之一。

（三）日本的"家"与家族的形成

日本在江户时代以前实行的是庄园制，也就是土地领有制，土地是属于幕府和各地方大名的。农民是土地领主的奴仆，没有自己的土地，没有姓氏，家族的概念淡薄，"家"只是他们繁衍生息和生活的场所。家族的血缘团体虽然客观上存在，但并不是他们生活的共同体。他们自己左右不了自己的命运，一切要听主子的安排。所以在讨论日本的"家"共同体出现的时期的时候，学者们普遍认为日本的"家"始于近世，也就是说，日本在中世是没有"家"共同体的，而没有"家"共同体当然也就不可能有"村"共同体。

明治时期的日本社会秩序是以"家"制度为基础建立起来的。明治"家"制度被国家所规制，它强化了户主的中心地位。明治民法所建立的"家"制度对日本国民，特别是农民的家族关系产生了很大的影响。农民家族本来具有多样性，但是被"家"制度所整合。日本的农业经营是以家族劳动为中心，在家长制的基础上发展起来的。明治民法的实施，强化了农民家族内的户主身份的权威。明治时代，农村经济进入了以商品生产为基础的货币经济时代，地租从实物地租改为现金地租。但是农业生产中"家"依然是经营的主体。"家"与"家"之间的关系，仍然保持着家族经营关系。现在日本农村"家"与"家"

的联系不像以前，其维系全靠自己，村民们想尽办法延续着"家"，延续着社会。在农村社会中，一个重要的问题是"家"的继承问题。根据日本学者大间知笃的分类，日本的"家"继承有长男继承、长女－家督继承、末子继承、选定继承。长女－家督继承主要在东北地区，但东北地区没有末子继承的情况。在我的调查中，马场村主要是长子继承，家里有男孩的男孩继承，没有男孩的，女孩继承。在过去生为长子，特别是长男是幸运的，到了一定年龄，他便顺理成章地成为家长，从此生活有了保障，在家里有至高无上的权利。1960年以后，日本进入了高度发展时期，长子留在家里继承家业，二子、三子则纷纷离开农村外出谋生。

（四）马场村的"家继承"

驿站是马场村的4个自然村中稻作条件最好的村落，有丰富的水源，地势平坦。该村户数的增加有两个高峰期。一个是明治维新以后，另一个是第二次世界大战前后。村落家户的变化，反映了这两个时期日本农业政策的变化。明治时期，日本政府为了加快资金积累，把原来的实物地租改为现金地租，并且允许土地转卖。有些本来是自耕农的农户，在歉收和自然灾害的时候，把土地作为抵押，借钱维持生活，在还不起的时候，土地归债权人，自己只好再租种自己原来的土地，向债权人交租金，沦为债权人的佃户。本村的债权关系多在本、分家之间。日本农村的"家"一般是先有一个分家，分家再一个接一个地分下去，形成家族，也就是家族的历史越长分家越多。村落中的本家也有大本家与小本家之分，大本家只有一个，小本家可以有几个。明治时期是产生小本家的时期，本村的家户开始增加。驿站自然村原有的主要姓氏是太田、中野和二瓶，其他姓氏基本都是明治维新以后入村的。驿站目前的主干姓氏是中野、太田、二瓶、伊藤，这4个姓之间都存在着婚姻关系，有的还既是婚亲又是血亲。

在我的调查中，70 岁到 80 岁的这一代人的长子都留在了农村，但他们后来几乎全部都在外面工作过，多数是体力劳动者，有当卡车司机的，有当建筑工人的，有当清扫工人的。他们虽然都和父母住在一起，但只是在节假日帮忙干些农活，直到他们的父母不能干了，自己也到了退休年龄，他们才真正把全部精力放在农业上。有的人除了种自己的地之外，又租种别人的地；还有人在村里的各种组织里任职，热心于集体事业。极少数的人，到了退休年龄，还在外面打零工。他们中的很多人一辈子都没有真正离开过农村，继承了家业，也承担了保护家族不断延续的责任。现在 40 岁到 60 岁的人和上一代人差不多，也是长子继承家业，但是他们所处的社会环境和上一代已经完全不一样了。上一代人还可以靠农业养活家庭，农村还比较封闭，农村妇女受教育程度一般都比较低，很少有外出工作的，一般都嫁给本村的村民或邻近村落的村民，也就是说她们的婚姻圈还在本地，所以适龄青年男女找对象，一般不成问题，基本在本村或秋保町范围内能解决，最远的也不过在邻近的川崎町和山形县靠近本村的地方，即 30 公里范围内都可以找到对象，所以即使留下来继承家业也没有什么太大的问题。但是，现在 60 多岁的人年轻的时候，农村妇女上学和外出工作的机会都多了起来，所以很多人嫁到了外面。留下准备继承家业的长男，一般都在外面工作过，有本事的能把媳妇娶回来，没本事的则快到 60 岁了还没有对象。现在马场村的男女，村内结婚的很少，女的一般都嫁得很远。她们很多是在职场上认识对方的，后来和夫婿到了很远的地方。马场村的 4 个村落，每个村落里都有一些找不到媳妇的光棍。情况最严重的是野尻村落，全村 43 户人家就有 10 户人家留下的长子没有对象，其中有的已经快 60 岁了。如果他们不是长子，也许会和家里的其他孩子一样去外面工作，在外面成家立业。但正因为是长子，他们不得不留下，落到现在的地步。我和一位长子谈到此事的时候，他说，这是一种宿命。他说这话的时候，没有任何表情，似乎很淡定。我想，这可能就是文化传统对人的意识的潜移默化的影响吧。按照日本人的观念，"家"必须要有人继承。中国人有无嗣最不孝的说法，而在日本最大的不孝不是没有嗣，没有孩子可以收养，最大的不孝是对祖业的放弃，是不守护祖宗的灵位，所以，日本人要千方百计地继承家业。家业包括家屋、祖传的土地、祖先的灵位和祖坟。虽然按照战后的法律，"家"不见得非得由长子继承，其他孩子也可以继承，但是传统的影响力仍然强大。但现在别说城里的姑娘，就是村里姑娘也不愿意嫁给村里的男人了，那些还没找到媳妇的男子的父母万分着急，不过他们并不绝望。他们讲，即便长子一辈子找不到媳妇，生不了孩子，家业也不可能在他这一代就完了。他没有孩子，他还有兄弟，他们的兄弟还会回来继承家业的。刚一听这话，真有点儿使人觉得，他们是在自我安慰。但是，随着调查的深入，我发现他们说的是实情。

在野尻听佐藤实的弟弟的儿媳妇给我讲了她家的故事。她也是本村人，他们家现在在本村已经没有什么亲戚了，她的父母早已经去世。她15岁的时候和本村的六七个人一起去了东京，其中有现在的丈夫，在东京他们结了婚。她丈夫经营一家汽车专卖店，她本人在家相夫教子，生育了一男一女。在东京生活了27年之后，7年前和全家一起回到这里。当时这家的主人是她丈夫的大爷，他年轻的时候也去过东京，中途为了继承家业回来了，在这里生儿育女，生活了很长时间，直到去世。他的儿子不久也去世了，女儿则远嫁他乡，家里没有了继承人。就这样，她丈夫的父亲回来了。她丈夫的父亲去世以后，他们就回来了。这在中国是难以想象的。我问她，愿意回来吗？她说，这不是愿意不愿意的问题，丈夫要回来，自己只能跟着回来。后来我了解到，还有几家有类似的情况。长子继承中，长女继承的情况要好些。在我调查的马场村，长女继承家业的很多，她们的夫婿都是上门女婿，都改姓了女方的姓。这些家庭表面上男方还是家长，实际上女方更有地位。我接触的几位女继承人给我的印象是，她们和我谈话的时候，很少有一般家庭妇女那种畏首畏尾的样子，对人主动热情；相反，男人却显得不够自信。总的感觉是，这类家庭的气氛比较平和。虽然日本战后出台的新宪法取消了长子继承的条款，但实际上大多数还是长子继承。二、三子继承的情况，多是有特殊原因。在战前，生为长子是比较幸运的，除了可以免服兵役之外，还可以继承家业，坐享其成。那时候的二、三子不是去当炮灰，就是给别人当倒插门女婿，要不就背井离乡出去打工，命运一直被别人掌控，所以很羡慕留在家里的长子，甚至嫉妒，但是他们从不抱怨，因为那是制度，他们必须服从。"二战"后，特别是1970年以后日本经济进入高度发展阶段，二、三子纷纷外出打工，到了婚龄一般就都结婚了；留下来的长子有很多年龄虽然也已经不小了，但一直没有结婚。可以说老大们为了继承家业，奉献了自己的一生。这样的情况我在调查中发现不少。比如，马场村的中野家有两个女儿没有男孩子，在父母还年轻的时候，大女儿在仙台市内有一份工作，父母身体日渐衰老的时候，她找了个丈夫领回了家。丈夫办理了"缘组"手续，改随了女方的姓，成了中野家的上门女婿。他们夫妇还在仙台上班，晚上回来和父母以及未出嫁的妹妹住在一起。他们家在村里还有一些地，每年插秧和收割的时候，姥爷、姥姥、父母、小姨子、叔叔、姨妈、女儿、女婿、孙子、孙女齐上阵。从中野女婿那里得知，他的本家在市区附近，他和他老婆是经人介绍认识的，他们结婚以后随老婆来到了本村，成了上门女婿，现在已经40多岁，有一对儿女。他有好几个兄弟姐妹，他在家里排行第三，自己家的家业由哥哥继承，他则当了别人的上门女婿，现在仙台的一家公司上班。我观察到女方的家人对他很尊重，老婆和他说话也很客气。现在日本农民收割稻子基本上都是用联合收割机，可是他们家还是用很简单的机械收割，这需要大量的人力，所以每次收割都是全家出动。我就是在收割的现场认识他们一家人的。问他们为什么不用联合收割机，他们说买联合收割机要花很多钱，家里就这点儿地，如果买很多现代化的农机具的话，还不如不种地，买大米吃合算呢。所以，他们家多少年来基本都是沿用传统的方法种稻。他们认为现在的这种方式很好，一家人在农忙的时候一起出动，也是一种乐趣。是的，我看不出他们对现状有什么不满，他们一家人在一起的时候总是给人其乐融融的感觉。

马场村的菅原有两个女儿没有男孩，大女儿招了上门女婿，现在有一个小孩。我见到他们的时候，丈夫正熟练地操纵着插秧机，岳父母给他当帮手，妻子则和孩子给他们送水、送饭。我没有机会接触男主人，只能通过他的岳父母了解到一些他们家庭的情况。他的岳父讲，男方是仙台市人，是通过工作和自己的女儿认识的，结婚以后，改姓入赘到他们家，成了他家的"养子女婿"。他得管岳父母叫爸妈——他既是这家的养子，又是这家的女婿。这种情况在中国不多见，但在日本是很常见的。马场村的田中家也是有两个女儿，大女儿找的男人是仙台市人，男方成了入赘女婿，改了姓，随了妻家。婚后他住在村里的家中，开车上班。有了孩子后，为了给家里增加一些收入，他业余时间学会了中式保健按摩，之后又教会了妻子，在家里开了保健按摩所，平时由妻子照应，他下班以后，也接待客人。我路过他们家几次，和他们聊过。夫妻都不到30岁，有一个女儿。他们说在村里开保健按摩所主要是考虑村里老人多，有很多人都有腰腿疼的毛病，开按摩所一方面是为了解决老人们的需要，另一方面也可以为家里增加点收入，但开业几个月了，来的人很少。男的本来有工作，家里还有

图 3-2　马场村驿站村落田中家的女儿继承了家业（作者摄）

些地，不开保健按摩所，生活也能过得去。他们就像是城市人把家安到了农村似的，一切生活习惯都和城市人一样。

马场村另一户田中家的孩子也都是女孩。大女儿早年嫁给了在仙台一家公司工作的高桥，结婚以后一直住在仙台。这几年家里的老人身体越来越差，需要人照顾，他们也都退休了，两口子就回来了。他们的孩子已经长大成人，也都工作了，没有和他们一起回来。女婿虽然没有改姓，但是已经做好了长期住下来的打算。我见过他几次，他说以前虽然没有和老人们住在一起，但是也经常回来，和老人们在一起的生活早已习惯了。他们家的地比较多，他们用退休金买了不少大型农机具。像他们家这种情况的在马场村还有几户，估计以后还会增多。

1960 年以后，日本的经济发展走上了快车道，农业人口逐年减少。根据日本农林省的农业普查报告，到 2005 年为止，农业人口仅为总人口的 15.1%。我在进入日本农村社会之前，了解到了有关日本农村的各种传闻，有人认为日本的农村开始走向终结。本人调查的宫城县仙台市秋保町马场村距离中心城市仙台30公里，是半山区地带，我并没有看到此地的村落有终结的迹象。如果说终结的话，可能是与生产规模有关的生产形式的改变吧。过去的集团插秧、集体收割的劳动方式在村落里确实看不到了，但这并不等于村落不复存在。衡量和考察一个村落社会是否存在和健全，除了看它的形式之外，还要考察它的文化传统、社会组织以及构成村落的"家"的完整性。村落的文化传统包含很多内容，村落的社会组织也有很多，在这里不过多论述。这里探讨的是构成村落的"家"的现状，并希望通过对日本的"家"的现状的描述来透视日本传统社会的变迁。

我在调查中发现日本人对于"家"的执着依然如故，不会轻易放弃对"家"的守护。中国人喜欢说养儿防老，笔者觉得在日本农村养女也照样能够防老、守家。从马场村的农户变迁表就可以看出，每户的人数确实不断减少，但是很少有绝户的。每家基本都能保证有一个孩子继承"家"，而且这个孩子大多是长子（长女）。马场村长女的"家"继承状况格外引人注目，目前这种现象还有不断增多的趋势。在"家"的延续方面，由于长女发挥着积极的作用，所以日本农村的"家"并没发生突变。农村社会中"家"的香火不断，村落就不会枯萎，传统文化的根基就不会动摇，村落社会就会得以延续。在日本的田野调查，使我觉得日本的农村并不像人们想象的那样凋零，反而感到日本的传统文化在不断的博弈中生存和发展，社会也在传统文化的作用下不断发展。

（五）二子、三子继承

在日本的东北地区，传统上主要是长子继承，但有的地方当长子不能继承家业的时候，可以让其他孩子继承。农村的长子现在并不十分情愿继承家业，因为继承家业就意味着有了担当，多了一份责任。
马场村有几户是二子、三子继承。森安村落的柴田卫，他是家中的老
二，今年四十五六岁了，和母亲住在一起，还没有结婚，继承了家业。
他说：

> 继承家业也是不得已的。哥哥不在本地工作，在外地，
> 结婚以后，就很少回来。自己没有结婚一直和父母住在一起，
> 就自然继承了家业。

其实农村的家业也没有什么了。他家是分家，没有多少地，继承
家业，实际上是在履行一个本应由长子履行的义务。但我和他交谈过
几次，没有感觉到他有什么不满。他平时上班，节假日种种地，侍弄
一下院子。他待人诚恳，性格也不错，长相也不差，可就是还没找
到对象。他家是老式房子，厕所在院子里。周围环境也不错，屋前是
宽广的稻田，屋后是山，绿色环抱，在我看来是一个不错的地方，可
是就是没有人愿意来这里。野尻村落的斋藤家，也是老二继承了家业。
老二继承家业是由于长子智力低下，生活自立有困难，需要人照顾，
老人也年事已高。我去他们家访谈了两次，老人对现在的状况很无奈。
老人讲：

> 老大本来一直很好，只是在上小学 5 年级，一次打棒球
> 的时候，被同学把头打着了，从那以后，那孩子就变得有点
> 迟钝了。勉强读完高中，为了让他自己养活自己，让他报考
> 了日本自卫队，进自卫队几个月以后，被退回来了。这件事情，
> 对他打击不小，从此以后就不愿意出门了。无奈就让他在家
> 里和老人在一起，平时帮老人种点菜。

这家的男主人年轻的时候是国家的护林员，老伴儿也有国民年金（养老金），家里的生活主要靠两位老人的养老金。二儿子和他们住在一起，没有结婚，大儿子三十五六岁，二儿子三十三四岁。看儿子这样，老人们都很伤心，唯一能得到安慰的是，二儿子答应以后照顾这个家。说到这里，老人露出了一点欣慰的表情。我没有见到他的两个孩子。但是，从他家的情况看，没有颓废的迹象，只是老人谈及此事表情比较沉重。

四、亲戚种类

日本民间有种说法，兄弟一起开发土地，其子孙在开发的土地上繁衍生息，互相往来，这种关系叫"真亲戚"，也就是人们通常讲的有血缘关系的人。这样的亲戚，即使不在同一个空间，经过多少代，在其成员婚丧嫁娶的时候，甚至平时都会保持来往。除了"真亲戚"之外，还有拟制的亲子关系。拟制亲子关系和生物意义上的亲子关系不同，指的是社会意义上的亲子关系。在仙台地区有把体弱多病的孩子托付给神、佛收养的情况。所谓神、佛收养子，指的是在所生孩子体弱或上一个孩子夭折的情况下，为了使这个孩子顺利成长，请僧侣、神官或多子的父母代养，和神、佛结缘。在马场村，还有由于亲生母亲奶水不好，请别人代乳的情况。代乳的孩子和自己亲生的孩子之间结缘，俗称"吃奶兄弟"，他们之间情同亲兄弟。另外，契约兄弟（结拜兄弟）也是拟制兄弟关系。还有，外地来到此地的人，把最初照顾过他们的家，叫"脱草鞋的地方"，并把此家视为本家，有的历经数代，仍然保持来往。这种情况在仙台地区比较普遍，哪家婚丧嫁娶，他们和其他亲戚一样都要参加。我在马场村也发现了几家这种拟制的亲属关系，有的确实像真正的亲戚一样来往。"真亲"和"拟制亲戚"组成了农村社会中所谓的"同族团"。日本学者在划分日本村落社会类型时，经常使用"东北同族型"村落，"西南讲、组型"村落这样的概念，概念中的"同族"其实就是我前面讲的"同族团"，它包括"真亲"和"拟制亲戚"。严格地讲，"同族"是学术概念，并非民间概念，日本很多地方把有血缘关系的人叫"一族"或"亲戚"。仙台一般说"make"或"亲戚"，有的地方还包括姻亲。马场村的"make"指的是有血缘关系的直系亲属，一般指本、分家，即"家族"。过去，马场村这样的家庭之间交往比较密切，红白喜事、插秧、换屋顶都要互相帮忙。本家除了借给分家耕地之外，还借给农机具以及生活用品。本家地位不言而喻，婚丧嫁娶仪式，要坐上座。据说，20多年前，仙台地区的很多地方，每到新年和盂兰盆节的时候，"make"成员，都要聚集到大本家去行礼。此时，本家要为每家准备5升或者一斗米，备好酒菜款待他们。来访者要穿正装，手拿白色手帕行礼，仪式很晚才结束。本、分家有共同的氏神，以前家族（make）成员是一起祭拜氏神的。过去，在日本农村，分辨本、分家的最好办法是看房子，一般都是"在地地主"家的院子较宽敞，房屋建造得很气派，而分家就逊色多了。另外，本家的院子里都有间高大的粮仓。这些特点在现在的村落中仍然依稀可见，本家和分家的房屋虽已翻新，但是从房屋的格局、院子的大小以及院子里是否有过去的粮仓，仍然可以分辨出本、分家来。这种分辨方法适用于马场村的几个村落，但唯独不适用于马场村驿站，原因是马场村驿站明治末年发生了一场火灾，全村都被烧，后来盖的房子，已经没有了原来的特征。马场村野口村落佐藤悦郎是本家，佐藤孝行是分家。家族的氏神安置在本家院子里，每年要在本家的祖神庙前举行祭祀活动，届时还请秋保神社的神职人员来祈祷。本、分家关系非常好。除了每年一起祭奠祖神之外，插秧的时候还互相帮忙，两家共同购买插秧机和收割机，插秧时两家人一起出动，有点像以前的"结"。有的"make"还保持着正月之前送"岁暮"、盂兰盆节送"中元"的习惯。我在马场村采访的时候，正好看到了二瓶家族的"make"互送"岁暮"的情景，先是分家给本家送，之后本家再给分家送。但也有例外，马场村森安村落有一家是日本政府认定的豪族，本家房屋后面有座小庙，供奉着家神，过去本、分家一起祭拜祖先，现在分家很少过来。这也许是个别现象，但是也说明现在的本、分家关系不像从前那样互相依赖、密不可分了。过去本家有地，人手不够需要分家，分家有人，没地或者地不够用需要本家，本、分家密不可分。现在马场村的本、分家一般相对独立，没有互相依附的关系。现在日本的农户基本都是兼业农户，都不想在农业上花费太多的时间，为了节省时间和减轻劳动强度，大部分农户都购买了各种农机具。所以，在收割的时候，就很少看到全家出动的情景，本、分家一起出动的情景就更少了。农户多使用现代化的联合收割机，收割和脱谷同时完成。用这种收割机收割时，一般稻田的路旁都停着一辆农用车，每收割到一定程度，就把收割机里的粳米转送到农用车里，等农用车装满粳米，就运到自家仓库，那里有准备好的粳米烘干机，农户把稻谷放到烘干机里，又回到稻田里继续收割稻谷。这样有两三天稻谷就全收割完，粳米也都被烘干好了。之后，农户再用筛选机，把不成形的粳米剔除出去，把选好的粳米装到袋里，整齐地放在仓房里，只等着有时间送到农协的仓库，委托出售。每个袋子可以装 30 公斤。1 公顷的稻子从收割到变成粳米也就用三四天的时间。现在"家"的维系已经不靠"家族"了，"家族"只在情感交流的方面发挥作用，生产和生活则更多依靠村落中的各种社会组织。我在调查期间只遇到一家与众不同，这一家从收割稻谷，到把晾晒好的稻谷搬运回家，都是本、分家一起出动，每次都有十几口人，大家分工合作，真有点昔日大家族的样子。劳动间隙大家一起坐在田头上吃预备好的盒饭，其乐融融。在调查时，村民都说，过去每家都是这样，家族成员一起出动，轮流完成每家的收割任务。现在这种情景却很难看到，形成这种局面的原因，主要是社会发展造成的。

（一）村落的成员

村落成员，包括老住户和新住户。新住户一种情况是早年离家的老二和老三又回来了。按照日本村落约定俗成的习惯，离家的人再回来，一定要经过本村的"寄合"[①]表决，获得入村许可，并向村民公布，之后，才可以获得村落祭祀中的氏子资格，以及共有财产、共有权的股份。入村认可的方式是，分家随本家参加"寄合"，向大家问好，请大家同意，分家入村要由本家作保证人。外来户即使是住到了村里，也不可能立刻就加入村民的行列，必须住两三年以后才可能被承认。入村时要有保证人，这时的保证人，一般叫"草鞋亲"，他们不仅是入村时的保证人，此后还和被保者保持密切关系，有的还因此建立了类似本家和分家，或亲子关系，有的还被编入同族（亲戚）关系中。现在即使住到村里，也没有必要非成为村落成员不可。长泽20年前，通过朋友买下了马场村泷原村落山口边的一块山地。日本法律规定农地不能随便买卖，山林和山地可以出售。买下这块地以后，他辞去了东京的工作，带着老婆和孩子来到此地，盖了房子，办了个小型养鸡场，门前还开了间咖啡店。他是靠农业生活的人，但他不是农户。日本判断农户的标准，是看你是否拥有农地，如果有一定数量的农地，家庭收入中的农业收入也达到总收入的一定比例，就可以称为农户。农户受到农业政策的保护，能得到一些农业补贴。而长泽不行，

---

① 日本中世以后，乡村制度中的协议机构。一般在寺庙、神社以及村官的家中商讨农事的规则和年贡的负担、村经费的决算等问题。

首先他的地不是农地，属于山地。我问过怎么不想办法改变土地的性质，成为名符其实的农户呢。他说：

> 放弃大都市的生活，来到这里，为的就是宁静，如果变成了农户，就要加入村里的各种组织，缴纳会费，参加各种活动，这不是我追求的，成为农户不会给我带来任何好处。

像长泽家这样的，在马场村仅此一家。高田也是外来户，老家在关东地区的茨城县，40 年前在秋保町山上的丸红商社经营的养鸡场里工作，后来夫妇二人在马场村浇原村落买了地，办起了养鸡场，虽然不是农户，但积极参加村里的活动，村里人早已不把他们当外人了，其子承父业继续养鸡，已经完全是村里人了。除了以上情况之外，还有一些人买了村里的山地，盖了房子，住了下来。对于这些人来说，村落只是他们居住的地方，没人强迫他们加入村落的町内会以及各种社会组织。但是，我了解到，有几户加入了村落的社会组织，他们认同本地的村落文化，希望能融入村落这个大家庭里。加入村落组织就意味着要交会费，要轮流值班，在村落举行的很多活动中，我都能看到他们的身影。这种都市人认同村落文化，在村落买地、盖房并和村民和睦相处的情况在日本已经相当普遍。

"家"在日本历史上是一个不断变化的概念。在旧民法中，户主和户籍是相同的，即户主代表家族，管理家族成员。"家"是为了保障家族延绵不息，包括非血缘的、客观存在的、法律上承认的实体。"家"和"家"可以扩大成同族集团，"家"和"家"可以通过村落中的各种社会组织联合成生产和生活上的联合体，也可还原成只有血缘关系的生活共同体。"家"的扩大、缩小都是为了满足"家"的生存需要。"家"的亲属之间关系的远近和实际生活需要有关。在农业社会，"家"得靠"家"联合才能维持下去。日本农村社会，在稻作文化的基础上，形成了一种独特的生产和生活秩序，使家得以不断延续。日本战败以后，进行了农地改革，原有大家族解体，出现了以夫妇为主的"核家族"，家庭规模缩小。然而，正如日本社会学家竹内利美所指出的那样，在日本东北地区的稻作农村，由直系的第二代夫妇形成的"小农"依靠家庭劳动和村落的"生活组织"，努力实现着自己的经营目标。竹内把"生活"理解成是相对自立的"小农"生活圈中的各种关系。我在马场村的调查发现其村落类型并不明显。村民在生产和生活方面，依靠的是亲戚和村落各种组织，即生活圈中的各种关系。日本目前有"农村崩溃"的论调，其实，这只是从"家"的规模和存在的外在形式得出的结论，深入村落社会就会发现，那种被整合的"稻作社会"仍然清晰可见。日本的稻作社会，正如日本农业经济学家玉城哲指出的那样，"不是一方的权力支配的社会，可以理解为是包括被制度化的秩序和组织、礼仪在内的村落生活方式，牢牢扎根的结果……"①

五、日本村落的历史

在日本，村落也用聚落、里等字眼表示。里是律令制②下的地方管理机构，设在国、郡下面，里由50户组成，乡由几个里组成。户出现了分化，形成了"乡户""房户"重合的情况。家族集

---

① 玉城哲：『水田稻作と「村社会」』，载日本民俗文化大系8『村と村人＝共同体の生活と儀礼＝』，东京：小学馆，1984，第237页。

② 律令制，以律、令、格、式为基础的古代中央集权的国家制度。日本以唐为榜样，自大化改新以后逐渐实施，至大宝元年（701）制定《大宝律令》，完成了制度的成文化。以天皇为君主，畿内的豪族集团通过官僚制度支配全国的土地和人民。

团和自然村在当时没有真正出现。律令体制动摇以后，在庄园制下的土地关系中，"在地武士"阶层实力加强，建构起了中世封建的政治体制，庄园成为土地管理的基本单位，土地领主分为本所[①]、领家、庄官、地头等阶层。土地经营权分为名主、耕作、下作。中世后期，武家领地分散在各个"国"里，庄、乡、保、院、郡、名、村错综复杂。中世末期的动乱以后，武士集团管理土地的体制逐渐形成。战国大名的分国确立以后，"地主"（武家）阶层开始败落，逐渐臣服于战国大名，大名实力增强，武士开始职业化。战国大名靠地检（土地丈量）不断扩大自己的领地。丰臣秀吉进行的太合地检，确立了名请[②]（个人承包）和村请[③]（村承包）的地租方式，具有划时代的意义。丰臣秀吉在全国称霸后，这种方式得到普及，并建立起了以农民生活集团为基础的领、民管理体系。和地检一起推行的是《刀狩令》[④]。在士、农分离的政策下，确立了士、农、工、商的职能身份制度。随着"城下町"的出现，武士与农民开始分离，"城下町"里出现了商人和职业手工业者，农村里只剩下了百姓（农民）。近世，日本农民首次登上了历史舞台，奠定了日本农村的原型。近世管理农民的最基层单位是村落。"名请百姓"（本百姓）成为村落的正式成员，在庄屋（名主、肝煎）、组头、百姓代等村官管束下交租，种地。"庄屋"成为村落自治的负责人，实行了一村连带制度。近世大名的领国中的地方管理非常松散，在国奉行[⑤]、郡

---

① 本所，日本庄园制的庄园领主的本家以及领家中有行使庄务权力的人。

② 近世丈量土地的时候，每块耕地都确定了它的持用者，并写在土地丈量簿上的，农民是交租责任人。

③ 近世社会，领主通过丈量土地，掌握了村子的总产量。村落以村为单位交纳年租。领主对村落发征税令书，庄屋等村官们作为责任人，在村里收集年租，再缴纳给领主。

④《刀狩令》，日本丰臣秀吉颁布的禁止农民持有武器及没收武器的命令。天正十六年（1588）以铸造房广寺大佛为由颁布。其真正目的在于防止农民起义和促进兵农分离。

⑤ 国奉行，近世初期德川家康设置的一国规模的、拥有一国规模的统治权的奉行。

奉行①的统一管理下，设置了代官②、手代③等的地方官职，但是他们不常驻村落。另外，以天领（幕府领）为首的大藩领地，虽然设置了"代官所"，但是疏于管理。藩的最基层行政管理机构也没有到村，村的真正管理者是村里的"大庄屋""割元""乡头""大肝入""新乡肝煎"等，他们既是百姓的代官（百姓总代），又是藩政权力的执行者，具有双重性质。近代以前的"村"称作自然村，是村民生活上的共同体单位；江户时代，是百姓身份认同的单位，具有中世"惣村"④特征，但与中世领主把庄园的"公领"和下属单位的"名田"作为领地不同，江户时代的领主管辖的范围是村和町。江户时代的农村有"本百姓"身份的人，不论其职业是农业、手工业还是商业，给领主交纳"石高"⑤地租的人都可以是"本百姓"，因为江户时代，日本的村落除了农民以外，还有其他职业的人。我调查的秋保町有四个行政村，那时长袋村的"町"是此地的中心，那里除了农民，还住有一些手工业者和商人。在日本的历史上，"百姓"特指农民，"本百姓"则包括其他职业者。都市中的自治共同体单位是"町"。江户时代以前，日本的农村与城市并不像现在这样泾渭分明，"町"内也有"村"，"町"内也有农民。农民是一种职业。历史上农民的社会地位并不低，仅次于"武士"。我认为日本农业社会中之所以没有明显的阶级对立，只有阶层的不同的传统，和日本人的农本主义⑥思想有关。近代的"大字"⑦行

---

① 郡奉行，日本江户时代各藩主管郡村行政的官职名。由各郡任命，负责征收赋税和审理诉讼等事务。

② 中世以后把负责年税缴纳的人叫代官。江户时代指负责幕府以及各个藩直辖地区的行政、治安工作的地方官。

③ 江户时代幕府的郡代、代官、奉行等的下面具体处理事务的下级官员。

④ 惣村，指中世日本的农民自治的、通过地缘结合的共同组织。

⑤ 官定米谷收获量。日本近世根据丈量土地而制定的稻谷标准产量大阁（丰臣秀吉）丈量土地以后，成为年贡的征收标准，武士的俸禄也以此计算。

⑥ 农本主义，是日本江户时代为了维护幕藩体制，强调重视、保护农业、农民，以农业为本的思想。

⑦ 大字，日本市町村内行政区划之一，由小字集中而成的较大的区域。

政区域，基本是过去的自然村，有自治会（地区会、町内会）和消防队，延续了传统的区域自治。明治时代，为了加强中央集权统治，开始把几个自然村合并成了一个"行政村"。明治六年（1874）日本政府发布了"地租改正令"，在承认农民土地私有的同时，规定了土地价格和3%的地税比例。纳税责任人（地主）每交付一次地税都要记在"地卷"上。新的土地制度以及土地纳税的制度，保证了日本政府的稳定财源。秋保町的5个行政村，在布告发布不久，就按照不同的作物类型，开始圈地，做《地卷御竿入夜账》（土地册）。之后由于大米的价格浮动，地价不稳，农业的不景气，加速了高利贷地主对土地的收购。马场村从那时开始出现"不在地地主"①。

明治时期，日本政府推崇西方的自由精神，实行了村落自治，"村落自治体"开始出现。"村落自治体"之所以能得到推广与日本村落的传统密不可分。中世日本农村出现的"惣村"，是近代日本村落自治的基础。明治时期，村落自治体的负责人一般由有名望的地主担任。当时的农业政策和地租改革，保护了地主的土地所有。在借贷关系中，地主对佃户的绝对优势受到法律保护。社会对地主履行建设日本近代国家的社会责任寄予了希望，明治时期国家是建立在有产者的秩序之上的。由于地主在农村中的合法性受到保护，有的人成为村长，成为政府管理村落依靠的主要力量；有的还是农业技术指导员；有的还自己出钱搞各种公益活动。明治政府，期望有名望的地主能履行社会责任，保护佃户，建立起一种新型的地主与佃户的关系。事实上，那些有名望的地主并没有辜负政府的期望，确实在村落事务中发挥了积极作用，日本政府为此还给他们颁发过荣誉证书。日本明治时期的村长

---

① 不居住在农村的地主。土地所有者居住在城市，靠向佃户出租土地，收取高额地租为生的人。这些人有些原本是商人。

几乎都由当地的地主充当，政府认为，有名望的地主有精力管理农村的事务，不计较经济得失，考虑最多的是家族荣誉，有强烈的功德意识，且作为道德教化的村长，率先垂范。村民对村长的信任度越高，其影响力也就越大，政府给村落下达的经济指标就越有可能完成。明治后期，在村地主以自家土地作抵押，为村民担保，组建了村落信用组合。信用组合是日本农协的前身，地主在村落事务中是主导力量。

六、日本"家"与"村"的类型

日本的"村"与"家"的文化传统和稻作文化传统紧密相连。日本自然环境东、西差异大，在漫长的稻作发展过程中，形成了不同的模式。稻作在传统的农业社会，必须靠集体劳动才能维持。日本的东北地区，气候寒冷，环境严酷，要想把家族成员有效地组织起来，就必须在家族成员中树立起强有力的统治者、家长的权威来。明治时期的"家制度"，确立了家长在家族成员中的绝对地位，为东北地区形成同族村落创造了条件。稻作是一种集体劳动，管理好水要靠各家各户合作，插秧、收割要靠大家帮忙，需要"家"的联合。日本农村社会学家福武直认为，日本农村社会存在着两种不同类型"家联合"的村落，一种是"同族结合"，另一种是"讲①、组②结合"。所谓的"同族结合"是本家和分家结合的集团，它强调的是纵向人际关系，其中本家具有无上的权力。相反，所谓的"讲、组结合"中的"讲"，指的是"念佛讲"和"伊势讲"，是共同信仰者聚集在一起、念诵经文、

---

① 法会的一种，讲经典的法会。讲会，民俗宗教中举行宗教仪式活动的社团。
② 组，合作组织，日本的地方合作生活形式之一。数户或数十户共同组成种田、防灾、婚丧嫁娶等活动的互助单位。

过礼拜的组织；"组"指的是邻里间组成的互助组织。江户时代有十人组和五人组，即由十户或者五户组成的具有共同责任的组织，其成员要互相监督，有谁犯了罪，要逃离村落的话，其他所有成员都要负连带责任，并受到处罚。该组织一直延续到现在，特别是在举行葬礼的时候，全员都要出来帮忙，这已经成为惯例。"讲""组"的共同点是成员没有上下级意识，大家平等相处，它所反映的是平等的人际关系，即所谓的横向的人际关系。

在日本的东北地区^①和中部地区^②（包括某些北陆^③地区）的农村，也有"讲""组"结合的村落，只是很少，更多的是同族结合村落。东北地区，同族结合的特点在1945年至1955年前后非常显著。农业生产中，以本家为核心的同族家庭互相帮助，比如在插秧的时候，同族成员之间按顺序交换劳动力（用当地话讲叫"结"^④）。东北地区农村的本家主人的权力是绝对的，有的会干涉二、三子的婚姻，不允许其成家立业，使其一生独身，为本家服务。福武直认为，日本东北地区之所以有这种情况，主要在于其生态环境：东北地区气候寒冷，产量低，本家和分家必须团结。我在马场村了解到的情况，不完全如此。马场村野尻村落的主要姓氏是佐藤，占全村户数的四分之三，但是佐藤姓氏并不是出自一个本家，不是出自一个共同的祖先。佐藤有三个本家，也就是说佐藤有三个不同的系列，彼此并没有什么联系，完全可以视为三个不同的姓氏。但他们都是"足轻"的后代，也就是说，他们的祖先以前是一起服兵役、驻守在野尻的"军人"，后来日本政

---

① 东北地区，位于日本本州北部的地区，由青森、岩手、宫城、秋田、山形和福岛等6县组成。
② 中部地区，日本本州中央和包括新潟县、富山县、石川县、福井县、山梨县、长野县、岐阜县、静冈县、爱知县9县在内的地区。
③ 北陆地区，日本新潟县、富山县、石川县、福井县各县的总称。
④ 日本农村的互助组织，共同劳动，多半在插秧、割稻等临时需要较多劳动力时进行。

府允许百姓有姓氏，他们都起了佐藤这个姓。这是一个很有意思的问题。我问过姓佐藤的人，既然不是同一个祖先，为什么起名的时候，都要起佐藤的姓？对此他们也说不清。但这仅是个案，一般情况，村里的同姓者相互之间是有关系的。中国汉族喜欢说同姓，八百年前是一家，为此还能找出很多根据来。但明治维新以前，日本老百姓不允许有姓氏，村落中区别彼此的根据是"屋号"①，它代替了名字。那时候说某人的时候，只说是某"屋号"前、后、左、右家的老几即可，老大叫太郎、老二叫次郎、老三叫三郎，以此类推。现在村落内部互相称呼的时候，还有不称其名，只称"屋号"的习惯。日本农村的户主一般都是男性，户主管理家族，受到"家长制"的保护。在我调查的秋保町，严格的家长制下的家庭管理已经很难见到，只有秋保町的境野村的秋保家族的后裔还有类似情况。历史上，秋保家族是秋保地域的掌门人，秋保町的每个村都和其家族有关。所谓的秋保家族的后裔，以前是中学老师，今年85岁，早年毕业于东京农工大学，后在仙台市长町的农业学校教兽医，其哥哥当兵，死在战场，他作为家里的老二继承了家业，还有一个姐姐和一个弟弟住在附近。他家在农地改革以前有很多农地，土改时被国家赎买了，留下的地很少，好在祖先给他们留下了神根温泉。据说，该温泉对有些疾病很有疗效，特别是对高血压、关节炎等疾病疗效更好，它的别名是"汤治温泉"，即温泉疗养院。他是第五代传人，20年前隐退，隐退后，孩子重新修建了温泉，也为他盖了隐居屋，他现在住在隐居屋．隐居屋和原来的祖屋没法比，又矮又小。日本家长制的核心是家长的权威不可动摇，家长对"家"要负全权责任。当他到了一定年龄不能再行使这个职责的时候，就要让位，就要把权力交给继承人，自己过隐居生活。过隐居

---

① 1 屋号，村落中的住宅、宅第的通称。2 商号，商家。3 堂号，堂名。4 日本歌舞伎演员家庭的通称。

生活后，就像没有职位的政治家一样，失去了发言权。过去仙台地区的农村，习惯上，家长到了一定年龄就要把权力交给下一代，自己过隐居生活。据了解，不是所有隐居者都有隐居房，很多还是继续和新户主住在一起，只是更换了住房的位置，住在最靠外的房子里，也有住在最里面的房间的。还有的地方，因为身体的情况，家长一过60岁就开始隐居。按照日本现行的农业政策，农户自己的土地极其有限，大多是兼业农户，户主给下一代留下的只有少量的土地和祖屋，有限的土地根本不可能维持生计，年轻人只能和父辈一样做兼业农户。村里年轻人几乎都在外面工作，家里的农活主要靠老人干，年轻人只在节假日的时候，帮着干干农活。只有到退休的时候，他们才有可能真正接老人的班。老人退下来，可以靠年金（养老金）生活，不需要孩子养活。所以，现在的家长只是一种象征，在位和退位影响不大，大家同在一个屋敷①（宅基地）上，吃喝不分家。年轻一代没离开工作岗位之前，需要老人来维持现状，因此，可以说，他们之间的关系，既是亲子关系，又是维系家族发展的合作关系。在我调查的马场村，没有真正意义上的隐居者。

我的调查结果表明，日本农村村民的生活既依靠组织也依靠亲情，村落类型并非像某些学者说的那样泾渭分明。历史已经证明，日本的"家"与"村"的发展和变化既有文化传统原因，也是日本历代政府苦心经营的结果。历史上，日本的"家"与"村"的变化有四个节点，依次是丰臣秀吉的太合地检、明治时期的地租改革、日本战败以后的农地改革、1970年以后的大米转产。每个时期农业政策都会左右"家"与"村"的变迁。太合地检产生了日本有史以来真正意义上的"家"。明治维新的地租改革产生了本家和分家，确立了家长的绝

---

① 宅地，房屋的建筑用地。

对权威地位，确定了日本农业的基本规模。1946年的农地改革，消除了地主阶层，使日本农户的农地规模平均化、小型化、农户兼业化。1970年减反 [①] 政策的出台，使日本农业开始萎缩。

过去日本学界一直有日本农村"三不变数"的观点，即从明治时期到1950年，日本农村一直维持着农户总户数550万户、耕地面积600万公顷、农业从业人口1500万的数字。 [②] 社会学家玉成哲指出，在日本农村近代史中，出现过"两大时期"，一是明治维新以后大约80年间，在这一日本社会整体近代化进程中，农村"固有"的传统生活模式一直得到了保护；另一个是80年以后的30年，这是日本社会产业化、都市化发展时期，"固有"的传统的生活模式开始遭到破坏。明治维新虽然一定程度上破坏了"固有"的生活模式，但并没有完全破坏日本文化传统，而是利用已有的文化传统创造了新的文化传统，新的文化传统中包含着对以往文化传统的继承。"三不变数"保持了85年后，农村社会开始改变，大量农村人口涌入城市。1960年到2005年的50年间，占日本GDP9.0%的农业生产降到1.0%。农户数量从606万户 [③] 减到285万户，农业人口从1196万人减少到252万人，农业人口占总人口的比例从26.6%减少到4%（日本1970年的农户户数为534.2万户，农业人口为1025.2万人，1980年的农户户数为466万户，1990年农户人口1760人，农业就业人口565万人）。

据日本农林省的统计，日本的村落（自然村）1970年为14.3万个，2000年13.5万个，变动不大。与"村落"相对的行政"村"，明治之前全国共有六七万个，之后合并成了1.6万个明治村。昭和三十年再

---

① 减反，战后日本调整大米生产的农业政策，用于控制大米的生产政策，具体方法是减少农户水稻的种植面积。

② 坪井洋文等编：『村と村人―共同体の生活と礼儀―』，小学馆，1984，第15页。

③ 日本战败以后，特别是1950年以后日本农村出现了人口回流现象，随着日本经济的快速发展，农村人口又开始向城市转移。

度合并成 3 千多个昭和村。行政村规模不断变化,行政区一直在扩大,平成初年又合并成了平成村。日本的行政村越来越少,但自然村一直稳定在 13.5 万个左右。所以在研究日本农村社会时,用行政村概念很难把握日本农村社会的实情,因为不同时期的行政村范围不同,而自然村是相对稳定的。我调查的秋保町马场村有 4 个自然村,明治维新以后,和日本其他地方一样,经历了两次大的变迁,一次是明治时期到 1950 年,另一次是 1960 年到 1980 年。两次变迁,村落户数有起有落。1980 年以后村落户数基本没有变化,只是家庭人口略有减少,基本反映了日本社会的变化。明治维新时期,日本的总人口是现在人口的一半多一点,日本的农业规模,之所以能保持到 1950 年基本不变,一是由于工业发展能够不断吸收农村的剩余劳动力;二是这期间日本不断对外扩张,发动对外侵略战争,战争期间也死了不少青壮年。马场村也是如此。明治到"二战"期间,马场村,特别是野尻村落的二、三男基本都当了兵,当时的征兵制度规定,除了家里的长子继承家业,可以不服兵役之外,其他孩子年满 18 岁后都有义务服兵役,女子要去"女子挺进队"做部队的后勤工作。这期间,日本村落户数和家庭人口基本保持在一定数量上。1950 年到 1960 年日本村落人口略有增加,之后随着日本经济的高速发展,村落人口又逐渐减少,但家户数量的减少并不明显。马场村的户数不仅没有减少还增加了几户,主要是因为战争期间一些城市人疏散到此地,战争结束后有的就留在了此地,还有一些早年离家出走的二、三男也携家返乡。一时间,马场村的人口有所增加,但之后年轻人又有不少外出工作的。如今马场村的总人口和战前基本相似。我认为村落家庭人口减少缓慢的原因和日本人的"家"观念有关。在农业社会能够保障人们生活的,最稳定的财产就是土地,对于农民来说,土地是祖先传给子孙的家产,生死不离田是他们的信条。保护世代相传的土地使之能够继续传给子孙是家长的责任的观念根深蒂固。谁继承了家，谁就要履行家长的义务，出卖土地等于放弃了"家"的延续的思想在某种程度还影响着村民。日本人对祖先崇拜的信仰也是"家"不断延续的动力。村民普遍认为不守住祖先的牌位、祖坟就是对先祖最大的不孝，有悖常理。所以，马场村有不少长子到了谈婚论嫁的年龄还没能成家，还在尽自己的义务，守护着"家"。

虽然日本农村社会学很早就把重视本家与分家的纵向联合的东北日本的同族村落和重视家户之间横向联合的西南日本的"讲、组"村落加以区别，形成了一种比较固定的认识，但是，我调查的马场村，村民没有上述清晰的认识。在马场村，农业生产方面，能得到的帮助的，基本上不是来自家族内部：大米销售一般要靠农协，稻作转产要靠村内的农业实践组合，喷洒农药也要靠农协，家族内的合作越来越少。传统村落发生了变化，但是并非那么糟糕，村落内部的各种组织仍然发挥着作用，村民共同劳动的机会还不少。我观察到，水路的管理、农道的补修、道路割草都是村民集体出动。村民还要举办神社的祭祀活动，每年的插秧季节，要举办仪式，过年和盂兰盆节也有仪式活动，稻子收割以后还有庆典活动。因此，村民之间的交往机会很多，以至于生活在城里的人都羡慕他们。在村落调查的一年多时间里，我有幸参加了村里的各种活动，感觉到马场村依然保持着传统村落的特点。马场村在日本整个社会变迁的大潮中，也面临着各种挑战，马场村町内会会长们经常考虑的问题是如何振兴村落，马场村驿站甚至准备把农业法人引进村，给村落发展注入活力。

第四章　稻作文化与"村落共同体"

一、祖先崇拜

日本有祭奠①祖灵的习惯，每年的盂兰盆节和彼岸会②是其重要的仪式活动。在日本，老人去世的第 7 天和第 49 天要举行法会，一年以后要举行一周年忌，两年以后要举行"三次忌""七次忌"，之后还有很多"忌"。据说日本东北地区有的地方把祖先的牌位保存在寺庙里，但马场村大多数人家把祖先的牌位都放在佛龛的中央，只有很少一部分放到寺庙里。中野正幸家的祖先牌位放在了向泉寺，而同村的二瓶家的则放在了大云寺，太田家、斋藤家、伊藤家的都放到了西光寺。秋保町一共有 5 座寺庙，即汤元村的明泉寺、境野村的保寿寺、长袋村的向泉寺与大云寺和马场村的西光寺。这几座寺庙，除了明泉寺和保寿寺离马场村稍远一点外，其他 3 座离马场村都很近。其中，大云寺离马场村的驿站最近，但是大云寺并不是马场村驿站村落所有家户的檀家寺③。中野家是马场村最大的家族，其"檀家寺"是离马场村最远的向泉寺，这似乎有些不可思议。据了解，村民选择哪家寺院为檀

---

① 祭奠的语意是祭祀神的意思。具体地说是等待神的降临，献上供品，聆听神意，获得神的力量的礼仪。广义上的祭奠包括拜神龛和佛龛，参拜神社和寺院，拜神佛。神佛虽然不是一回事，但是两者是共通的，拜神佛都是净身，招神佛，述说心愿，祈求神意，获得神力。
② 彼岸会，春分和秋分举行的法事。
③（佛教语）檀家，施主。檀那，隶属于特定的寺院并加入其经营和维持，参与佛事的世俗信徒。檀徒，信徒。

家寺和家族的信仰有关。佛教有很多教派，不同的教派，在寺院里供奉着不同的本尊①。向泉寺供奉的是十一面观音菩萨，信奉天台宗；大云寺供奉的是释迦牟尼佛，信奉曹洞宗；西光寺供奉的是不动明王佛，信奉真言宗。大部分日本人都信佛，农村人则没有不信佛的②，他们认为佛是阴间的保护神，人死了一定要到生前信仰的神那里去报到，而且信什么神不是自己所能决定和改变的，早已由祖宗决定了。很难知道，马场村驿站村落的村民祖先为什么会选择不同寺庙作为檀家寺，但是可以推断，马场村驿站的村民，有史以来都是不同的独立家族，尽管村民之间存在着婚姻关系，但不是一个真正意义上的"同族村"。

日本的祖灵崇拜理论认为，祖灵是被净化的先祖亡灵，供奉在家的宅基地或者附近的山上，如果不断得到供养就会成为神灵，守护着家，给家带来繁荣。祖先信仰是以"盂兰盆节"和"彼岸会"的仪式为形式，渗透于每一个日本家庭的民间信仰。近世以前日本民俗中有"两墓制"，即人死了以后要建两个墓地。一个是埋葬遗体的墓地，俗称"埋葬墓地"或"丢弃墓地"。"埋葬墓地"多选择在山坡或荒野，不是供奉死者的墓地，并没有永久保存的目的，被埋葬的尸骨和石碑日久会无人问津。另一个是在自己家附近或者寺院内修建的"参拜墓地"，这才是永久供奉死者的墓地。近世以后，"埋葬墓地"和"参拜墓地"合二为一。对于逝者，日本人并不在乎其尸体保存如何，在乎的是其灵魂是否得能到安宁，认为死者和生者只是存在的空间不一样而已，死者不过是灵魂离开肉体，去了另一个世界，他的现世生活结

---

① 主佛。

② 根据日本总务省统计局统计，截至 2017 年 11 月 1 日，日本总人口数为 126720000 人。又据日本《宗教年鉴》2014 年版的统计，日本人中信奉神道的为 91260343 人；信奉佛教的为 86902013 人，信奉佛教的人数和信奉神道的人数相近。日本总人口，日本总务省统计局网站 http://www.stat.go.jp/data/jinsui/new.htm，2017 年 12 月 10 日访问。（日本）文化厅编《宗教年鉴》2014 年版。

束了，进入了来世的生活。日本人认为死后灵魂栖息的地方不应该与现世隔绝，应该设在离家不远的山上或海边。[①] 日本人之所以以山岳为信仰对象，是因为那里是埋葬祖先的地方，山岳信仰实际上是祖先信仰。他们相信死者和生者虽然生活在不同的世界里，但是彼此的纽带没有断，认为死灵是否能成为祖神和子孙的供养有关系，而子孙的繁荣也离不开对祖神的守护。所以，日本人认为必须守护祖先，并且在规定的时间祭祀祖先。[②] 盂兰盆节和正月里的活动等都是和祖先祭祀有关的活动。"屋敷神"代表祖神，供奉在屋敷墓里。屋敷墓形状像小庙，始于日本中世，是祖先信仰之一。野口村落森安的勒使河原幸一家有自己的"祖神庙"，在房子的后面，和神根温泉的主人、秋保氏后裔秋保次郎家的"祖神庙"类似。他家还有佛龛和神棚，佛龛上供奉着祖先的牌位，神棚（神龛）上有"天照皇大神"的字样。他说：

> 每年在盂兰盆节和正月的时候都要扫去后院祖神庙上面的灰尘，把象征着祖神的小庙，打扫得干干净净，在上面还要放上界绳，在前面还要奉上供品。

他家是本家，他又是本家的长子，我多次访谈过他。他家是马场村唯一被国家认定的豪族，祖上曾经是交粮大户，得到过仙台藩的嘉奖，还享受武士待遇，可以配刀。家里过去有两口刀，一口捐献给了军队，一口保存在家，从来不给别人看。时光不能倒流，过去的荣誉已经成为历史的记忆。他为了让家族成员永远记住自家的辉煌，总是把本来就不同于一般农户的家神小庙，打扫得干干净净。现在最让他

---

① 宫家準：『生活のなかの宗教』，東京：日本放送出版協会，1980，第 38 页。
② 同上书，第 50 页。

伤心的是，分家们不像以前那样，每到一定的日子就和他们家一起祭拜祖先了。马场村不只他一家有这种情况，这反映出随着本、分家相互依存关系的结束，有些家族的共同祭祖意识已开始淡化。

（一）山神崇拜

山神在日本被认为是女性。在日本农村，有当春天来临时，山神会从山上下来，变成水田神，秋天再回到山里的说法。也有人认为，神可分成山神和田神。日本民间，有祖先去世后埋葬在山里，之后变成祖灵，保护子孙的祖先信仰。对于农民来说，山神就是祖灵。正月降临的年神，也被视为山神。山是农业不可缺少的水的源头，是给村民带来幸福的山神降临的地方。对于狩猎者、樵夫、烧木炭的山民来说，山神是他们的守护神。他们认为，山神一直在山里。山神被认为一次能生 12 个孩子，是生育能力非常强的神。山神对于山民来说又是产土神，因此，山民的山神禁忌非常严格。另外，因为山神是女神，所以特别讨厌生孩子和女性经期的"污秽"，所以祭祀活动不允许女人参加。有传说说山神是丑女，所以特别喜欢比自己丑的东西，因此在日本有把相貌丑陋的虎鱼献给山神的习惯。在日本东北和北海道地区，每年的 12 月 12 日，有的地方是 1 月 12 日，有停止山林作业的习惯。森林组合在这一天要举行祈祷活动或忘年会、新年会。我在马场村调查期间发现，村里的很多地方都安放着山神石碑，安放地主要在山脚和路口。我刚看到那些石碑的时候，觉得日本人很怪，时间久了就习惯了，甚至知道什么地方应该有石碑，如果该有石碑的地方没有石碑，反倒觉得很别扭，甚至有种不安的感觉。不管走到哪里，只要看到石碑，就知道离人家不远了。在山村里搞调查，日子长了，自然对山神石碑有了亲近感，一看到它就有一种安全感，而且我发现，在山脚下摆放的山神石碑，平时没有什么特别的，但是到了过年的时候，有的石碑上就挂上了"注连绳"，有的还摆上了供品。过去总以为，村里的山神没人关心，后来发现并非如此，农民很在意山神。马场村野口村落的菅原分家前面的农道和山坡中间，有几座新的山神和马头观音的石碑。据菅原本家的男主人讲：

> 这些石碑是最近几年摆放到这里的，这块地是我家提供的。山神崇拜的传统一直保留至今。村民认为山给他们提供了种稻和生活用水，提供了取暖的柴火，提供各种野生动植物。所以人们对山神充满了感激之情。

日本山多，稻作农业对山的依赖性很强，现在如果缺水可以打机井，用地下水，以前则全靠山上流下来的水。现在，马场村大部分水田的水源还是来自村民们在山腰上修建的蓄水池，他们把山上流下来的水储存在里面，再通过水渠输送到山下的蓄水池储存起来，用的时候就可以放水了。

（二）道祖神

道祖神石碑一般供奉在村落的村界和村落的中央、十字路口、三岔路口等地方，早先被视为村落的守护神和子孙繁荣神，近世被视为旅游和交通的安全神。道祖神从古至今，融合了各种宗教信仰，神佛合祭以后，也融合了地藏信仰。道祖神的"祖"字有"且"字边，"且"在甲骨文和金文中表示男根，"道"字有女阴的形状，所以道祖神又象征着男女结合。[1] 道祖神的形状有单体道祖神、单体二神道祖神、球状道祖神、文字型道祖神、男根型道祖神、自然石道祖神、题

---

[1] 道祖神，维基百科网站（日文版），http://ja.wikipedia.org/wiki，2015 年 8 月 20 日访问。

目道祖神、双体道祖神、镜糕道祖神（象征男女交媾）、圆石道祖神等。马场村的道祖神一般都是圆石道祖神。

地藏菩萨[1]一般设立在村里，作为孩子的守护神来供奉，经常给她供奉的是孩子们喜欢吃的糖果，俗称"地藏神"。马场村很少单独供奉地藏菩萨，一般都和山神、马头观音供奉在一起。马场村驿站最大的一尊地藏菩萨放置在去马场小学的路上，格外引人注目。摆放在这个位置，主要是为了保佑孩子们的安全。我看到总是有人给马场村驿站的地藏菩萨戴上小红帽，系上红围巾。在村落里，地藏菩萨不像山神石碑和道祖神石碑那么多。祖灵信仰、山神信仰、道祖神信仰以及地藏信仰都源于稻作农民对于自然界的敬畏。他们认为祖先死去后，如果能得到很好的供奉，就可能变成神，用超自然的力量保护他们。日本早已经是发达的工业国家，稻作农业的方式也随着科技进步而不断改进。但是，古老的稻作农业传统并没有因为科技进步而消失，仍然影响着日本农民的行为方式。我在马场村调查时发现，各种石碑保存完好，经常有人关照，还有人定期摆放供品，举行仪式。石碑在村民们心中占有重要地位。

二、民间艺术

（一）插秧舞

日本农业以稻作为主，村民的生活中与稻作有关的民间艺术比比

---

[1] 地藏菩萨是佛教中的菩萨的一尊，是从梵语翻译过来的词汇，还被译为持地、妙幢、无边心等。地藏菩萨的名字包含着大地蕴藏着孕育所有生命的力量，有用无限的慈悲包容拯救苦恼的人们的意思。

皆是，祈祷丰收的仪式、祭祀活动等民间艺术在很多地方都被完整地传承下来了，人们耳熟能详的有"游田"①"插秧""插秧舞""御田"②"御田祭""御田植""御田舞"等。一般的"御田植"在神社和寺院的领田举行。在宫廷则有天皇的"新尝祭"，是把皇宫的"御田"里收获的稻穗奉献给天照大神的仪式。天皇家族的伊势神宫有两处"御田"，过去很多时候天皇要亲自插秧和收割稻谷。每年的 11 月 23 日，天皇要在伊势神宫的神嘉殿举行祭奠活动，把新稻谷献给天神、地祇，感谢这一年的收获。可见，稻作文化是由民间和代表国家的天皇家族共同继承的。秋保町汤元村的插秧舞，长袋村的插秧舞，马场村驿站村落的插秧舞、野口村落的鹿舞、泷原村落的显拜、驿站村落爱宕神社的神乐，秋保神社的神乐，在仙台地区都很有名。2009 年秋保町的插秧舞（汤元插秧舞、长袋插秧舞、马场插秧舞的统称），被联合国教科文组织认定为世界非物质文化遗产。秋保町的插秧舞能闻名于世，是因为秋保温泉是日本三大名温泉③之一。曾经被称为"名取的御汤"的秋保温泉乡所流传的插秧舞在很早以前就为人们所熟知。据说，秋保町的插秧舞起源于当地药师堂祈愿的手舞，曾经是"汤治场"的助兴节目。它过去是在庭院和田间跳的"座敷田植"，受各地来访的民间艺人和慈觉大师开辟的修验道场的法印山伏的太平乐的影响，形成了今日的十二节舞蹈。我在秋保町的一年多时间里，看过三次长袋村表演的插秧舞：一次是 2010 年 9 月在秋保神社的大祭祀活动上；一

---

① 祈祷丰收的活动，日本民间习俗之一，每年正月里举行，以歌曲和舞蹈来表现从耕作到收获的农田丰收景象。东京都板桥区的北野神社、静冈县志太郡大井川町的大井八幡、新潟县佐渡郡畑野町的白山神社举行的此类活动最为有名。
② 指寺院和皇室等所有的领田，也叫"寺田""神田"或"御神田"。明治初年废除了寺院和神社的领地，也同时在日本全国消灭了寺院和神社的"御田"。后来有的地方寺院和神社周边的居民捐赠了土地，"御田"得以复活。
③ 秋保温泉和兵库的有马温泉、爱媛的道后温泉并列为日本三名泉。

图 4-1　马场村驿站村落的孩子在表演插秧舞（作者摄）

次是 2010 年 11 月在秋保综合支所举办的秋保丰收节上；还有一次是 2011 年 5 月 5 日在秋保町汤元村的药师堂的祭典上。尽管 2011 年由于东北地区大地震的影响，前来观看的人不如往年，村民们表演得依旧精彩。本来，马场村的插秧舞要在 2011 年 4 月 28 日西光寺大法会上表演，但是因故没有演成。马场村驿站的三笑讲：

马场村的插秧舞会会长是太田胜美，会员有 31 人。表演插秧女的 9 人，男演员 2 人，歌手 1 人，吹笛 1 人，太鼓 1 人，伴奏 1 人，干事 2 人，青年会长 1 人，青年团成员 3 人，吹笛子预备人选 2 人，服装师 7 人。他们每年的 4 月 29 日都要在秋保町马场村泷原的西光寺内表演。马场村的插秧舞首次表演是在 1865 年。插秧舞一般由小学生表演，马场村驿站村落的女孩一上小学就跟着大人学习插秧舞，稍微大一点就开始参加表演。可以说，在马场村长大的女孩子没有不会跳插秧舞的。今年之所以没有表演，主要是吹笛子的二瓶恒男生病了。

马场村驿站村落的插秧舞为村民带来了很多的荣誉，集会所的墙上挂满了历年参加各种比赛和表演时获得的奖状，最高的荣誉书是日本文部省颁发的。长袋村的插秧舞是秋保地区历史最悠久的。长袋地区，据说过去曾经是"平家落人"居住的中心地区，为了祭祀平重盛的守护本尊小松阿弥陀如来，后人在此地修建了向泉寺。现在长袋的插秧舞用的太鼓后面还有"元禄二年"（1689）的字样，说明在这之前已经有插秧舞了。另外在长袋，从幕末到昭和初年还表演歌舞伎①，长袋的插秧舞也受其影响。藩政时代，越过二口山峰通向山形县村山郡的马场驿站流传的插秧舞中保留了其他地方所没有的余兴舞，一种古朴优美的舞蹈。秋保的插秧舞始于宝永八年（1711），有300多年历史。过去在三月节，为了祈求五谷丰登，村里给每户村民发放五行币，组织他们跳舞巡游。现在，每年的4月29日，在秋保大泷不动尊前的空地上还要跳插秧舞。

　　舞蹈保留了浓厚的宗教色彩，跳舞场地的四角和中央要树起五色的五行旗，拉上注连绳，舞蹈者的装束上也挂着阴阳五行装饰和五行币。

（二）马场村的神乐

　　马场村不但有插秧舞，还有"神乐"。据说，马场村爱宕神社的神乐已有400年以上的历史，是十二座神乐，用大鼓和笛子伴奏，由男人表演。大约300年前，大泷的周荣氏的曾祖智俊来到马场，成为西光寺的住持，指导村民修建了西光寺。当时在地板和钟楼之间，搭建了舞台，在上面表演神乐，从傍晚开始一直到晚上10点半结束。

---

① 歌舞伎是日本所独有的一种戏剧，也是日本传统艺能之一。在日本国内被列为重要无形文化财产，在2005年被联合国教科文组织列为非物质文化遗产。

现在，马场神乐每年阴历六月二十四日下午3点开始在马场爱宕神社演出。2009 年我观看了爱宕神社举行的祭祀活动，活动主要是向神奉献神乐，来参加仪式的村民不是很多。但表演不仅是给村民看，更重要的是要奉献给神，所以，来看的人再少，表演者的表演还是很认真。据说，为了这次表演，演出人员还专门练习了几天。他们主要是马场村驿站青年契约讲的成员，平时都很忙，为了不使马场村的神乐失传，很多人都牺牲休息时间排练。二瓶恒男一家是主力，他本人吹笛子，大儿子跳神乐。对于马场村的村民来说，现在最重要的是要把代表村落的神乐继承下去。马场村驿站的村民似乎已经意识到了形势的严峻，青年契约讲的成员自觉地承担起了继承马场神乐的重任。

三、村落中的传统节日

（一）马场村的"正月仪式"

日本各地的民俗各有其特点，因此，研究日本地方的民间文化，有助于了解和认识日本社会。不过，人类学着眼的是文化表象，考察的是文化的象征意义，揭示的是文化的普世意义。所以，研究日本社会，关注日本传统仪式活动，目的不在于揭示各地方的仪式在形式上的差异性，而在于阐述其总体的象征意义。日本的"正月"是"年中行事"之一。所谓的"年中行事"，日本《国语大辞典》解释为：一年中，在一定的时期举办的集体活动，以前特指宫中举办的活动，后来也指民间举行的"行事"、祭礼。"行事"指的是：①按照惯例举行的活动；②某项活动的责任人；③江户时代的商会负责人；④在神社与寺庙中按照惯例举行的仪式、法会等。①《日汉大辞典》则解释为：仪式活动；按照惯例或计划举行仪式或活动。② 日本村落的仪式活动，特别是"正月"期间的仪式活动，仪式氛围浓厚。仪式研究一直是民俗学和人类学的研究重点，日本学界也一贯重视仪式的研究。进入 21 世纪，日本学者研究的重点为仪式变迁对社会结构变化的影响。这一点也反映在日本学者对"正月"的研究上。大石泰夫的《奄美大岛大和村的八月仪式活动——八月正月的构造》，考察了一年中村落仪式活动的变化，认为"正月"仪式活动的变化是由村民成分的变化造成的。③ 石原义刚在《热闹的渔村正月》中，描绘了自己和渔民一起在三重县九木浦海面的大敷纲渔船上举行迎新年仪式的情景，认为仪式的延续维系了渔村共同体。④ 西村沙织在《正月神事与家神信仰》中，介绍了家乡埼玉县饭能市大字平松区农村的过年习俗至今保存完好，正月里村民家家户户都要举行祭祀年神和家神等六神的仪式活动的事实。⑤ 涩谷美纪在《传统仪式活动的承传与地区复兴——岩手县北上市 SN 集落的小正月仪式活动的事例》中，论述了传统仪式活动对于维持地区活力的作用，认为村民通过参与传统的仪式活动，提高了对村落社会的归属意识，培育了村民的连带性。⑥ 石原义刚在《惠比须的祭祀——渔村仪式活动的再考》中，讲述了鹿儿岛县阿久根市仓津地区的渔民每年一进入腊月就开始祭祀七福神之一的惠比须神的文化传统，那

① 《国语大辞典》，日本：小学馆，1982，第 672 页。
② 《日汉大辞典》，上海译文出版社，2002，第 545 页。
③ 大石泰夫：『奄美大島大和村の 8 月行事——8 月正月の構造』，日本：国学院杂志，1986（2）。
④ 石原义刚：『にぎわう漁村の正月』[J]，日本：渔协（特集），2003（3）。
⑤ 西村沙织：『正月神事と家神信仰』（共同研究 日本の祭り），日本：帝京国文学，2001（9）。
⑥ 涩谷美纪：『伝統行事の伝承と地域活性化——岩手県北上市 SN 集落の小正月行事の事例を中心に』，日本：村落社会研究，2000（3）。

是依然延续着的事实。① 谷泽明的《地域社会中的民俗的变化——长野县木曾郡楢川村的正月仪式活动》，对长野县木曾郡楢川村的正月仪式活动进行了认真的研究，认为大多数村民还依然重视传统的正月，但是形式和内容都有变化，其原因在于村民成分的变化。② 猪俣节子、小川安子的《大鹿村的一年中仪式活动——正月的仪式活动》，对大鹿村的正月活动进行了详尽的考察，认为该村正月仪式的内容没有什么变化，只是过去的年饭主要是自己家做，现在也有买现成的情况③ 等。总体而言，日本学者注重传统仪式的实证研究，尤其多关注"正月"的形式和内容的变化，即变迁研究。中国学者也重视对仪式的研究，并且重视仪式理论的研究。彭兆荣的《人类学仪式理论的知识谱系》，李育红、杨永燕的《文化独特的外现形式——仪式》，张振的《国民间信仰与社会整合》，薛亚利的《庆典：集体记忆和社会认同》就是其中的代表。日本学者的实证研究和中国学者的理论探讨，都很有意义。

马场村一年中的传统仪式活动很多，我特别关注其"正月"活动，主要原因在于它是日本村落一年中最早的节日，也是最重要的活动之一。在马场村做人类学的村落民族志研究期间，我对村落的"正月"活动印象也很深刻，自然把"正月"仪式活动，作为观察和分析村落社会的一个切入点。

日本在 1873 年以前和中国一样过的是阴历年，之后改为过阳历年，即"正月"。日本人重视过"正月"，"正月"期间也是日本"民族大移动"的时期，在异乡的人们都要返乡过"正月"，和中国人回

① 石原义刚：『漁村は祭りで元気になる——漁村共同体の大切さ（特集 漁村の役割を考え直す）（漁村の祭り再考）、日本：漁協，2001（3）。
② 谷沢明：『地域社会における民俗の変容：長野県木曽郡楢川村の正月行事』，日本：愛知淑徳大学現代社会学部論集，1996（2）。
③ 猪俣节子、小川安子：『大鹿村の年中行事——正月の行事』，日本：家政学雑誌，1984（6）。

乡过春节极为相似，平时冷清的村落，"正月"期间也会热闹起来。马场村的"正月"活动可以分为两个部分：一个是以家户为单位的"正月"仪式活动，即"私"的"正月"仪式活动；另一个是村落各种社会组织举办的"正月"仪式活动，即"公"的"正月"仪式活动。一般的研究者很少刻意把"正月"的活动称为"仪式活动"，更没有人把"正月"仪式活动分成"公"和"私"两个部分加以考察。笔者之所以把马场村的"正月"活动定位成"仪式活动"，是因为马场村的"正月活动"符合传统的"仪式与象征"理论。"仪式与象征包含信仰、仪式与象征三个方面：信仰体系主要包括神、祖先和鬼三类；仪式形态包括家祭、庙祭、墓祭、公共节庆、人生礼仪以及占验术；象征体系包括神系的、地理情景的象征、文字象征（如对联、族谱、道符等）、自然象征物等。"[1] 马场村的"正月活动"体现了"仪式与象征"的特征。村民参与村落中的公与私的"正月"仪式，主要追求的是"正月"的象征意义，即人与神、人与人、个人与集体、个人与国家的对话，而非仅仅为了娱乐。吸引人的不仅是仪式本身，"而是隐藏在这一仪式背后真实的社会事实以及该仪式与这些社会事实之间的有机关系。通过这些联系，社会人类学家试图发现人们发明并且不断再创造一个信仰仪式的原因是什么，从而揭示人类从事社会—文化活动的规律"[2]，并试图揭示村落"正月"仪式在维持传统村落方面所发挥的作用。

1. "正月"

"正月"是新的一年的开始，年神在"正月"要造访各家。日本人把年神叫"正月神"，受阴阳道影响又叫"岁德神"。"岁德神"是

---

[1] 王铭铭：《社会人类学与中国研究》，生活·读书·新知三联书店，1997，第150页。

[2] 李岚：《信仰的再创造——人类学视野中的傩》，云南人民出版社，2008，第7页。

一年掌管最吉利方位惠方的神。① 年神也是祖神。现在的"正月"是阳历 1 月 1 日，以前是阴历。"大正月"从 12 月 13 日开始，这天家家户户要打扫房间，炉膛要换新火。这一天也叫"迎松"，要去山上取"门松"用的松枝。12 月 20 日是佛日，出"新佛"② 的家要扫墓，祭祀牌位。有人去世的家，大年不给别人拜年，但要写信通知对方。12 月 28 日要准备年神龛③、门松④和"注连"。年神龛要设在朝年神来的方向，一般多在寝室天棚的一角。门松是由松、竹以及被称为"年树"的米槠树的树枝编成的。神龛要摆放界绳。这一天还要打年糕，打好的年糕要摆放在年神龛上，供奉给神灵。大年三十的年夜叫"大晦日"，人们等待着年神的到来，很晚都不睡觉。这天要在山上点火，再把火种拿到家里，点着灯火，有的地方还用这个火煮"杂煮"⑤。新年一到，担任"年男"⑥角色的户主和长子要祭祀水井里的水神，打"若水"⑦贡年神，也用这个水漱口和煮饭。这天家人一起吃年糕，孩子向父亲要压岁钱。初次参拜氏神也是这一天。第二天就开始工作，农民在田里竖上松枝，渔民划着小船互相拜访，商家开始新年的第一次营业。3日之前叫"松之内"⑧，这期间，年神待在家里。在此期间，分家要拜访本家，4 日开始取下"正月"的装饰物，取下门松，"正月"就算结束。但事实上，"正月"并没有真正结束。4 日是佛的"正月"，人们

---

① 道教的方位神，是祭祀本年福德的吉祥神，也称为年德、岁神、正月神。

② 有人去世的家。

③ 年神龛也叫岁神龛，日本迎祭福神的祭坛。有常设的和临时的两种。还有祭坛朝向当年吉利方向的风俗。

④ 门松，日本民俗中正月竖在房门口或大门口的装饰性松枝。松树原为年神入门的依附之物。

⑤ 杂煮，煮年糕汤，日本正月菜肴的一种，在放入肉、菜的汤内再加入年糕。各地的年糕汤各具特色。

⑥ 负责主持祭祀年神的司祭。逢本命年的男性。在日本，立春前一天司撒豆驱邪的职务。

⑦ 旧时日本皇宫在立春日早晨献给天皇的水。后指元旦早晨汲取的水。也指从方位吉利的井和泉汲取的水。传说此水可以驱除一年的邪气，还可用以煮年糕、泡吉利茶、供奉年神。

⑧ 新年期间，日本民俗中指新年装饰门松期间。相传在此期间年神在家中。

图 4-2　马场村驿站村落的二瓶家过年前扫房子(作者摄)

开始去檀那寺^①朝拜。1月7日是"7日正月"。前一天的6日晚上叫"年越"^②，和大年三十一样，要熬夜。第二天早上要吃七草粥^③。这一天要把"大正月"使用的松枝和界绳等集中到一起，点火烧掉，这叫"火节"，是送"大正月"年神的日子。11日是插秧的"正月"，村民在家附近的旱田和秧田上竖起松枝，朝着吉利的方向，用锹翻三次土，献上贡品，去山里取回"小正月"用的灯台树、盐肤木、茅草，俗称迎"若木"^④。14日开始准备"小正月"，在取回的小树上挂上年糕花^⑤、茧形小年糕^⑥，在灶火上挂上用年糕做成的农具模型，祈求丰收。15日和除夕一样吃杂煮，15日或者14日要举办"火节"。

---

① 家庙，其家归依、成为施主的寺院。在家庙中寄存该家死者名博，并做法事。菩提寺。
② 日本的过年叫"年越"，辞旧岁迎新年。也指元旦前夜、除夕夜。在日本还指正月初七、元宵节和立春的前夜等。
③ 日本民间于正月初七"七草祭"时吃的粥，加入春天七草（七种野菜）煮成的粥。据说可以去除一年的邪气，预防百病。
④ 小树。
⑤ 日本在新年、正月十五日前后或者立春前一天的装饰品。将年糕和糯米团子穿在稻草秆或树枝上，状如稻花，意在求神保佑秋季丰收。
⑥ 日本在小正月十五日（正月前后三天）的装饰物之一。为祝愿茧子丰收，把茧形小年糕挂在树枝上，装饰在屋内外。

2. 元旦

元旦的仪式活动从早上的参拜开始。早上，村民阖家一起去大泷不动尊和秋保神社参拜。本命男先要"汲水"，汲水前，先在手提桶和舀子上挂上花纸绳，使其干净无污，再在井前拍3次手，说3次"汲什么啊，要汲福"，然后汲水。这是新年的新水，是福水，村民相信喝了它可以保佑一年不得病。本命男在正月十五送神之前要负责在神龛上放界绳、上供品，要用若水煮供给正月神的供品，引火柴要用大豆秆这类结果实的柴火。从元旦到正月十四，叫作"松之内"，这天，马场驿站村落的村民要在家门口装饰门松和界绳。为贺新年，从元旦开始3天之内每天早晨吃年糕，晚上吃年饭，其间要穿新衣，要用酒菜款待来客。元旦早上，男客人来访会带来福分，所以大受欢迎。日本东北地区的农村，在冬天有模仿插秧的仪式活动：村民在家里插上象征稻谷的豆秸、稻草和树干（麻杆）各一根，模仿插秧。驿站和野尻村落模拟插秧的仪式在正月十五进行。村民把从年末就扣着的臼，朝门的方向翻起来，开始捣年糕，捣的年糕叫"固牙年糕"。年糕要硬的时候吃，或烤着吃，或蘸着纳豆吃，同时要给山神准备好年糕。烤年糕的时候，如果年糕裂开，预示着这一年是丰收年，不能裂开，预示着这一年雨水会多。马对农民很重要，过去在烧木炭的窑口，要摆放福手年糕，俗称马"丸子"。马的寿命一般12年，让马吃12个"丸子"，是希望马能平安度过一生。马场村村民过年有很多讲究。正月前，笔者在马场村和二瓶昭夫夫妇聊了很久。他们夫妻二人一直在外面工作，见过世面，比其他村民的经济条件好一些。男主人是宫城县登米人，本家也是农户，家里兄弟姐妹8个，他是最小的。因家里人口太多，为了生活他成了这家的入赘女婿。女的姓二瓶，有两个妹妹，按照习惯她继承了家业。她是我接触的五个长女继承人之一。她是一家之主，在家里说了算，和一般媳妇不一样，说话很少有顾忌。她家亲戚两周前去世，她参加了葬礼，按当地人的说法，是有邪气在身，不能接触新神符。当地农村的习惯，死者的服丧期为21天。习惯上，换神符应在大年三十之前进行，如果赶上服丧期，过去要请邻居家的小孩（孩子被认为是最干净的）帮忙换，现在很少有人请人帮忙做这种事了，她家只好等1月2日儿子回来再换。儿子回来之前，她要先把院子打扫一遍，特别是院门要擦干净。儿子回来以后先净身（洗澡），把旧神符取下，换上新的。一般情况下，过年的时候，孩子有义务打扫院子，家长希望孩子在履行义务的过程中培养起对家的责任来。他们讲：

> 新年，男人要用稻草编界绳，做门松。届时，要洗澡净
> 身，打扫房间，之后再捻界绳，把捻好的界绳放到簸箕里，
> 之后供给正月神。村民相信，簸箕有"神灵"，是田神的化身。
> 本命年男人要把年夜饭供给正月神。每家每户的年夜饭不同，
> 供到神龛后，家里人要一起祭拜，一起就餐，本命年男子最
> 后把供的饭菜撤下。过年的饭菜是一年中最讲究的。主人要
> 给孩子压岁钱。

过年的风俗习惯各家各户有所不同。野尻村落把摆放着佛龛的起居室作为迎接正月神的房间，佛龛周围贴上八丁标界，神龛上要放上用新稻草做的牌楼，还要放上年绳、花纸绳、海带。年绳是箍绳，当家里有孩子出生或有人去世时，要马上把绳子解开，把神送到山里。另外，要把马喂饱，在马的胸前挂上仓前神，让其休息。长袋的佐藤家和马场大西的敕使河原家是武士家族和享受武士待遇的豪族，家院的大门是有武士象征的"冠门"，正月的时候要在"冠门"上挂上粗

大的界绳，下面放上门松。过去正月时，要在那里供上黑豆和鱿鱼干，还有酒，主人要唱三首歌，再喝下神酒，举行迎神的仪式。这两家现在都不再做这个仪式了。

3. 正月十四日

正月十四这一天要重新把"屋敷"周围种的登台树的树枝砍下来，在屋子的正中间做成"团子树"，在上面挂满"团子"。神龛和屋子的各个角落也要放上"团子树"。马场村驿站的二瓶家还在院子的各个角落挂上"团子"和煎饼。挂"团子"以后，要把煮完"团子"的汤洒在屋敷的果树坑里，还要"击木祈祷"[1]。该民俗习惯在仙台地区的农村很普遍，大年过后，正月十四之前，每家都摆放"团子树"。我在马场村驿站村落就看到了几家，其中斋藤家的最漂亮。不光是农户，街头的当铺也有此番情景。我在秋保温泉街的一家温泉旅馆的大厅，看到服务员正在制作团子树，树上挂满了团子。他们说，20 日，撤下团子树，烧掉树干，团子大家分着吃。虽然挂了那么多天，团子上已经落上了灰尘，但大家还是会分着吃了。他们说这是神吃的供品，弹掉灰尘吃了会带来福气。在这个问题上，可以看出当地人的洁净观，和中国一些少数民族的洁净观很相似。日本人自认为宗教信仰淡漠，殊不知他们生活中的很多民俗习惯，都是从宗教信仰中提炼出来的。所以，我总觉得日本人在日常生活中，不知不觉受到宗教的洗礼，固化了一些生活习惯，形成了一种世代相传的文化传统。

4. 正月十五日

正月十五，村民要早早起床，做烧团子或者煮拂晓粥。他们相信

---

[1] 正月十五举行的日本民间节日之一。由本命年男子持棒敲击果树，祈求秋季丰收。

吃了这些，一年中就不会生病，否则就不断生病。煮粥、吃粥有不少讲究，比如，不能脚踏煮粥的火炉，要用新水洗过的碗吃粥。吃完之后，要把神龛上的界绳取下来，在神龛上放上拂晓粥或烧团子，之后再把神龛搬到门的旁边。在搬运的过程中，嘴里要发出声音。这是家庭送神。之后将把取下来的"界绳"、门松等一起放到神社的空地上烧掉，村民把这个活动叫"火节"①。火节是村里集体送神的仪式活动。据马场村的二瓶讲：

> 过去火节都是以村落（自然村）为单位进行，马场村驿站村落的火节在驿站村落的爱宕神社进行，时间是正月十五的上午。后来秋保各村都统一在秋保神社举办火节，时间改为正月十四的晚上8点。

2011年的火节我去了。从7点开始，秋保地区的居民（包括非农户）陆续把家里在正月期间挂的门松和界绳等拿到秋保神社，放到秋保神社正中央设置的堆放点。7点半，秋保神社辖区的长袋消防队开着消防车来了，负责消防工作。8点整，秋保神社的神职人员宫司②宣布火节开始，并亲手点燃了村民们拿来的门松和界绳，送神仪式开始。与此同时，在秋保神社的神殿里，开始表演秋保神乐。整个过程历时2个多小时。这是秋保町新年伊始最早的仪式活动，村民们来了不少。过去过正月更热闹，据说有的人家正月的时候还要放鞭炮。日本人的正月鞭炮和中国人过春节放的鞭炮的寓意相同，主要是为了驱赶恶魔、鬼神。还有的人家把神龛上的贡品取下来，放到岁神（簸

---

① 日本在元宵节，正月十五日举行的火节。将门松、稻草绳等集中在一起焚烧，并用该火烧烤年糕吃，以祈祷健康和幸福。
② 宫司。神职人员。掌握神社的营造、祭祀、祈祷权。

箕）里，送到村里的山神庙里。在正月十五的傍晚，把先前取下的门松、界绳和供奉在庙里的门松和界绳一起烧掉，此即送正月神（年神）。这天晚上还要在山神面前烧豆秸和茅草，村民相信烧尽就会丰收，否则，收成减半。还有"占月"的做法，即祭拜十五的月亮。如果自己的影子被照到地面上，则一年平安无事，否则，凶多吉少。野尻村落的村民在煮团子之前，要让家里的孩子拿着拴着纸的竹竿，嘴里发出驱赶鸟的声音，绕着家跑，这样做是因为村民认为正月十五这天，鸟要叼着小鸟飞过来，影响他们的生活。另外，村民早上起床以后，要在雪地上树立起挂着团子的竹竿，有的挂上用团子煮的粥，还有的把粥洒到家的周围，驱赶恶魔。在煮粥的过程中，炉子上要摆放"年名纸"，在上面点上火，用火势来预测本年的天气。如果全烧完了，就预示着本年度好天气多；燃烧时有声音的话，说明一年中风大；烧焦，而且很快灭了，预示着多雨；火苗不旺，预示这一年要歉收。过重年[①]的孩子要一边说"我从天那边来"，一边挨家挨户要团子和年糕，之后和其他孩子一起分享。要团子的时候，孩子要穿上红衣服，戴上面罩，跳舞给人看。成年人过重年的时候，也是这样，要把脸蒙上，或者涂上墨粉、白粉。在野尻村落，男人穿女人的衣服，女人穿男人的衣服。正月十四[②]的秋保火节上我遇到了秋保综合支所的一位工作人员，他讲：

日本实行的是政教分离，秋保町综合支所是国家单位，不插手神社的事情，我们来只是看看热闹而已。

---

① 遇厄运之年时过两次新年，使年龄增长以回避厄运。

② 过去正月十五日是火节，现在秋保町的火节在正月十四集中进行。

日本实行的是村落自治，秋保综合支所是日本政府的最基层办事机构，不直接参与村落的管理，他们主要和各村落的町内会会长联系，町内会会长就是过去的村长。村里有什么需要办的事情，町内会会长向他们反映即可。比如，村落改善福利设施，需要资金援助时可以向他们申请。马场驿站村落搞的 300 棵樱花树栽种的项目，就是通过秋保综合支所落实了 200 万日元的经费。

5. 正月十六日

正月十六日是佛日，叫"大济日"，按照传统说法，这天要打开地狱釜的盖子，要休家业、做斋饭，要给佛供年糕和团子，要供香、献花、祭祖、扫墓。

6. 正月二十日

把挂了 6 天的团子取下来。如果家里有"厄年"的，要等到 2 月 1 日才能取下，这一天停止各种活动，要吃杂煮，表示祝福，这以后年就算过完了。

马场村的正月从大年前一周开始准备，大年三十开始迎接年神，之后和年神一起过年，正月十四送走年神，至此过年告一段落。但还没有完全结束：正月十六是佛日，要给佛供年糕丸子；正月二十日取下供奉给佛的年糕丸子，家人一起分享。至此，正月才算真正结束。马场村迎神是各家各户单独搞，送神则以村落为单位，现在扩大为整个秋保町一起搞。但是也有例外，长袋村的村民住得离秋保町神社最近，去秋保神社很方便，但是他们却在本村的神明神社前搞。

他们的做法是最正宗的。我考察了日本农村的过年，那完全是一个宗教仪式的过程，根本没有中国过年那种欢天喜地的场面。日本的过年不是一个身心放松的过程，而是一个受宗教洗礼的过程。人们都会觉得日本人的思维有些刻板，我认为这种刻板的思维主要源于日本人的生活方式，在这种充满宗教色彩的社会生活环境里，人的思维不可能不被固化，这种固化的思维，容易形成一种秩序，有利于安定团结。日本人已经习惯了这种模式化的生活，当生活中出现突发事件时，他们能够做到秩序井然，但是，在处理突发性事件善后工作时，则往往因循守旧，缺乏应变能力。

（二）马场村"私"的正月仪式

1. 二瓶昭夫家的"正月"

每年进入 12 月，马场村村民就开始准备过"正月"。首先做的事是"掸煤"，就是中国人说的"扫家"。马场村"掸煤"的时间一般在 12 月 20 日或 27 日。马场村的二瓶昭夫是笔者在马场村调查期间的报道人，当时（2010 年）75 岁，曾经在秋保町综合支所工作，退休以后，成了本村的专业农户。他讲：

> 现在家里用的都是煤气，房屋是木质结构，墙壁材料都是耐用材料，一两年不打扫也不会有多少灰尘，但是不管家里有没有灰尘，都要打扫，因为神是供奉在神龛上的，神进入神龛之前，要经过屋子，如果屋子不洁净神是不来的。现在"正月"更像是一种仪式，一种请神、送神的仪式。正月之前，重要事情就是换"神符"。

我记得自己小的时候，家里也有这个习惯，用鸡毛掸子把家的灰尘掸掉，再重新在墙上刷上一层白灰。这是过年必须要做的事情，掸家、粉刷房屋图的是新年新气象和洁净，好像没有什么特殊的寓意。

日本的掸家则和过年请神进家有关系。

日本的很多地方有过年吃纳豆①的习惯。按照传统，12 月 25 日要做纳豆。过去纳豆是喜庆的时候吃的食品，日本东北地区过年的时候，要用年糕蘸纳豆吃。纳豆的做法是：把黄豆煮熟以后，放到稻草包里捆起来，在温火下焐四五天就可以食用了。现在，人们嫌麻烦，一般都买做好的纳豆。虽然村民很少自己做纳豆了，但过年吃纳豆的习惯一直没有变。12 月 28 日、30 日捣年糕。年糕是日本人过年时不可缺少的食品。日本人吃年糕和种稻都是从中国传过去的。日本平安时代②出现了"镜糕"③，镜糕是用来供神佛的，是节庆的时候不可或缺的食品。二瓶昭夫讲，男主人正月期间要做的事很多，要除了打扫房屋，捻注连绳，还要把年夜饭供放在象征着正月神的神龛上。一切准备就绪以后，家里人一起祭拜神龛，一起就餐。当地人相信除夕夜早睡容易老，所以，人们都是听完除夕的钟声以后才睡。二瓶讲：

"正月"的风俗习惯各家各户虽然不完全一样，但"正月"主要进行的是人和神的对话、人和祖先的对话，希望得到保佑，并祈求新年安康，在这一点上，各家各户又都一样。

2. 太田胜美家的"正月"

太田胜美是我在马场村做田野调查时的另一位报道人。他母亲是二瓶家人，他娶的也是二瓶家人，他和他妻子是堂兄妹，属于交表婚

---

① 纳豆，一种日本食品，利用微生物的发酵作用将蒸过的大豆发酵而成。有使用纳豆菌的拖丝纳豆和先用米曲霉菌种发酵，再加盐水长时间发酵成的盐纳豆两种。
② 日本历史上的一个时代，794—1192 年。
③ 日本民间正月供神的圆形年糕。一般为大小各一，叠放在一起。

（姨表婚）。所以他们家和二瓶家族走得很近，用他的话讲是亲上加亲。他讲，过去亲戚之间逢年过节要互相拜年，特别是分家要给本家拜年，但是这种习惯战后就淡薄了。今年他们家族中有人去世，他们还在服丧期，不用拜年，但是见面时还是要互相问候的。现在的"正月"都是以家庭为单位团聚，每年的1月2日由马场的町内会组织全村人在集会所团拜。今年本村有几户人家有去世的人，按照惯例在服丧期停止娱乐活动，团拜推迟到了1月23日。该村村民都能攀上亲戚，开展什么活动都比较容易。太田家讲，大年三十那天，孩子们都要回来，到齐了会有十二三口人。他家的习惯是，20日大扫除和打年糕，大年三十晚上换神符，换完神符，大家一起动手做年夜饭。之后—起吃饭，看一年一度的红白对唱节目，到12点左右，去寺庙听新年钟声。之后稍微休息一会儿，就去首次参拜神社。12月28日、30日捣年糕。正月十四这一天要重新把"屋敷"周围种的登台树（团子树）的树枝折下，把树枝摆放在神龛附近，做团子树。该民俗习惯不仅在马场村，在整个仙台地区都很普遍。正月十五要早起，烧团子或煮"拂晓粥"，村民相信吃了这些，一年中就不会生病，否则一年中生病不断。这一天要把神龛上装饰的界绳取下来，在神龛上摆放上"拂晓粥"或者烧团子，再把它们拿到门的旁边。在拿的过程中，嘴里要发出声音，意为"送正月神"。之后还要把注连绳取下，一起放到神社的空地上，像火节时那样烧掉。这是日本村落正月最后的一个仪式，本来这个仪式是以家庭为单位进行的，现在改为集体进行。至此，一年一度的正月仪式结束。

（三）马场村"公"的正月仪式

以上两户人家的"正月"，基本上是马场村农户"正月"的缩影，马场村以家庭为单位的正月仪式，无论形式和内容都没有什么变化，

图 4-3　马场村青年团团员挨家挨户给村民送神符（作者摄）
图 4-4　送的全套神符（作者摄）

"正月"习俗仍然被延续着。除了"私"的"正月"传统之外，马场村村落社会组织在"正月"期间也要举办各种"公"的仪式活动。

1. 送神符

中国人过年要贴对联，日本的正月要换神符。过去送神符的工作是由神社的神职人员做，现在是由秋保町各个村的青年团负责。各个村的青年团负责人，在每年的 12 月 20 日之前要去秋保神社领回本村各户的神符，并在 28 日前把神符送到各户。神符每套要收 3100 日元。神符的钱收好以后要交到秋保神社，神社留下一部分，其余的要交到伊势神宫。这是神社的重要收入。2010 年 12 月 25 日，笔者目睹了秋保町各村青年团负责人从秋保神社领出神符，挨家挨户送给村民的场景。送神符有个简短的仪式：派送者登门送神符，呈送神符的时候，举止庄重，接受者要还礼接受，形式正规而固定。派送者退出房门时，接受者要以礼相送。送的神符包括宫大麻年德神、山神宫、大年神、事代主神、五谷丰登神、大国主神、天照皇大神宫（伊势神宫）天照大皇神和丰受大神的祈祷符以及秋保神社祈祷符。更换神符是日本"正月"的重要活动之一，送神符则是日本神社本厅第 3 条规定的重要活动，是神社必须做的事情。在日本，"正月"更换神符，已经不仅是祈求平安的个人行为了，村民通过接受神符，个人已经和社会、国家联系起来了。村民在"正月"期间要完成对国神（国家）、氏神（村落）、家神（祖先）的祭拜，这是日本近代建构起来的传统，只要村落没有消亡，这个传统就不会改变，所以说祭拜活动是维系日本国家、村落、家三位一体意识形态的关键。

2. 火节

"火节"是日本宫城县一个古老而重要的民俗活动，俗称"dondo"祭，每年的 1 月 14 日，各地区的神社都要举行火节。"火节"是"正月"最后的集体仪式，要将旧的神符、护符等"正月"装饰物品，用所谓的清洁的"忌火"焚烧。"火节"是送神的仪式，村民们相信烤"火节"时的神火，可以一年内无病无灾，和正月初一首次参拜神社一样，几乎人人都要参加"火节"。马场村村民，参加的是秋保神社举行的，由秋保神社保存会、秋保町内会、各村落町内会、青年团、消防团等

图4-5　秋保神社神职人员在主持"火节"（作者摄）

社会组织共同主办的"火节"。秋保町有1800多户人家，常住人口4500多人，"火节"的时候，除了常住人口，还有不少离家的人特意回来。据报道人马场村的二瓶讲：

> 过去"火节"是以村落为单位，在各村的神社里举行的。后来，由于神社合并，秋保町4个行政村的十几个自然村开始统一在秋保神社举行。

笔者参加了2011年1月14日在秋保神社举办的"火节"。这天晚上7点一过，人们开始陆续把自家的门松和界绳等拿到秋保神社，放到神社的中央。7点半，秋保神社辖区的、负责长袋村的消防队开来了消防车以防不测。8点整，"火节"的主持人秋保神社的宫司（神职人员）宣布"火节"开始，并亲手点燃了村民们拿来的门松和界绳。与此同时，在秋保神社的神殿里，开始表演起了秋保神乐。整个过程历时2个多小时，完成了村民的集体送神活动。日本农村不断受到社会发展的压力，有些地区的村落名存实亡，但是秋保町马场村还延续着古老的传统，村落仍在延续。

3. 新年会

新年会是村落"正月"重要的活动，历史悠久，源于江户时代的"寄合"，是村落共同体健在的象征。日本有举办"忘年会"的习惯，每年的12月中旬开始，各机关团体纷纷举办。忘年会是为了忘却一年的劳苦而在年终的时候举办的宴会，费用基本是AA制。马场村不举办忘年会，举办的是新年会。新年会不是宴会是茶话会，由马场村町内会主办，参加者为每家的户主。马场村驿站的新年会，按照惯例每年的大年初二在马场集会所举行。如果本村有人去世，按照习惯，其家庭成员要服丧，服丧期限与死者生前的身份有关：父母、配偶、孩子去世的服丧期为50天，最长；其他的，按照亲疏关系来定，最短的是最远的亲戚，只有一天。新年正好在服丧期内的家庭，也可以正常过年，可以接受神社送来的神符，也可以给别人发贺年卡，但也有不接受新年祝福和领取神符的。如果在服丧期中赶上过年的话，要顺延到春分时接受祝福。村落有人去世的年份，全村不能举办大型的娱乐活动。我调查的马场村驿站村落的新年会从大年初二改到了1月23日，就是这个原因。那天我也去了，因去的时间比较晚，人已经走了不少，留下的是十几位男性，绝大部分是我认识的。马场村驿站村落的町内会会长斋藤还在，若年契约讲的组长太田也在。町内会会长，俗称长老会会长，实际上就是过去的村长；若年契约讲的组长，俗称若长。日本有的地方把若年契约讲叫青年团。新年会很简单，只准备了日本清酒，还有一些水果和小吃，大家像聊家常一样，东拉西扯，但也有人很认真地谈论着村落振兴的事情。有人谈到去年本村种樱花树的事情，对此有一些议论，认为组织者不够灵活。在马场村落的山坡上种3000棵樱花树是秋保町综合支所振兴村落、美化家园的一个项目，从仙台市政府申请到了 200 万日元的资金，村落町内会组织村民用 3 年的时间种成。今年是最后一年，栽树的时候我也正好赶上。现在有的村民认为，当初的做法太短见，应该用那些钱买一些栽树的工具，在山坡上搭建一个临时的小屋，再通过各种方式做广告，号召仙台的市民来这里度假，义务种樱花树，种的树可以写上他们的姓名，这样做既可以扩大种植数量，还可以宣传马场村落，为马场村落的发展造势。现在的做法是由町内会决定的，也就是长老决定的。所以，他们认为长老思想太陈旧，没有创新精神。我发现，这个村落的若年组很活跃，组员们的素质都比较高，有的在仙台市财政局工作，当国家公务员，有的在仙台消防队工作，有的当过警察，有的当过中学老师，有的在仙台的公司里工作。他们很热心家乡的事情，我和他们接触了几次，留下了很深的印象，特别是现在的若年组组长太田和一些组员。村落虽然是民主自治，村落的大事情要在村落的"寄合"上讨论，但是最终还要听长老的，一旦形成决议就得执行，任何人不能违反。所以若年组即使有什么不满也只能是私下说说而已。他们的年龄其实也都不小了，最小的 40 多岁。他们唯一的办法就是顺利地步入长老阶层，当上町内会会长。据说，太田下届有可能当选。新年会结束以后，若年组的组员拿上剩下的一些零食，去了太田家，我也被邀请去了。他的群众基础不错，在他家的话题是新年会上话题的继续，谈的是村里的事情。我一个外人不便多待，中途告辞了。我认为他们的新年活动很有意义，气氛和谐。听野口村落町内会会长讲，平时大家聚在一起的时候不多，大家都很享受在一起的时光，但有时喝了酒，也会因为一些事情发生争吵。

日本社会从 20 世纪 90 年代开始，经济发展低迷，农村人口老龄化，且不断减少，边远山区的农村有的逐渐荒芜，农村社会的维持和发展受到严峻挑战。城乡一体化是现代国家发展的必由之路，但是城乡一体化的终极目的不是消灭农村，是希望农业保持在一个合理比例上，农业从业者和其他职业的人一样能够享受到现代工业文明的成果。现在日本的农业人口比例已经低于日本政府设定的最低标准了，如何挽救日益衰败的农业，保持农村原有的风貌是摆在日本政府面前的难题。本世纪初，在大力振兴日本经济的同时，振兴农村的运动也在兴起。虽然农业的发展不能不靠政府，但农村的事情也不能只靠政府。马场村的经验提示人们，要维系农村的社会风貌，传统文化的力量是不可或缺的。

（四）盂兰盆节

盂兰盆节是把祖先接回家祭祀的仪式活动。盂兰盆节本来是阴历七月十五日举行，现在是八月十五日举行。按照习惯，盂兰盆节从七月一日开始，历时半个月：一日修盂兰盆道；七日清扫祭奠场所，进入斋戒；十三日用花、火、水迎接祖灵，供养起来；十五日再送走。这期间，子孙们通过和父辈一起祭祀祖先来确认家族、同族乃至村民的相互关系，通过盂兰盆节强化自己和"家"及"村"的连带意识。我参加了2009年马场村驿站村落的盂兰盆节。那天下午4点多，集会所里已经有人开始忙碌，有人搭建晚上盂兰盆节的望楼，有人挂灯笼，有人准备吃的。这些人年龄都四十多岁，也有五六十岁的，还有七十多岁的，但没有看到八九十岁的人。我遇到了町内会的斋藤会长，他和其他人一样忙里忙外。5点钟左右又来了很多人，伊藤、佐藤、二瓶、三笑都来了。晚上6点多钟人们逐渐到齐了，没有什么特殊仪式，人们三五成群，一边吃着准备好的炒面、烤鱼，一边聊。平时在村里很少看到的年轻人和小孩子，今天也都来了，有二三十人——他们和父母一起来到村里的爷爷奶奶、外公外婆家，和父母一起给祖先扫墓。对他们来说，这是寻根问祖和与祖先交流的机会。

（五）煮芋芳会

　　煮芋芳会主要是日本东北地区进行的季节性活动。秋天，村民在河边或野外聚集在一起吃芋芳火锅，是联络感情的活动，参加活动的一般是家族成员、朋友以及地区、学校、机关单位的同事。这一活动在日本东北地区都很盛行，和春天的赏花一样，被誉为日本东北地区秋天的风情诗。该活动历史悠久，据说在江户时代，稻谷歉收的时候，人们就靠芋芳来补给，替代稻谷。煮芋芳会最初兴起在农村，是庆祝丰收的一种仪式活动。在马场村驿站村落，我赶上了村民煮芋芳会。那次煮芋芳会和种樱花树的项目一起搞了。村里男人们去驿站后面的山上种樱花树，女人们在集会所准备芋芳会的火锅。种完树，男人们回到集会所，一起吃芋芳火锅。吃饭前，举行了简短的仪式，町内会副会长回顾了一下植树的情况，秋保综合支所综合科的职员也讲了几句话。煮芋芳会是联络感情的聚会，大家一边吃，一边聊，气氛融洽。煮芋芳会的火锅就像中国北方人家常吃的大烩菜。在江户时代，一般人吃不起猪肉和牛肉，煮芋芳是不放肉的，而现在一般都放肉，但放得也很少，有一点儿斋饭的感觉。我觉得吃本身不太重要，重要的是大家在一起交流。不光是煮芋芳会，其他的赏樱花会、年末的忘年会也都是这样。

　　我在马场村前后待了一年多，感觉村里的活动比较多，村民交流的机会也比较多。村里的中青年是各种组织的成员，町内会和青年契约讲的成员是村里各种活动的骨干。盂兰盆节和"正月"，村里搞的活动都由他们操办。村民通过参与村落的各种活动，增强了集体意识和村落意识。如今的日本村落中，传统文化氛围仍然很浓。

四、婚葬习俗

（一）婚姻

据说，日本过去的农村有走婚习俗。过去，"青年集团"在男女青年选择配偶的问题上发挥了很大作用。在日本农村，15岁以上的未婚男女都可以加入青年集团。青年集团负责村里的很多工作，是村落中的年龄组织，有的地方已婚青年也可以参加。有的村落还有青年宿舍，供未婚青年住宿。青年集团男女交往自由，青年宿舍是未婚男女交友的据点，允许男女青年"爬夜"，即私通，但"爬夜"不是乱来，是有规矩的，不允许同时和几个异性发生关系，也不允许染指朋友的朋友，如果同时和几位异性保持关系，会被视为"多情郎"，要受到惩罚。也不允许和外村异性来往。青年们的"爬夜"是在青年集团内部纪律的约束下，在宿舍管理人的监督下进行的。男女在交往中情投意合，被女方的父母认可后，就可以结为夫妻。如果女方父母不同意，就"偷媳妇"。"偷媳妇"和"抢婚"不是一回事。"偷媳妇"是女方本人愿意，而遭到父母反对情况下的一种私奔。过去的婚姻关系都在村落内部[①]确立。我在马场村做调查时问过这方面的问题，村民们说，这些事情也是从书本上看到的，自己没有体验过。现在日本农村盛行的是女方到男方家的出嫁婚和男方到女方家的入赘婚。以前，男方就是入赘也不是马上住到女方家，而是在婚礼之后一段时间，以走婚的方式去女方家。

---

① 日本民俗文化大系8『村と村人＝共同体の生活と儀礼＝』，東京：小学館，1984，第344页。

（二）葬礼与"村落共同体"

"仪式研究一直是人类学研究的一个重要领域，几乎所有的人类学流派都对仪式有着独特的理解和认知角度"[①]，泰勒、弗雷泽、范·根纳普、涂尔干、马林诺夫斯基、拉德克利夫—布朗、克罗伯、列维—斯特劳斯、利奇、埃文斯—普里查德、弗斯、特纳、罗萨尔多、道格拉斯都以人类学的视角从事过仪式的研究。早期人类学的仪式研究关注信仰、象征、功能等方面的意义。"后期的人类学的研究越来越重视对仪式文化层面的关注，今天，人们对仪式的认识已跳出了宗教及信仰的束缚，仪式研究被置于更广泛的背景之下。人们从各自的角度和方法对仪式进行定义和探讨，仪式的边界变得宽泛了许多。"[②]

送葬仪式[③]一直是日本宗教学、民俗学、文化人类学学者关注的问题。柳田国男是日本最早研究日本送葬习俗的学者之一，他出版了《送葬习俗词汇》，书里可以看到他所提炼的日本人的生死观。他的研究对后人研究葬礼习俗影响很大。竹田听洲在其《祖先崇拜》中指出：日本传统节庆活动中的正月礼[④]和盆礼[⑤]是同族间的人情往来，婚礼和葬礼是在同族本家指挥下的仪式活动，葬礼的时候，本家要代表丧家向参加葬礼的人致谢。过去村落里的婚礼和葬礼不仅是婚家和丧家的仪式，也是村组[⑥]、亲戚、同族共同经营的仪式，仪式由他们操办，他

---

① 彭兆荣：《人类学仪式研究评述》[J]. 民族研究，2002，（2），第88页。

② 同上书，第40页。

③ 日语的送葬仪式可以用"送葬""葬式""葬仪""葬礼""葬送""吊唁"等词语表示，本人行文中，多用"送葬仪式"来表述，即把日语的双音词改成汉语的四字词，目的是突出"仪式"二字。

④ "正月礼"是在1月4日。这一天，出嫁的女儿、养子回家看望父母，要带上礼品，孩子们会从老人那里得到压岁钱。民间有刚出嫁女儿的头一年不回娘家，家里会遭灾的说法。

⑤ 日本有出嫁的女儿在盂兰盆节的时候带上礼品回娘家的风俗。

⑥ 在日本民间社会，"组"指的是以近邻为基础编成的地域性的家组织。组分为村组和近邻组。村组和近邻组都是学术用语，不同的地方有不同的称谓和组织形态，也有同一个地区两种组织重合的情况。

们是葬礼中的主角。宫田登在《冠婚葬祭》中指出，在日本民间社会，自古以来互助组织发达，在葬礼的时候，葬礼组和葬礼讲[①]作为组织发挥着积极作用。"竹内利美在《村落的行动》一文中指出，日本近世以后，死者的送葬与追福[②]是在檀徒制下由寺院的僧侣负责实施的，但是，送葬仪式还是按照惯例由村民来做，送葬不仅是一家人的事情，几乎是全村人的事情。"[③]

2000 年以后，日本学者又重新开始热衷于村落研究。岛根克己、玉川贵子在《战后日本的葬礼和葬礼业的发展》一文中指出，"在经济增长、家庭关系的变化、生活方式的现代化等社会变迁中，送葬仪式的形式正在发生变化。一方面，区域共同体和职场共同体的共同活动中的葬礼开始以家庭为单位举办；另一方面，为了减轻共同体担负的葬礼义务，出现了专门的葬礼公司。家庭纽带松懈，地域社会关系淡薄，使葬礼的规模缩小，葬礼变成了只是家族和亲戚的事情。"[④]然而，本人调查的秋保地区的葬礼并没有出现上述情况，当地的传统葬礼仪式保持良好。

在仪式研究中，研究仪式对文化传承作用的并不多见，葬礼仪式的文化传承研究则更为少见。本书以村落葬礼为切入点，研究的目的在于揭示村落中的传统文化在维系"村落共同体"方面发挥的作用。本书中的"村落共同体"不是简单的、传统意义上的"村落共同体"，而是经过"社区"化改造以后保留下来的、有传统"共同体"精神的新时代的"村落共同体"。笔者认为考察日本村落葬礼可以体察到村

---

① 村落社会中操办葬礼的近邻组织，也叫葬礼讲、无常讲、不幸讲和讲中。有的葬礼组是独立的组织，一般指的是村组和近邻组在举办葬礼时的葬礼组。

② 祈求死者冥福的仪式。

③ 坪井洋文等编：『村と村人——共同体の生活と礼儀一』，东京：小学馆，1984，第 294 页。

④ 岛根克己、玉川贵子：『戦後日本における葬儀と葬祭業の展開』，日本专修大学：专修人间科学I集，2011 年 3 月第 1 卷第 2 号，第 1 页。

民共同体意识的状况。笔者的调查表明，马场村"村民"仍然有较强的共同体意识，并在维持村落共同体方面发挥着积极作用。

1. 村落中的"近邻组"

日本从江户时代开始，村落中就设置了区域组织。村落中两种以上的区域组织重合并存：一个是村组，另一个是近邻组。村组大，近邻组小。近邻组包含在村组的地域范围内，但两者各有各的功能，但两者各管各的事。村组一般是按照村落内部的道路和水道来划分的，根据村落规模的大小，各组的规模和户数有所不同。村落中的村组原则上是根据村落内部的需要而设立的。不同的地方对村组有不同的叫法，东北地区叫"屋敷"，现在"屋敷"一般指宅基地。有的地方用村落中的上、中、下位置代表村组。村组是把村落内部划分成几个区域性的组织，而近邻组是把几家捆绑在一起的组织，是根据国家对村落管理的需要而设立的，和村组有明显的不同。近邻组中最有代表性的是近世的"五人组"，以及明治初年的"五人组"和战时体制下[1]的邻保组（近邻组）。因为是政府干预下成立的制度性的组织，其地方性差异不大。起初，近邻组的功能主要是相互连带保证、互相监督、上意下传、赋税征收等，行政功能很强，经过一段时间以后，才开始有了生活上互助的功能。现在，近邻组虽然已经解除了法律的制约，但作为村落内部组织仍然发挥着作用。一般的村落，村组中都有几个近邻组，近邻组的作用在举行送葬仪式的时候会充分显示出来。近邻组的存在维系了村落中人与人之间的温情。

---

[1] 在近现代的战争中，日本国家把战争作为最优先的目标而实施各种政策的体制。

2. 马场村的送葬仪式

从日本农村的葬礼可以看出村落的社会网络，这是观察和了解日本村落组织的最好机会。日本的葬礼有很多讲究。首先是入殓和守夜。亲戚和邻里组的人到齐以后，就开始用热水进行"汤灌"仪式：先在水盆里放些凉水，再用勺子往里加热水调温，身上挂着带子的亲属把死者的眼睛、耳朵、嘴堵上，用热水洗全身；洗完以后，男性则刮胡子，女性则化妆，剩下的水倒到背阴处。然后，给死者穿上生前喜欢穿的衣服，上面罩上白寿衣，由僧侣念枕经。入殓仪式一结束，就把遗体放入棺材。日本人一般把这个过程叫死者去另一个世界旅游。把尸体放入棺材以后，葬礼公司的人就来了，要在丧家摆祭坛，做好守夜的准备。守夜是僧侣念完经以后，家里的人和亲戚们在死者的旁边吃饭，之后彻夜点灯、供香，讲述死者生前令人难忘的事情。守夜是生者和死者在一起的最后机会[1]，之后是葬礼和送葬。葬礼在守夜后的第二天举行，由亲属和有关系的人参加。送葬的时候，在葬礼队伍最前头的是拿着松明的本家的主人，继承人拿着牌位在其后，之后是拿着供佛的供品的妻子。在日本农村如果有人去世应去慰问，要和丧主家人一起吃饭，要送香奠。香奠现在是现金，以前是大米。如果死者生前人缘好，葬礼的时候，家里的院子里会堆满一袋一袋的大米。葬礼集中体现了日本社会中的"义理人情"和交际的"世间"[2]规则。日本人很重视葬礼和墓。在日本，葬礼是处理遗体的仪式。日本人认为，人死是因为作为活力源泉的灵魂离开了身体，葬礼处理遗体是处理无法挽回地离开了身体的灵魂。在日本很多地方，人临终的时候，围着

---

① 宫家準：『生活のなかの宗教』，东京：日本放送出版协会，1980，第25页。

② 一般指社会。但是它和社会的意思不完全相同，社会是西方的概念，"世间"是日本的概念，
　包含着礼尚往来。

病床的亲属们，每个人要用毛笔蘸上水，抹在病人的嘴唇上，也有把水抹在脸上的，日本人称其为"末期的水"仪式，希望用水阻止就要从嘴里出去的灵魂，并通过这个努力使病人起死回生。在死者的枕边，亲属们一边号啕大哭，一边呼唤着他的名字，此即所谓的"叫魂"。人一死，丧家马上起火做饭，饭做好以后，首先盛一碗，在中间立起一根筷子，此即所谓的"枕饭"。死者旁边放着的从河里捡来的小石头，即所谓的"枕石"。"枕饭"是靠大米具有的咒力唤回死者灵魂的咒法，饭中间的一根筷子是灵魂依附之物。有的地方，有在病人临终前在枕头边晃动装满大米的竹筒来招魂的习惯。为了防止失去灵魂的尸体沾上邪灵，会在尸体上放把短刀。接到报丧的消息，亲戚和村民们很快就带着香奠来了，邻里组成员替服丧的死者家属接待来宾，制作香奠账，和死者的家属一起吃"枕饭"，参与"汤灌"、"纳灌"、挖墓的人要吃服丧饭。[1] 日本的葬礼风俗在农村保存得十分完整，葬礼本身的礼法、参加葬礼的人要做的事情、谁来主持葬礼等一系列问题可以反映出村落中人与人的关系、村落各种社会组织的作用。从葬礼可以看出一个村落的完整性。农业社会时代日本的人生都和稻作有关，其祖灵信仰使得日本人不敢怠慢死去的祖先，要把死者的葬礼办得轰轰烈烈，好让祖灵安宁，早日成为祖神，保佑后人，这种源于农业社会的文化传统延续至今。

我在马场村参加过几户的葬礼，对日本传统葬礼和社会组织有了比较深入的了解。日本农村的葬礼仪式基本都采取佛教式的，现在一般都花钱委托农协[2] 的葬礼中心或其他专业丧葬公司来操办。丧葬公司的人在"汤灌"仪式之后到达，要在丧家摆祭坛，做好守夜的准备。

---

[1] 宫家準:『生活のなかの宗教』，东京：日本放送出版协会，1980，第23页。
[2] 农协，农业协同委员会的简称。日本农民以经济上互助为目的而成立的合作组织。

丧家还要请死者所属寺庙的僧侣来念经。僧侣念完经以后，家里人和亲戚们要在死者的旁边吃饭，之后彻夜点灯、供香、守夜。祖灵信仰使得他们不敢怠慢死者，他们要把死者的葬礼办得轰轰烈烈的，好让其灵魂安宁，早日成为祖神，保佑后人。日本的葬礼仪式，随宗教流派和地区的不同而略有不同，一般如果家人死了，都要马上进行"枕经仪式"[①]，之后净身入殓，举行守夜仪式[②]。第二天举行葬礼和告别仪式，之后送去火葬或土葬（现在没有了）。一般的葬礼是村长（现在是町内会会长）致悼词，之后请僧侣念经，宣读唁电，遗族烧香，僧侣退场，丧主致谢，遗体告别，出棺，由6名男性把棺材抬入灵车内，送去火葬。笔者在秋保町看到的基本都是守夜之后的第二天上午，就把尸体送到殡仪馆火化了，之后立刻取回骨灰。送葬仪式一般在上午11点多开始，多在死者家里进行。

3. 马场小川内家的葬礼

故主小川内，享年103岁，其葬礼是传统的农村葬礼。葬礼操办者有三分之一是家族成员，其他的是邻里组成员和农协葬礼中心的工作人员。家族成员主要忙于葬礼本身的事情；邻里组的男性负责接待参加葬礼的人，女性帮助做饭；农协葬礼中心的专职人员负责组织和安排葬礼的具体工作，按照丧主的要求提供葬礼服务，根据规模和奢华程度收费。小川内的葬礼标准属于中等程度，费用在300万日元以

① "枕经"是不让死了的人不安，使其回到枕边而举行的一种仪式。现在，人一死就举行这个仪式，意思是希望死者尽快听到念经的声音。有的教派不举行枕经仪式。

② 守夜仪式开始30分钟前接待吊唁者，早来的慰问者要在准备好的休息室等候，接待开始后，接受香奠，并登记注册。仪式要请僧侣念经，亲朋好友以及一般吊唁者都要烧香祈祷。之后，丧主要对僧侣布施表示感谢，并商定好第二天的葬礼时间，僧侣退场后，守夜结束。吊唁者离开时，丧主家人要向其道谢，同时递交感谢信和香奠的还礼。丧主在僧侣离去之后，代表家人对前来吊唁的人们表示感谢，并且准备好饭菜来款待吊唁者。一般时间掌握在一个小时，如果僧侣也参加，应该坐在上座。

图 4-6 马场村小川内家的葬礼（作者摄）

图 4-7 马场村泷原佐藤家的葬礼（作者摄）

上。农协葬礼中心是专门为农协组员提供葬礼服务的专业机构，主要为宫城县境内的农协组员提供服务，90% 的服务对象是农户，有时候也为市民提供服务，但是很少。据仙台农协葬礼中心的工作人员讲，他们一年要为 170 多户人家提供服务，按照平均每户 300 万日元计算，每年的收入为 51000 万日元。我观察了一下，参加葬礼的有三部分人：一部分是死者的亲属；另一部分是邻里十户组的代表；还有一部分是死者生前的好友以及当地各种组织的代表。发来唁电的有农协理事高野秀策，还有当地出身的各级议会的议员。高野秀策还送了花圈。参加葬礼的亲属团有 40 多人，各种关系的死者好友有 40 多人，邻里组有将近 20 人。葬礼历时 3 个多小时。在农协工作人员的主持下，死者信奉的秋保大瀑布不动尊的僧侣开始念经、祷告，因为死者家是秋保大瀑布不动尊的檀家，所以要由秋保大瀑布不动尊的僧侣祷告。秋保地区一共有 5 座寺庙，依次是洞窟堂（盐瀑不动尊）、泉明寺、向泉寺、大云寺、秋保大瀑布不动尊。秋保大瀑布不动尊的檀家占秋保总户数的 1/5，马场村的大部分人家是其檀徒。秋保地区的寺院各属于不同的宗教流派，秋保大瀑布不动尊属于山岳信仰。参加葬礼的人要缴纳葬礼费，亲戚一般 1 万日元，邻里组要缴 5000 日元，一般来宾缴 3000 日元。仪式中，来宾除了向死者默哀之外，还要轮番点香，象征性地抓一点香灰放到另外的香炉里。总的感觉是，僧侣讲的比较多。仪式完毕，一般来宾退场，只留下邻里组的男成员和死者亲属。最后由邻里组成员打着旗子，用竹竿顶着草帽，鸣锣开道，紧跟其后的是抱着死者照片的长子，亲属则列队跟随。女性一律围白色三角巾，据说是为了辟邪——佛教认为女性生来不洁净，本身辟邪能力差，所以要借助外力（三角巾）。来到小川内的墓地，所有的人在墓地空旷处按顺时针绕 7 圈，之后，把骨灰盒放在墓里。安放骨灰由职业人员做，亲属们围在旁边，观看全部过程。临别时，在墓碑旁的花瓶里插上鲜花。整个过程庄严肃穆。按照僧侣的话讲,马场村葬礼仪式的外在形式随着时代变迁有些改变,但是内容并没有变化,很好地传承了当地的民俗文化。在没有亲眼看到当地的葬礼的时候,我已经通过阅读文献,了解了秋保町马场村的葬礼;目睹了葬礼的全部过程以后,为他们能如此完整地保存传统的民俗文化而感到震撼。从葬礼可以明显地看出村落文化有别于都市文化。村落文化代表着传统文化,如果从人性的角度认识村落文化的话,就会感到它极富人情味,而都市文化则不同。桥本先生领我参观了仙台市殡仪馆(斋场),送殡的只是亲属,冷冷清清,而农村的葬礼则是那么隆重。小川内的后人在葬礼答谢中,除了感谢大家对死者生前的关照和参加葬礼外,还希望大家继续关照在世的人。通过几天的观察,我发现这里的人,包括农户和非农户,都是某种村落组织的成员,他们被编织在一个"村落共同生活"的网络里面,互相协作。秋保神社是秋保地区最大的村落网络,它覆盖秋保町的所有村落,因为,神社里面供奉的是全地区的氏神,所有居民都是氏子。氏子之间(农户与非农户)通过共同的信仰,被紧密地联系起来。

4. 田和夫的葬礼

田和夫的葬礼 12 点开始,地点是大云寺。大云寺属于曹洞宗,死者是檀家,生前开过鱼店,是长袋村的老住户,孩子都在仙台市工作。大儿子在仙台市政府工作,和他住在一起。死者生前乐于参加本地的社会活动,曾经是大原的町内会会长,人缘不错。参加葬礼的人不少,有邻里组的成员、亲属,还有过去协会的朋友,秋保神社的神纳(宫司之上的神职人员)也来了。葬礼由仙台的一家叫"清月记"的葬礼公司主办,服务费 160 万日元,属于豪华型葬礼,形式和在家举办的没有什么太大不同。

大云寺有几位僧侣，每年进行各种仪式活动，1月1日到3日是正月祈祷，1月6日是新年开始仪式，1月15、16日问候正月菩提寺，3月17日到23日举办春彼岸法会，4月17日举办观音、子育、水子地藏大祭，8月第二个星期日举办山门大施食会"法要"，9月17日举办秋彼岸法要（万灯供养法会），9月20日到26日举办秋彼岸法会，12月31日主持除夕敲钟。僧侣是职业的，家就安在寺院前面。

5.泷原佐藤太一家的葬礼

死者是佐藤太一家的母亲，享年92岁。参加葬礼的除了本村的分家以外，还有不少其他家的人，外村来的也不少。这家是大户，亲戚除了本村之外，其他村也不少。据说，死者的丈夫生前是本村农业委员会的成员，人缘很好，本家是马场村驿站二瓶家，现在的家是本村佐藤家的本家。来的人格外多，我遇到很多熟人参加这家的葬礼，使我真正感受到了秋保町内的圈层特点。现在秋保町人的生活圈在秋保町，生产圈在村落，就业圈在仙台市。过去这里人的生活圈在秋保町，生产、生活圈都在村落，婚姻圈在秋保町，在秋保町方圆十几公里的地方，可以互相称亲戚的人很多。这里完全是个熟人社会。

（三）葬礼仪式对"村落共同体"认同的影响

传统的仪式研究主要是对仪式功能、仪式规程、仪式的象征和仪式的展演的研究。以往，仪式研究主要关注的是对古典神话和仪式的诠释和对仪式的宗教渊源和社会行为的探讨①，如今的仪式研究则涉及仪式的方方面面。仪式是社会文化展演的一种方式，"是个体获取社会规范认识的重要外在推动力。丧葬仪式作为仪式的一种，自然扮演

---

① 彭兆荣：《人类学仪式研究评述》，《民族研究》，2002，（2），第88页。

着延续社会构造、整合社会秩序、强化集体情感的功能"。[1] 我通过在秋保町马场村的实地调查、研究，呼应了传统的人类学仪式研究理论，阐述了葬礼仪式在日本村落社会中对于文化传承以及维系村落"共同体"所发挥的特殊作用，表明日本村落的葬礼也是村民文化认同的重要内容。

日本农村社会从 20 世纪 60 年代开始进入转型期，随着土地制度的改变，农户拥有的土地开始均等化，大量农村剩余人口外出就业。由于小型农具普及，农户间的互信依赖关系减弱。加之日本政府大力推进城乡一体化，农村，特别是城镇附近的农村，实行了城镇的"町内会"管理模式，使原本以"本家"或"村组"为中心的"村落共同体"社会开始瓦解，一时间，日本农村已经终结的说法弥漫于世。确实，日本农村从那时候开始，人口老龄化严重，传统的村落日渐难以维系。随着 20 世纪 90 年代日本泡沫经济的出现，日本社会的发展开始变缓，一部分人开始回归农业。在农村，在一些骨干农户的带领下，开始了重建农村的实践活动，但步履艰难，"村落共同体"的维系和重建同样困难重重。但是，秋保町马场村似乎是个例外。究其原因，我认为，是和该村文化传统保持良好有关。考察村落的文化传统可以从很多方面入手，之所以选取葬礼仪式作为切入点，是因为我在日本秋保町马场村做田野调查的时候，几乎参加了其一年内的所有活动，包括爱宕神社的祭祀活动、盂兰盆节节庆活动、秋保神社例行大祭、葬礼、过年的新年会等，其中，给我留下印象最深的是村里的葬礼。在进入马场村之前，我查阅了不少关于仙台地区的民俗资料，很多资料都介绍了马场村的传统葬礼，其中有一张 1980 年的葬礼照片和笔者在马场

---

① 郑小虎：《仪式象征符号与社会建构的探究——以辽宁省普兰店 T 村丧葬仪式为例》，西安：西北大学，2012 年，第 7 页。

村看到的场面一模一样。在秋保町马场村做调查，让我感到的不仅是葬礼仪式形式没有什么变化，就连参加葬礼的人的意识也没有什么变化。我接触过很多村民，包括后来入住该村的外来户，他们无论谁家办丧事都参加。几次经历，使我亲身体会到马场村的葬礼不是丧主一家人的事情，而是全村的事情。我的调查结果表明，马场村并没有因为城乡一体化而放弃自己的文化传统，不仅土生土长的村民能恪守本村的文化传统，外来人口也能入乡随俗。这其中，村落的仪式活动起到了强化村民文化认同的作用。一般来说，马场村"村民"的文化认同，主要表现在村里的公与私的仪式活动上。公的仪式活动指的是村里每年举行的大型祭祀和正月节庆活动；私的仪式活动指的是村民个人的人生通过礼仪，现在主要是送葬仪式。马场村葬礼仪式的社会整合功能依旧，仍然发挥着维系"村落共同体"的作用。一般认为日本是"共同体"性质很强的社会，马场村的葬礼仪式可以反映出日本社会的一个特点——一个不断被传统文化建构的"共同体社会"。

第五章　生计模式与村落共同体

一、非稻作生计

马场村地处山区，从东到西有十几公里的距离，有驿站、野口、泷原、野尻4个自然村，其中驿站和野口村落以稻作为主，全村三分之二的农户是贩卖农户。泷原和野尻村落人均耕地少，种的稻子主要是自家食用，在农业时代，其经济来源主要是副业和外出打工。野尻村落三面环山，历史上是山形县到仙台的必经关口，驻守在这里的最下级武士"足轻"，待在哨所，警备边界。江户时代以后，他们成了自食其力的农民，开始靠种稻和上山打柴为生，也有人当脚夫，把商人的物资运到对面的山形县去。他们轮流出工，物资多的时候，要请邻近村落的人帮忙，用马驮或者人背，一直把货物送到山峰上，交给对方的来人。明治二十年（1888）新开通了一条通往山形的道路，通过二口的物资基本没有了。过去，替商家运物资是野尻村民重要的生活来源，中断以后，不得不靠烧木炭来增加收入。耕地少的农户，为了生活开始外出打工。当时仙台知事都劝他们到北海道去谋生路。天保二年（1835）在附近的砂金川上游，发现了砂金铜矿，多数村民都去矿山当了工人。他们把矿石放到草袋里，背回野尻村落，一天背两次，虽然很辛苦，收入还是不少，但是有不少人因患上了矿山尘肺病而丧命。明治三十五年（1903）该村开始利用丰富的林业资源，发展木地板产业，村民个人则主要靠烧木炭和养蚕维持生计。驿站村落与其他村落不同，虽然在不同时期，也有村民养蚕、烧木炭、种烟草，但那只是副业，种稻一直是主业。1960年以后，日本经济快速发展，城市需要大量劳动力，马场村有不少人开始外出打工。由于村民文化程度较低，第一代外出工作的人，基本干的是建筑业和运输业。男人在外面工作，家里的地就交给老婆种。好在当时村里有"讲""组""结"这样的社会组织，在亲戚和各种社会组织的帮助下，家里的地没有荒废。马场村1993年搞了农地改良，把高低不平的农地，平整成了每块0.2公顷的长方形的水田，为此还成立了秋保农地改良委员会，中野熏是首任理事长，现任是太田胜美，具体负责土地改良工作的是秋保町土地改良事务所仙台农协生出支店。中野讲：

> 村里的土地改良事业，花了6亿多日元，这笔费用有一部分要分摊到农户身上。我家有改良土地0.69公顷，每季度要缴4.69万日元，一年要缴418.76万日元。我家的土地租给二瓶，按标准每0.1公顷的土地，二瓶要给我3.5万日元的租金，扣除每0.1公顷的平整土地费，自己所剩无几。

现在，他在村里开了一家商店，不再种地了。农地改良已经过去18年了，但村民和农协签订的偿还农地改良费用的期限为30年，所以村民欠的款要到2024年才能还完，还有13年。他认为农地改良是多此一举。但此一时彼一时，当时很多农户都希望以后能靠种稻维持生计，没想到社会发展这么快。对于大多数农户来说，当初的想法现在很难行得通了，但欠的钱不能不还，这个费用对农户来说是个不小的负担。也有对当初的做法表示赞同的。太田是村里的种稻大户，是日本政府认定的专业农户，他说：

当初政府鼓励农村利用好现有耕地，为了提高稻谷的单产量，在全国推行了"农田整备"工程，把高低不平的农田，平整成了标准的农田，平整后的农田的单产量比以前提高了很多。虽然农户要承担一部分农田整备费，但土地是农户自己的，整备好了可以一劳永逸，花费一些是值得的。

1970年以后，马场村大多数农户用现代农机具替代了耕马，生产力大大提高，稻谷产量也随之增加，市场上的大米开始饱和。日本政府为了保护农民和市民的利益，把稻谷的产量控制在合理的范围内，实施了水田转产的农业政策。转产是全村的事情，由当地农协和农业实践组合负责实施，村民轮流转产。转产就是当年不种稻子，改种其他作物。日本的大豆和小麦要靠进口，所以转产一般都种大豆。大豆产量低，经济效益不如大米，为此，日本政府对转产实行补贴，希望不影响农户的积极性。由于日本稻作农户的水田面积平均不足1公顷，又多是兼业农户，并不欢迎转产政策，但进退两难：不继续种稻，买农机具投入的钱就会血本无归，坚持种下去又利益微薄。为此，有些农户开始把自家的地租给别人，腾出时间去干别的。所以，马场村的水田除了每年30%的转产种荞麦和大豆外，没有闲置的土地，自己不种的，一般都租给亲戚种，或者委托秋保农业实践组合种。

（一）烧木炭

明治七年（1875），马场村的21户人家开始上山烧木炭，烧炭户数占当时全村总户数的24%。明治四十一年（1909），马场村村民的家庭收入来源比例为：大米37%、木炭29%、蚕20%——木炭和蚕加起来占总收入的一半。烧木炭和养蚕是战前农户的重要经济来源，有的人甚至不种地了，整年都烧炭。那时候，山林基本都是村里共有的，谁都可以随便进山砍柴、烧炭。农户用背架背上大米和大酱、蔬菜，登上二口的岳山，在炭窑的附近搭个小屋住下烧炭。驮木炭用马，下雪的时候，用雪橇。烧炭的全盛时期是第二次世界大战以前，1950年以后，从事烧炭业的人开始减少，烧炭组合也随着消失。泷原村落的佐藤今年80岁了，年轻时当过建筑工人，也当过运输工人，退休以后赋闲在家，家里本来有一点旱田，也租给别人了。他没有离开过这个村落，过去他和父亲一起烧过木炭。他听父亲讲：

> 1902年前后，烧好的木炭，要运到仙台出售。当时，马驮8俵[①]（每俵30公斤），人背1俵，人跟着马走。早晨6点钟出发，走半天才能到仙台，晚上7点左右才能返回。明治末年，各地都出现了中间商，销售就交给这些人做了。

过去马场村驿站村落的斋藤享的父亲是当地的中间商，经常赶着雇来的马车，挨家挨户收购木炭，运往仙台。斋藤享是现在马场村驿站村落的町内会会长，他父亲的本家在野口村落，他自己找了驿站中野家的女人，买了地，安了家。他父亲是木匠，不是地道的农民，木匠活儿不多的时候，去横须贺军港修过船。他父亲人缘好，当过本地木炭销售的中间商。他本人今年70岁左右，父亲给他讲的故事，还记得很清楚。当时一俵可以卖7钱左右。到了昭和年间，运炭不用马车，开始用汽车了。战争期间，各村落的"组合"从村里领到助成金[②]，建造了木炭仓库，村内生产的木炭都集中在一起，分出等级，一起出售。当时马场村几乎家家户户都烧木炭。1960年以后，烧炭业开始走下

---

① 装大米或木炭的、用稻草做的草包。1俵大米60公斤，1俵木炭30公斤。
② 日本政府的补助金。

坡路，如今已经没有人烧木炭了。中野正幸 1942 年出生，对当时烧木炭的事情记忆犹新。他说：

> 小的时候，这里的人都很穷，我家祖祖辈辈都是农民，父亲除了种地，还烧木炭，木炭是家里的主要经济来源。当时农民的土地很少，比现在还要少，所以不烧木炭无法维持生活。我家里 13 口人，兄弟姐妹 10 人，只有 0.5 公顷农田。烧的木炭主要卖到仙台。当时虽然也有煤炭，但很贵，一般人用不起。木炭到 1965 年前后就不烧了。烧木炭的时候，要上山，到一个树木茂密的地方，架口锅，把附近的树木烧得差不多的时候，再到另外一处架锅，继续烧。山林不是自己的①，要花钱买下来才能烧。当时的办法是，用卖木炭挣的钱买山林，再用买的山林的木材烧木炭。有山林的人不烧木炭，靠卖山林赚钱，这些人一般都是地主。

据了解，日本农地改革的时候，政府没有收购私人的山林，现在还有很多人家有山林。后来没有人烧木炭了，山林不值钱了。山林除了村民私有的之外，还有共有的。使用共有山林，要经过共有林财产保护委员会的认可。日本的木材大多依赖进口，价格相对便宜，村落山林的木材没有销路。

（二）养蚕

日本养蚕历史很长，养蚕的技术来自中国。明治维新时期，缫

---

① 在马场村，山林有两种情况，一种是村落共有山林，另一种是私有山林，共有山林可以租赁给村民，但不能买卖。村民烧木炭必须要从私有山林者那里购买，私有山林者一般都是村里的地主。

丝业是日本政府的主要经济来源，当时农村的村民几乎都养蚕。马场村养蚕的历史，可以追溯到明治三十年（1898），开始时只是几户人养，后来村里大部分人都养。农民夏天养蚕，冬天烧炭。从大正元年（1912）到昭和十年（1935）是养蚕业的全盛期。战争期间，生丝销售不出去，桑田改种了粮食。日本政府对转产提供过一些补助，原来的养蚕组合变成了魔芋组合。丝绸是日本高档和服的原材料，在日本关东地区，现在还有些农户仍在养蚕，但是对于马场村的村民来说，养蚕已经只是历史的记忆了。马场村驿站村落的二瓶博是二瓶家族的本家，年轻的时候，在军港横须贺服过役，后来也养过蚕，现在家里还保留了很多本村养蚕的历史资料。他讲：

> 在战前本村一共有 50 多户人家养蚕。养蚕的收入是家里的主要收入。我家里还保存了一张组合成员一起在装满蚕茧的容器前的照片。

马场村村民除了烧木炭和养蚕之外，还种过烟草。1938 年 8 月 10 日在汤原村分教场举办了烟草种植培训班，秋保町由此开始了烟草种植。当时种植烟草的一个大背景是，1939 年日本开始禁止从国外进口烟草，为了弥补缺口，只好在国内增加了 5 万公顷改种烟草的土地。1940 年秋保村正式开始种植烟草，当时秋保町的特种农作物生产组合有养蚕组合（组合长：伊藤胜摩）、养马组合（组合长：佐藤广平）、魔芋生产组合（组合长：佐藤广平）、烟草种植组合（组合长：冈崎荣左卫门）。在种植烟草的问题上烟草种植组合和养蚕组合发生了矛盾，仙台市烟草专卖局派人与烟草种植组合和养蚕组合负责人协商，最终化解了矛盾。但是，之后养蚕组合指责来自岩手县的技术人员菊地信一是在指导种植"毒品"，和他一起种植烟草的农户也被说成是"非国民"。当时的养蚕组合非常痛恨种植烟草，菊地信一面临的压力很大，但他不气馁，不断做村民的工作，村民终于理解了他的好意，烟草种植被秋保町村民接受了。1974年马场村驿站村落的中野八雄等建造了共同培育烟草苗的设施，一直到1990年马场村的村民还在种植烟草，现在很多人家还有当年晾晒烟草的棚子。马场村驿站村落平均每户有0.8公顷土地，村民靠土地无法维持正常生活，所以开始烧木炭、养蚕、种烟草、养牛。也有从事其他副业生产的。比如，泷原村落地处山区，种蘑菇的历史悠久，村民就继承了栽培蘑菇等本村的传统。泷原村落的生活改善中心（集会所）旁边有一家菜店，卖的就是自产蘑菇，我每次经过那里时，见到客人总是不断。他家卖的蘑菇有四五种，每种一盘，500日元。据说小店忙的时候，邻居家的孩子要来帮工。以前，泷原村落道路两旁都是山，政府把高低不平的山地平整成了农田，接纳了一些战后返乡的人——土生土长的本地人只有十几户。本地区不属于土地改良区，灌溉用的是名取河的水，种稻成本高于其他地区，所以本村村民很少种稻，一般都种荞麦和蔬菜。佐藤茂是这个村落远近闻名的种菜能手。30年前，他发明了自然循环型农业，用自家养的鸡粪当肥料，不用会破坏土壤中的微生物的农药和化肥。他还和政府合作成立了"农业实习所"，取名"灿灿实习所"，接受有心理疾病的患者来这里种菜，恢复健康。

（三）种荞麦

马场村野尻村落以前是"足轻"村，"村民"过去都是戍边的武士，领军饷，从不种地。明治维新以后，他们解甲为农，成了自食其力的"农民"。此地为山区，气候比马场村的其他地方冷，种荞麦是该村的传统，现在秋保町举办节庆活动的时候，少不了野尻村落的荞麦面条。野尻村落二瓶久的儿子讲：

野尻村落农地少，农户都是兼业，有五六家种水稻，其余都种荞麦和蔬菜。这里的荞麦很有名，产量少，但是价格高，村民都愿意种。去年因为雨水大，荞麦收成不好，但并没有影响村民种荞麦的积极性。

除了大米，日本人还常吃荞麦面，但本国的荞麦满足不了市场的需要，每年都要从中国和俄罗斯等国进口。国际市场的荞麦价格不断上涨，日本农林水产省就鼓励本国农民种荞麦。马场村野尻村落种荞麦，主要是由于当地气温偏低，不适合种水稻。在仙台，马场村野尻村落的荞麦家喻户晓。

二、稻作与兼业

马场村有贩卖农户73户，其中能称得上专业农户的只有5户，5户中1户专门种菜，其他4户为稻作农户。马场村93%是兼业农户，这一数字正好反映了日本农村的实际情况。日本没有城市户口和农村户口之分，是否农户，不看户籍在什么地方，看的是农地是否从事农业生产。在日本，根据农户拥有土地的面积和对农业投入的时间以及农产品的销售额，分为专业农户和兼业农户，兼业农户根据其对农业的投入量和农业生产量的多少，分为第一种兼业农户（农业为主）和第二种兼业农户（农业为辅）。马场村93%的农户是兼业农户，其中有第一种农户，也有第二种农户，但不管哪一种都有双重身份。村民除了做农活，都有其他工作，人们戏称其为"有地的公司职员"。这种双重身份在日本是允许的，只要你缴纳两份税就可以。按理说，农户应该交两份税：农业税和个人所得税，但由于日本农业是小规模兼业农业，农户的农业收入不多，实际上基本不交农业税，只交个人所得税就可以了。所以，对他们的戏称中，包含了羡慕和嫉妒。日本的农民和中国的农民完全不同，可以申请双份保险，退休了，还有土地，可以一边领取养老金，一般继续务农。日本的农民像城市的退休者，退休以后，钱不够花，还得再找工作。和城市工薪阶层相比，"农民"多了一份农业收入，但是，如果是专业农户，要付出更多的努力才能达到一般人的生活水平，所以在日本，兼业农户很满意自己的现状，很少有人愿意成为专业农户。马场村只有两户愿意当专业农户。二瓶恒男现在种6公顷水稻，按规模可以算是专业农户了，但他还不是。在日本，要成为专业农户，必须得到国家的认可。认可的条件，除了土地规模以外，家庭人员也必须以从事农业为主。二瓶本人已经退休，主要精力放在农业上，但他家的其他成员，还在从事其他职业，因此，按规定，他还没有申报专业农户的资格。除了二瓶一家，马场村驿站村落的太田也想成为专业农户。太田和他老婆都已80多岁，但身体健康，太田种地，老婆在大泷卖土特产。太田说：

> 年轻的时候，在横须贺的海军基地服过役，没有正式上过战场，复员后在当地的技校工作过一段时间，之后回村务农，当过土地改良协会的会长，在农协也工作过，是地道的农民，但一直没能成为专业农户，原因是儿子们还在工作。按照日本农业法规定，只有继承人也从事农业，才能被认可为专业农户。现在儿子退休了，可以申请专业农户了。专业农户在融资方面比较方便。

兼业农户一般对现状比较满意，只是对日本摇摆不定的农业政策有些担忧。兼业农户不指望农业赚钱，也不希望农业赔钱。日本现在的农业政策和大米价格，使种稻基本不赚钱，尽管如此，"农户"也并不太担心，因为还有其他职业。解铃还须系铃人，要改变目前的状况还在于日本政府的决策。日本政府原计划在2011年加入TPP。加入TPP有可能打破日本农村目前的状况，但3月11日日本东北地区发生了有史以来最大的地震和海啸，使日本政府无暇顾及TPP的事情。据我了解，兼业农户对日本政府新的农业政策不甚担忧。退休中学老师中野正幸是我在马场村的报道人，其本家也是农户，不在这里，他家里兄弟姐妹太多，自己成年后成了中野家的入赘女婿，结婚后一直一边当中学的老师，一边种地，是典型的兼业农户。他7年前退休，开始专门从事农业生产，有旱田0.5公顷、水田0.8公顷。他有3个孩子，一男两女，但都不在身边，农活都是他和老伴儿干。旱田主要种植蔬菜。他的蔬菜很受消费者的青睐，有固定的客户，基本不为销售发愁。他讲：

> 夫妇两人一天靠种菜能挣1万日元，有时候能挣2万日元，但种菜的成本很高，化肥等加起来花的钱很多，算下来也挣不了多少钱。旱田在村里算多的，一般家庭只有0.1公顷左右，自己有0.5公顷，都种了蔬菜。种的蔬菜多是直销，来这里买菜的很多是仙台市内的人。家里的地一直是和老婆种，男孩子在仙台市附近开了一家私人诊所，两个女儿都不在身边。

马场村的兼业农户中，有几位在运输公司工作，文化程度都不高。我记得有国内来的游客说，日本开大巴士和出租汽车的老年人多，有的态度还不太好，如果知道了这些人的背景，这种现象就不难理解了。在野口村落，我还经常接触柴田学。他干过建筑工，当过运输工，退休以后赋闲在家，有一点旱田，都租给别人了。他有3个孩子，一个儿子，两个女儿，儿子在仙台上班，大女儿一家在东京。他本人兄弟姐妹10人，自己今年80岁了，虽然不是老大，也没有离开过这个村落，早年和父亲一起烧过木炭，家里的旱田过去由老婆种些蔬菜。马场村的兼业农户中，除了卡车司机外，最多的是建筑工人，我接触了五六位，都是已经退休的。河原幸一也是我的报道人之一，以前承包土木工程，他家是政府认定的豪族，祖上曾经享受武士的待遇，有日本前首相宫泽喜一亲笔签名的认定书。他家是从岩手县来的，到他已经第15代了。他家的房屋与众不同，屋前方有个横穿门，俗称"冠门"①，据说，只有武士家和豪族家才有这种门。他家有2公顷水田，是土改时政府留给他家的。他家是马场村拥有土地最多的一户，地基本都种了稻子。马场村的兼业农户中，还有几位在秋保综合支所和仙台市政府工作。秋保町本地人要进入秋保町综合支所工作也不是容易的事情，也要经过严格的公务员考试。伊藤幸哉是我在马场村最先接触的"公务员"，他是秋保综合支所总务科地域振兴股长，是我进入秋保町的的引路人。他父母还健在，家里的农活主要是父母做，他只在休息的时候帮帮忙。村里人很羡慕在秋保综合支所工作的人，认为他们不用离开家就有一份稳定的工作，还可以兼种家里的地。在马场村，有两位兼业农户一辈子都干清洁工，从来没有被村里人歧视过。马场村野口村落的斋藤重美就是其中之一，他说：

> 我是斋藤三夫的分家的分家，结婚前，一直帮本家做事，挣点口粮，之后开始外出打工，1964年结婚，老婆是本村人。结婚的时候，从本家分得了宅基地和0.3公顷的水田，开始时，

---

① 象征武士家族，日本武士家族特有的门。

就以那点地为生，后来去仙台市政府大楼当了清扫工，一直干到退休。家里的地，主要是老婆种，家里还经营了一个小杂货店，前几年，因为不景气关门了。

驿站村民二瓶昭夫以前是警察，为人谦逊。我问过他是哪种警察，他说，日本警察不分刑警、交警和片儿警，而是有固定的辖区，辖区内的事情，包括交通违章在内都要管。他是宫城县登米人，家里也是农户，兄弟姐妹8人，他是最小的。他后来成了二瓶家的入赘女婿，现在的家是分家的分家，没有多少地。在职的时候，家里的农活只能在休息的时候做。儿子在仙台一所中学当老师，经常回家。他希望孩子以后能继承家业，但现在孩子有自己的工作，此事放不到日程上，估计到了一定年龄孩子会回来的。马场村的农户主要是兼业农户，和中国的农民不同，他们没有低人一等的感觉，甚至还是很多城里人羡慕的对象。我的住处附近，有家菜店，店老板是位老太太。她经常对我说，现在的"百姓"（当地人管农民都叫百姓）比他们的日子过得好。在马场村待的时间长了，发现她说的是对的。村里的"农户"在很多方面优于城市居民，特别是那些退休回乡务农的人，生活比城市退休的人好多了，除了领取退休金之外，他们还可以种地。种地都用农机具，劳动强度很小。种地除了可以为家里节省购买大米和蔬菜的费用以外，还有益于自身的身心健康。我在马场村调查的一年多里，经常看到80多岁的老人在地里干活，一些行走不方便的老人推着一辆小推车，车的前面有个小筐子，里面放一些小农具，人累了就在车旁靠靠；回家的时候，路过村里的小卖部，买点东西回去。老人们的自立精神很强，凡事都靠自己。这就是兼业农民晚年生活的真实写照，在别人看来，他们的晚年生活似乎比较辛苦，但当事人认为这是"苦中有乐"。我观察了一下，村里老人一般在80岁以后才真正不干农活，而到了这个年龄，孩子们也该退休了，可以开始顶替他们了。他们闲不住的时候，还帮助儿孙们干些农活，或结伴打打门球，秋保町的每个村里都有门球场。在中国打门球的多半是六七十岁的人，在日本则大半是七八十岁的人。如果连门球也打不了了，就在家里待着。如果身边没孩子，或者孩子们太忙，无暇照顾他们，他们可以去附近的养老院安度晚年。养老院的收费根据每个家庭收入情况而定，一般家庭都能负担得起。中国人有养儿防老、多子多福的观念；日本人除了特殊阶层之外，一般没有这个观念，在农业社会，多子未必多福。现在日本农村的社会保障体系很完善，秋保町就有一所养老院，因此老人没有什么忧虑，如果没有家人照顾，就去养老院。死了也有人管，邻里组、町内会会为其举办葬礼，不会让死者孤独地离开这个世界，为此，城市人很羡慕农村人。村落的温情源于村民的"村落共同体"意识，日本"村落共同体"的形式虽然在不断变化，但其核心价值没有变。

三、马场村的"新农民"

（一）返乡务农者

日本所谓的返乡务农，指的是经济快速发展时期在外务工的一代人，到了退休年龄，返回故乡从事农业活动。返乡务农的人的情况不尽相同，其中有的人是计划内回家接班的。太田胜美有4个孩子，3男1女，老婆是二瓶家人。大儿子和他住在一起，以前在技校工作，现在在秋保町养老院工作，今年60岁，要退休了，开始接他的班。大儿媳妇在秋保温泉做小买卖。他家是秋保地区种稻面积最多的农户，家里买了2000万日元的农机具，每年的农业纯收入300万日元。买农机具的钱大部分是自己攒的，只从农协贷了一小部分款。马场村驿站村落的中野利夫年轻的时候，在东京打工，在那里认识了来自中国的女子，结了婚，后来有一个上小学的女孩。听他讲，结婚以后，就带着老婆回到了马场村驿站。他家是中野家的本家，因为是次子，回来以后，从父亲那里只得到 0.4 公顷水田和 0.3 公顷旱田，水田种的稻子主要是自己吃，旱田种些蔬菜。因为地少，种地挣不了钱，后来在本村开了间理发店，最好的时候，每月有 150 多人来理发，一位 3000 日元，一个月的收入相当可观。后来村里来理发的人越来越少，因为来理发的主要是本村的老人，逐渐去世的去世，住疗养院的住疗养院，所以，理发店也维持不下去了。他又和妻子在家里办起了中国包子铺，当时生意很兴隆，村里的人都愿意买他家的包子。可是好景不长，他在一次车祸中受伤，脖子和手臂都落下了后遗症，脖子不能转，手攥不紧，用不上力量，包子铺自然没办法开下去了。不得已，他又操起了原来的理发手艺。现在理发店的生意惨淡，一个月只能理 50 个头，一个月的理发收入仅有 15 万日元。没有办法，他现在开始对自己的一点儿地打起主意来，在旱田里种上了黑蒜。据说黑蒜能卖好价钱，他希望种蒜能给自己带来好运。我在马场村调查时还发现，有好几个女人曾外嫁他乡，且生儿育女，中年以后和丈夫离异，带着孩子又回到了村里，在娘家帮着干点农活，家乡成了她们的避风港。我在泷原遇到一位老妇人，正在锯砍伐下来的树木，后得知这是佐藤林场，主人是野尻村落的农户，靠山吃山，在这里办了林场。老妇人讲：

父母早年就离开了这里，去往东京，在一家公司里工作。后来父亲去当兵，死在战场上。母亲没有办法，在她 3 岁的时候，领着她回到此地。她 18 岁的时候，又一个人离开这里，来到了东京，不久和一位九州人结了婚，随后在丈夫工作的公司工作。老公不忠诚，在外面有情人。忍气吞声地一起生活了30年，50岁的时候，离了婚。和前夫生育过两个孩子，一男一女。离婚的时候，孩子都已成人，都留在了东京，自己一人又回到娘家，在这里遇到她现在的老公。老公是中学的同学，人很老实，老婆去世，很同情她，他们自然地走到了一起。

现在她家也种一点稻子，主要是自己吃，林业才是她家的主业。村有林是杂木，不能成材，只能做纸张。他们象征性地给村落一点钱，就可以采伐村有林了，采伐下来的树木出售给制纸的企业。

（二）马场村的"务农者"

马场村的年轻人一般都在外面工作，只有极少数专业农户家里的年轻人，留在农村和父母一起干农活，这样的农户马场村只有三四户。在外面上班的孩子，有的和村里的父母住在一起，平时也帮父母干干农活；有的住在仙台市里或更远的地方，除了过年和盂兰盆节，很少回来。平时，村里很少看到年轻人，看到的都是60岁以上的老人。偶有一些年轻人，但都不是本村的。现在日本流行城市人到农村务农，其中很多是厌倦了都市生活的人，务农是其自愿选择。日本把这种人叫"新归就农者"，即新加入农民队伍里的人。我在马场遇到了一群这样的人。他们都很年轻，一般都有大学学历，之前是摄影师、设计师、老师、公司职员，基本都是有家室的人，只有一位女性还没有结婚，名叫加藤。我见到她的时候，她正在马场村泷原村落的菜地里干活。她不是本地人，是仙台南人。她讲：

2009 年在这里租了块地，种了几种蔬菜。每天开车到这里"上班"，中午饭是从家里带的，晚上回去。自己喜欢在这样的地方种菜，希望扩大种植面积，以此为生。

　　我听了以后很感动，敬佩她的勇气，在物欲横流的日本社会，能如此耐得住寂寞和孤独，在这里靠种菜为生，一般人是做不到的。她没有帮手，浇菜地的水是她从家里运来的。她租了 0.3 公顷土地，每 0.1 公顷土地的租金为 1 万日元。她今年已经 30 多岁，还没有结婚，来这里之前，曾经在仙台的公司里工作过一段时间，工作一直不顺心，一个偶然的机会，她参加了马场村种菜专业农户佐藤茂在泷原村落举办的种菜短期培训班，从此开始喜欢上了种菜，于是放弃了城市的工作，来这里当了"农民"。我经常被她感动。2 月的日本东北地区，特别是马场村的泷原以西的地区，大雪弥漫，气温很低。2 月 25 日是我过完年第一次去马场村调查的日子。那时刚刚下过大雪，虽然道路上的积雪已经被清扫工铲掉，但道路两边堆满了积雪，田野白雪皑皑，在这样的天气里在加藤的菜园子中，依然看到了她的身影。① 我问，这么冷，来这里干什么？她说，挖萝卜。这种天气，别说是市里人，就是村里人也很少出门，她还在挖萝卜。她在地旁边建了一座 10 平方米左右大小的塑料棚屋，那是她的工作间，又是她的休息室。现在的农户家里一般都买有各种农机具，但她为了节省钱，连耕地都是用过去那种大锄头。② 我问过她，是否真的想当农民？她说，如果有机会当然想当。按日本对农户定义，她算"自给型农户"。她是"新农民"中还没有被认定的农民。不光是城里人，马场村也有来自外乡的

----

① 她的菜园在我调查必经的一条小路旁。
② 这样的情景在村里我也看到过，不过像她这么年轻的女子，我还是第一次看到。

农民。板桥家在仙台市太白区的长街，祖辈都是农民，他从小也跟着父母种地，35 岁之前一直在公司上班，之后开始务农。他去过日本很多地方，属于那种见多识广的人。他在冲绳种过菠萝，还为冲绳大学农学部的学生讲过课。他现在的身份是农民，因为他家里还有祖先留下的地，符合日本对农民的定义。前年，他租下野口村落斋藤亮的山坡地，种上了葡萄。一般种葡萄的地方最好是坡地、向阳、酸性土壤，这里都具备。为了选地，他在秋保町做了一年的调查，对这里已经很熟悉了。经过一年多的调查，他认为秋保地区各村落村民都很有特点，背景不同，很难整合。我对马场村之外的其他村的情况不太了解。他本身是农户，也许看问题更尖锐一些。他之所以种葡萄，是想提高葡萄的附加值。秋保町由于有秋保温泉，在日本东北地区有很高的知名度。秋保地区还是公认的没有一点儿工业污染的地方，水质也好。所以他认为，在这里只要能种出葡萄，就能卖个好价钱。他种的葡萄不是用来生吃的，是用来做葡萄酒的。他的葡萄园有 0.3 公顷左右，种了五六种葡萄。马场村过去有人种过烟草、西瓜、魔芋，就是没人种过葡萄。他把这里作为试验田，尝试马场村的土壤能不能种出好葡萄。他是我遇到的马场村最辛苦的"农民"。农民我加了引号，是因为虽然确实是农民身份，也在马场村租了土地，但是，他除了和土地的主人斋藤亮交往密切外，很少和其他人交往，以至于有些村民都不认识他。他一心想着他的葡萄园，葡萄种成功是他的唯一目的。有一天我快到野口的时候，忽然下起了雨，农道上，只有我骑着摩托冒雨前行，没有其他行人。我无意中往板桥的葡萄园看了一眼，就见他的车停在葡萄园小屋的前面，人正在葡萄架下面侍弄葡萄。他已经孤注一掷要在葡萄园干一番事业了，不过他也承认这里的气候和土壤不太适合种葡萄，能不能成功他也没有把握。他是那种有追求的人，把积蓄都用在了葡萄园建设上。在有些人眼里他是异类，他也感觉到了，但他根本不在意，照样守护在葡萄园里，也经常请教农业专家。我特别理解他，路过葡萄园时，只要他在，总要和他聊上一会儿。他不是一般的农民，很有思想，对什么事情都有自己的看法。我真心地希望他的葡萄园获得成功。渡边也是马场村的"新农民"，家住在仙台市内，有两个孩子，老婆是医院的护士，他本人以前也在公司上班，现在在这里租地种菜。他告诉我，他也是参加了佐藤茂办的蔬菜种植学习班以后，决定在这里种菜的。佐藤茂是马场村唯一的种菜的专业农户，从年轻时起一直务农种菜、养鸡、开农家餐馆，因为种菜有名，有不少城市人慕名跟他学种菜。渡边讲：

> 我除了租村民的地，还使用他们的农业用房，和当地农户的交流不少。租了1.5公顷的地，种了70多种蔬菜，每年除了新年前后有几天可以休息，其他日子都在干农活。我现在没有能力雇人，一切都得自己做，所以很忙。现在一年付出的劳动比当公司职员时多一倍，然而回报却只是公司职员的一半，如果不是热爱农业，根本干不下去。

渡边已经被当地农业委员会认定为农户，村里还有七八个像他这样的"新农民"，渡边是头，经常出头露面，村里人都认识他。现在村里像他这个年纪的人，多在市里工作或打工，所以他们在村里特别显眼。野口村落还有位叫长泽的人，是从东京来的北海道人。我第一次遇到长泽的时候，他正在屋前挥舞大斧子砍柴。他告诉我，他生在北海道的札幌，在东京当过职员，最后经人介绍来到这里，买了块山口边的地，盖了房，在屋旁建了养鸡场，还在不远处开了间咖啡屋，由老婆经营，是他休息和与外界交流的地方。他来这里十七八年了，但很少和村民交往。佐藤茂在泷原组织"兴农"活动时，长泽不去参加，他认为这样做没有意思。他不是马场村町内会的会员，对村里的事情也漠不关心。虽然生活不富裕，但他很满足。他有3个孩子，都在这里出生，两个在仙台上高中，一个在马场上小学。他主要靠养鸡卖蛋赚钱。日本把辞去工作务农的人叫"脱离工薪的人"，这样的人在日本各地农村都有，已经成为一种新的社会现象。但是，像长泽这样买了地，在农村安家的人很少。铃木一家是最早在洸原种菜的，也是佐藤茂的徒弟。据说，男主人以前是建筑设计师，在建筑业景气的时候，他的收入比一般工薪阶层要高好多。她老婆在中学里当老师，家里的日子过得相当不错。后来建筑业开始不景气，没人找他设计了。为了生活，他开始来此地种菜，先租了几小块地，之后越租越多，一共租了2公顷，种的蔬菜有几十种。开始只是他一人种，老婆业余时间来帮帮忙，后来老婆看他太辛苦，辞去了工作，和他一起种起了菜。现在他家的主要经济来源就是种菜，他家也被当地农业委员会认定为农户了。在日本，符合政府规定的农户标准，经农业委员会认定后就可以成为"农户"。不过，符合农户的标准后，申请不申请是个人的事情，也有符合农户标准而不申请认定的人。长泽就是如此，他以农业为生，但不是被认可的农户。他认为，被认定为农户，虽然可以向农协申请农业贷款，但成为"农户"以后，要参加村里的各种活动，他不愿意这样，而是喜欢独来独往，所以不申请。铃木一家则申请了。和长泽相反，铃木认为成为日本政府认定的农户，可以申请无息贷款，可以受到农业政策的保护，还是有不少好处的。这些新农民，除了长泽，都住在城里，早上像都市的上班族一样，开车来到村里种菜。铃木的老婆一看就是城市人，细皮嫩肉，但也很能干，家里的菜地，基本都是她在侍弄。铃木除了种菜，还有一份工作，所以在这里很难遇到他。还有一位女士叫吉野，丈夫在仙台的一家公司上班。她以前也在公司上班，现在辞去了工作，在这里种菜。她说，家里不缺钱，种菜完全是出于兴趣。她三十五六岁，有两个孩子，每天像公司的职员一样，到点儿就开着车来了。她只是租了农民的地和农用房。有一次我问她，在这里种菜家人不反对吗？她说，结婚的时候和丈夫说好了，以后各干各的，互不干涉。她来这里种菜不光是为了挣钱，主要是喜欢在农田里干活，已在这里待了四五年。她有自己的微博，在微博里，她经常介绍种菜的情况，有不少热心的网民浏览她的微博，微博也是她销售蔬菜的渠道。按照日本的说法，新农民是"新规就农者"，一般指新从事农业的人，广义上也包括老农户家的继承人。新加入农业队伍的人，从日本泡沫经济崩溃以后开始增多，从1995年的每年的1.5万人，增加到2001年的7.9万人，之后每年都保持以6万人左右的递增数字。这种现象基本反映了日本社会形势的变化，以及人们价值观的变化。有些人原本在公司有份工作，只是为了谋求一种解脱，辞去工作当"农民"，甚至有些大学毕业生，一毕业就想当"农民"；也有失业以后，不得不来农村务农的人。但是，也出现了农村的孩子不愿意继承家业的情况。所以，一方面，是城市人涌入农村当"农民"，另一方面，是离开农村的孩子不愿意回来继承家业。村落（町内会）以及日本农林水产省鼓励离开家的农家的后代返乡，继承家业，也鼓励城里人来农村创业。马场村新加入农业行业的人有八九位，都集中在马场村的野口和泷原村落，他们主要是种菜。除了长泽和板桥之外，他们都是通过和本村的种菜专业户佐藤茂学习种菜留在这里的。按照过去的说法，佐藤家是这些人"脱草鞋"的地方，即最先落脚的地方。过去新人加入农村，就意味着与原来的村民建立了一种拟制的本、分家关系，相互存在着"义理人情"。日本的传统是本家对分家有绝对的话语权，分家一切要听从本家的。

现在以佐藤为中心成立了"秋保有机农会"，仰仗本村附近的日本三大瀑布的知名度，打造他们的农产品品牌，主要是不打农药、不施化肥、消费者可以放心食用的蔬菜。我在仙台的很多超市里都看到了他们的专柜，蔬菜的品牌效应已经开始显现。据长泽讲，一般的一颗鸡蛋，卖10到20日元，他的鸡蛋能卖50日元。一般的大白菜一棵卖200日元左右，他们种的一棵最少也能卖到300日元。他们是日本社会变迁催生出来的新的农业从业者，已经在日本农村有了一定的影响力。但是，我感觉他们并没有真正融入本地人的社会生活中，对此渡边讲：

> 来这里的目的很明确，就是为种菜赚钱，不想介入太多的事情，虽然有不少人被认定为农户了，但那只是生存的需要。

他们基本都持这种观点，当地农民对此也不介意，彼此各行其是。渡边他们一共6人，其中有4人被认定为"农民"。渡边因此贷了款，还建造0.1公顷的塑料大棚。加藤和八木还没有申请认定。这些新农民最担心的是土地拥有者违约，中途突然提出收回土地，但这种情况到目前还没有发生过。如果土地是经过农业委员会（仙台市的）和农户签约的话，基本就没有什么问题，租赁期间，土地拥有者不能随便收回土地。他们6个人中，有3人通过农业委员会和农户签了约，还有3户直接和农户签了约。关于日本新农民的问题，我询问了长泽。他讲：

> 在日本，户籍管理和职业没有任何关系。户籍只证明祖先或本人的籍贯，至于职业要看其是以什么为生计手段。以农业为生，并且达到一定规模，就可以向农业委员会申请成为农民。成为农民或不成为农民，日本人考虑的是，哪种身

份对自己有利，日本人没有职业上的高低贵贱。

渡边以前在公司工作，回来放弃了公司的工作，选择了务农，现在已经被认定为农民。他之所以希望自己能持农民身份，是因为农民身份能给自己带来实际利益，也就是能通过农协从国家获得无息贷款，并得到国家政策的保护。长泽虽然比渡边来马场村早，但是他始终没有申请成为农民。他认为成了农民，不但不能给自己带来好处，反而会给自己的未来发展带来很多麻烦，因为他买的地，不是农地，是山林。他后来把一部分山林开发成了可以种地的农地，但是土地册上的"身份"还是山林，山林的身份不变，这块土地还可以自由买卖。如果成了农民，这块土地就要重新归类，成为农地，就不能自由买卖了，只能卖给农户当农田用，那样，地除了不好卖之外，也不值钱了，永远只能作为农地使用了。如果不是农地，这块地还可以作为宅基地使用，价值不一样。另外，他安于现状，不想再扩大农业经营的规模，不需要贷款，所以不需要农民身份。

野口村落自古以来就是以种稻为主，是秋保农协推广的"秋保环境保全米"的实验基地，每年的插秧和收割季节都要在这里举办大型的对外宣传活动，邀请消费者来这里体验插秧和收割。这里的农户都是稻作农户，由于这里只适合种稻，转产的水田也种稻子，但种的是饲料大米。饲料大米和人吃的大米没有什么本质上的区别，只是品种不同，产量不同而已，主要用于酿酒。马场村的水田面积占秋保町的1/3左右，马场村的驿站和野口村落有稻作农业得天独厚的条件，水源丰富，早晚温差大，种出的稻子品质好。秋保农协充分利用了这里的条件，和秋保温泉街的饭店业主以及农户配合打造了名为"秋保环境保全米"的品牌大米，深受消费者欢迎。马场村泷原村落附近的大瀑布是日本三大瀑布之一，每年来这里旅游的人很多。优美的自然环境是生产优质农产品最有力的保障，外面的人看到这些优势，结伴来到此地种菜，像当地人那样利用秋保町的知名度，打造当地蔬菜的品牌。现在"秋保大瀑布有机蔬菜"的品牌，在仙台地区知名度很高，生产的蔬菜除了仙台的大商场有专柜销售外，还销往东京，在那里也很受欢迎。马场村是最适合发展绿色农业的地方，来这里定居的人都清醒地认识到了这一点。我接触了几位来自九州熊本、北海道札幌、关东栃木、东京和仙台市的外来户，他们都说，选择来这里，图的就是环境好。如今老农户的"秋保保全大米"和新农户的"秋保大瀑布有机蔬菜"都是马场村的名牌产品。

第六章 "村落共同体"的基石

—— 马场村的社会组织

德国社会学家滕尼斯在《共同体与社会》中对"共同体"和"社会（社区）"进行了甄别，他认为："血缘共同体、地缘共同体和宗教共同体等作为共同体的基本形式，不仅是它们的各个组成部分加起来的总和，而且是有机地浑然生长在一起的整体。与此相反，社会产生于众多的个人的思想和行为的有计划的协调，个人预计共同实现某一种特定的目的会于己有利，因而聚合起来共同行动。社会是一种有目的的联合体。'共同体是古老的，社会是新的'。"① 在日本，在相当长的一段时间里，"村落共同体"成了"保守""落后"的代名词，是被扬弃的对象。"传统日本的村落共同体是指德川时代以来的被称为'村'（乡村）的小型地域社会的封闭结合体，日本的乡村在 1960 年平均拥有 64 户。"②20 世纪 70 年代以前，日本学者在讨论"村落共同体"的时候，"共同体"指的是："前现代的生产水平下，特别是被农耕技术制约的、'在经济活动的场域'中，家与家不得不结成的共同关系和生产组织。它包含两层意思，一是在前近代的生产力的水平下，每个家庭缺少独立经营农业生产的条件，人从自然界获得生活资料，为维系家的再生产，不得不与其他家庭结成'共同关系'；另外

---

① 斐迪南·滕尼斯著，林荣远译：《共同体与社会——纯粹社会学的基本概念》，商务印书馆，1999，第 3 页。
② 富永健一著，李国庆、刘畅译：《日本的现代化与社会变迁》，商务印书馆，2004，第 159 页。

一层意思是前近代的生产力水平低下，人口的大多数都不得不从事农业生产"①，即"村落共同体"是生产力低下的产物。当时不少学者认为，日本的村落正在面临解体的危机，"由于农业劳动的机械化和生活方式的变化，'结''讲''组'等传统集团相继都消失了。这样，使传统村落成为封闭性共同体的各种因素在战后40年间——解体"②。1980年以后，国际学术界对"共同体"的研究从实体论概念分析，转向规范理念的运动论、政策论的概念分析，"共同体"概念扩大了其内涵与外延。如今的"共同体"已经不是传统意义上的"共同体"，而是一种新型的"共同体"。

历史证明主导"村落共同体"变迁的是村落中的社会组织。社会组织一直是社会学和人类学研究的重点。1930年美国人类学家林德夫妇关注了城镇社区中的社会组织，写出了《中镇》一书，雷德菲尔德出版了《尤卡坦的民间文化》，这些研究成果极大地影响了日本学者对本国社会的研究。冈正雄的《村落类型论研究》奠定了日本村落类型研究的理论基础。他认为，日本农村社会成分是由"同族制社会"与"阶梯制社会"构成的。在他的影响下，日本出现了"东北家族型"与"西南讲组型"的村落类型理论。其实，"东北型村落"和"西南型村落"，只是组织形式不同而已，都代表着一种"村落共同体"。"共同体"这个源于西方的概念，分为实体概念和分析概念。实体概念指的是狩猎集团、部族、村；分析概念指的是，以土地共有为条件的"村"制度，日本学者多用后者。"在使用'村落共同体'概念时，研究者是以土地共有或土地私有化程度为前提的，接受了马克思的学说。相反，也有人类学者把拥有生活保障功能的地域共同组织称为'共

① 岩本由辉、国方敬司编：『家と共同体—日欧の比较视点から』，法政大学出版局，1997，第4页。
② 富永健一著，李国庆、刘畅译：《日本的现代化与社会变迁》，商务印书馆，2004，第216页。

同体'，此时的'共同体'，不以土地共有为前提。因此，如果站在其立场的话，与土地所有无关的狩猎群体可以称为'群共同体'；像英国、日本这样高度工业化的社会，只要是生活上相互依存性很高的地区，就可以称之为'地域共同体'。"①藤尼斯在《共同体与社会》中，把"共同体"界定为由地缘、血缘、友情自然发生的有机的社会团体，是农业社会的产物。进入工业社会以后，出现了"社区"概念。"社区"源于英语的 community，指的是居住在同一地域的有利害关系的，在政治、经济、习俗等方面有密切关系的集合体。"共同体"和"社区"的根本区别在于其社会成员的相互依赖程度和同有财产的多少的不同。在日本，前者指"村落共同体"，后者指"地区共同体"。日本进入经济高度发展时期后，"村落共同体"意识被认为是阻碍社会进步的绊脚石，遭到批判，导致人们避谈"村落共同体"，而大谈"社区论"，以至于村落中出现了城市的"社区活动中心"。当"城乡一体化"即将实现的时候，人们开始发现，传统的"村落"必须保留，否则农业和农业传统将受到破坏，其结果将导致传统文化的消失、村落的消失。日本村落中的精英开始呼吁重视村落文化的传承，发起了振兴村落的运动，学者开始反思"村落共同体"的价值。鸟越皓之在《来自田野调查的村落社会研究》中指出，"战后日本的共同体论从 20 世纪50 年代的二元对立模式中对'共同体'的批判，到 70 年代转而对现代化的批判，争论一直停留在二元对立框架中，而最近的共同体论中有超越二元对立的框架，提出走第三条道路的主张"②，"村落共同体"被重新评价。日本对"共同体"评价的转变，反映了日本社会的变迁。"在日本，战后民主化、战后改革的 1950 年代的'共同体'论与

① 合田涛：『现代社会人類学』，东京：弘文堂，2000，第 41 页。
② 鸟越皓之编：『来自田野调查的村落社会研究』，东京农文协，2007，第 158 页。

1970 年以后的'共同体'论出现了逆转，前者处在'村落社会'强盛时期，当时受民主化、现代主义、个人主义等理念的影响，对'共同体'的否定性评价多；但是随着经济的发展、村落社会的变化，对'共同体'的评价出现了逆转，其价值观是批判个人主义的共同体主义、平民主义。"[1] 秋保町马场村传统文化保存得较好，"村落共同体"仍然存在，村落社会组织是维系"村落共同体"的重要力量。如今，日本的村落类型，已经不清晰了，无论是东北，还是西南，"家族"对村落的影响力已经减弱；传统社会组织则"讲""结"在村落中已经消失，维系"村落共同体"的是"町内会""水利组合""组"以及新型的农业组织。

日本的村落有平地村落、山间村落、中山间村落。秋保町马场村属于中山间村落，其农业自古以来以稻作为主，有 4 个自然村，平均每村有 50 多户人家，符合传统上日本对村落共同体的定义，从空间和家户数量来讲，每个村落就是一个"村落共同体"。从明治以后，马场村历经工业文明的冲击，村落人口不断减少。1946 年日本进行了农地改革，政府高价购买地主超过规定数量的土地，再卖给村落中缺少土地的农户，村落中的地主阶层被瓦解。马场村的地主基本上都是大家族中的本家，他们的土地被分给了分家，传统的"家制度"也被废除后，本家在家族中的特殊地位也被取消了。马场村成员主要由中野、二瓶、太田三姓组成，且这三姓都为姻亲，所以，该村落类似"同族村"，历史上，町内会会长基本是本村大姓中的有威望的长者。1946 年以后，本家的土地被平均分配，分家不再依附本家，村落结构发生变化。20 世纪 70 年代以后，随着日本社会经济高度发展，农业生产机械化程度提高，农村中的经济合作组织"结"消失，村落中

---

① 鸟越皓之编：『来自田野调查的村落社会研究』，東京农文协，2007，第 165 页。

以"念佛经"为主的"讲"也逐渐消失，大量的年轻人离开村落外出求职，村落里干农活的基本是老人，这种情况愈演愈烈，以至于离城市较远的山间的村落，出现了"空心化"村落，村落人口过疏现象普遍。马场村也面临类似的挑战，但是，地理位置和传统文化的聚合力，使得其并没有发生巨变，村落总人口虽然有所减少，但家户并没有减少。从1946年到现在，马场村虽然经历过几次社会转型，但传统村落的风貌依旧。按照传统日本"村落共同体"的定义，现在的马场村不算标准的"村落共同体"，但按照西方社会学家的"社区"标准，马场村也不是一个标准的现代"社区"。在日本，像马场村这样的村落不是个例，它有一定的代表性。日本社会经历了前现代社会、现代社会、后现代社会诸阶段，开始认识到具有前现代社会色彩的"村落共同体"并非不可取，从某种意义上讲，现代社会的村落离不开"村落共同体"，而支撑"村落共同体"的是村落社会组织。

一、町内会

町内会是当今日本最重要的基层社区组织。它是由社区居民选举委员会选举产生的社区性自愿社团，既不是一般意义上的行政组织的最小单位，也不是由政府建立的下属组织，而是"自治组织"，亦称"自治体"。町内会具有社区居民自治组织和行政组织的双重组织特征，其工作包括开展增强地域内居民间相互了解和增进友谊，以及交通安全、预防犯罪、防止灾害、公众健康、筹集基金和信息服务等社会和公益活动，同时还要协助地方政府做一些力所能及的工作，如，协助政府进行人口问卷调查、发放地方政府定期出版的新闻日报、组织村民进行地方议员选举等。町内会被认为是社区居民的代表，有义务向政府转达社区居民的要求。日本的町内会发端于 1889 年，最初为自治性组织。1926 年到 1947 年，町内会逐渐被国家控制，成为日本军国主义的工具。从 1945 年日本战败到 1952 年，在联合国军的主导下取消了町内会，1953 年以后，随着日本新宪法的实施，町内会正式恢复为合法的自愿（自治）社团。在日本，町内会无法为其他社会组织所替代，它是既能代表广大居民，又能与地方政府合作的社会组织。充分发挥町内会的作用，已是日本各级地方政府维持社区生活质量、落实基层社区管理、维护社会稳定等重大问题的必要前提。

町内会有组织章程，会员每月交纳会员费。马场村驿站町内会的会则是：一要相互促进、共同提高；二要研究家庭经济和家庭教育的方法；三要为本会出谋划策；四要创造纯良民风，建立和睦的村落；五要听取与经济发展有关的建议。马场驿站村民的户主都是町内会会员，町内会设会长 1 名、干事 3 名、书记 1 名。干事由会员选举产生，任期两年，书记由会长指定。会长负责町内会的全部工作，干事辅佐其工作，村里有名望的人当顾问。会员每次集会时要交会费，剩余部分留作以后用。对会员的要求是品行端正、会勤俭持家。我访谈过马场村森安村落的町内会会长中野勋。他说：

> 秋保町的町内会是从 1988 年开始运作的，也就是秋保町合并到仙台市的那一年。以前不叫町内会，叫户主会。町内会，除了搞一些节庆活动之外，还有很多事情要做，比如，要组织村民清除道路两旁的杂草。除草的时候，每户必须出一人，如果出不了，就交钱。在选举地方议员和国会议员的时候，还要组织村民投票。平时要向村民传达政府的农业政策。

图 6-1　马场村町内会组织的植树活动 (作者摄)

　　町内会没有固定的办公地点，有什么事情可以直接到町内会会长家找，会长一般比较忙，要见他一般得提前联系。太田胜美是马场村的专业农户，他说：

　　　　明治时期，把秋保地区的 5 个大村合并成了一个秋保村，原来 5 个村是相对独立的行政村，村长的权限很大。马场村被合并到秋保村以后，村里没有了行政领导。现在的町内会会长说是村里的最高领导，实际上能做的事情很有限。

　　按照日本政府的解释，町内会是自治组织，村民加入不加入完全是自愿的，但事实上很少有人不加入。斋藤享是马场村驿站村落的町内会会长，本家是马场村野口村落的斋藤昭夫家。他说：

　　　　父亲的"职人"意识很强，希望我学了手艺能另立门户，但是自己并没有继承父亲的手艺，而是在秋保综合支所①当了公务员，后来还在仙台的公司里当过职员。村民推举自己当町内会会长，主要是由于自己有在综合支所工作过的经历。

野口村落的佐藤龙夫是现任的马场村町内会会长，也是泷原村落的町内会会长，是斋藤享的上级，以前也在秋保综合支所上班，退休以后靠退休金生活。他说：

> 村落管理主要是靠村落的各种组织，包括町内会、青年团（青年契约讲）、水利管理组合、实践共同组合、五户组合、秋保神社氏子会等。我虽然是马场村总町内会的会长，但很少亲自组织活动，主要工作是做秋保综合支所和村民的联络人，有时候去综合支所开会。日本大选的时候，要组织各村落投票。2010年年底日本政府讨论加入TPP的时候，我向秋保综合支所反映了村民的意见。

秋保町现有的4个大村即过去的行政村，16个小村即过去的自然村，每个级别的"村"都有町内会。町内会就是日本传统农业社会中的户主会，相当于中国的村委会，1946年以前行政村是由国家直接控制的，行政村村长的权限很大，国家在村落的在场，主要是通过他们实现：战争期间的全民总动员、农业税收的落实都是通过他们。战后日本实行村落自治，有些地方的户主会直接改为町内会。町内会是自治团体，国家不直接干预其组织的活动。但是，据我的调查，秋保町各级町内会的会长，很多人都有过在日本地方政府任职的经历，他们熟悉国家政策，

---

① 仙台市政府在秋保町设立的分支机构，主要是为村民提供政府服务。

了解村民的意愿，在工作中，很会平衡双方的诉求。国家的农业政策通过他们得到了很好的贯彻执行。佐藤龙夫坦言：

综合支所是日本政府实行村落自治、政府退出对乡村直接管理以后，在此地设立的服务机构。我之前30多年一直在秋保町综合支所工作，了解政府的农业政策，又是本地人，所以村民都希望我做些事情。其实，退休以后很想在家里种种地，安度晚年。现在很忙，要经常到秋保町综合支所开会，了解国家的农业政策。

秋保町各村的町内会在村民的生产、生活中的作用举足轻重，町内会虽然是自治组织，但并没有完全脱离国家的管理。首先它是国家各种农业政策下达的窗口，其次，町内会会长中有不少人有在国家机关当公务员的经历，因而能较好地兼顾国家和村民的利益。现在日本政府正准备重新振兴农业，将要出台一揽子鼓励发展外向型农业的政策，其民调基础就来源于村落的町内会。

二、水利管理组合

日本农业主要是稻作农业，确保农业用水是各时代最重要的课题。灌溉设施、用水方法、水利组织的运作等都可以反映其时代特征。水田开发必须保证用水，水利设施不可或缺，因而，水利管理组合是日本村落中最古老的社会组织。野尻町内会会长佐藤讲：

每个村落都有水利组合。水利组合现在不是一个独立的组织，而是隶属于町内会的组织，种稻农户都是水利组合的成员，但不是每个农户都直接参与水利管理。参与水利管理的人是从成员中选出来的适合这项工作的人。水利管理要有一些专业知识，需要有一定经验，要由专人负责。成员每年要缴纳会费，水利组合的会费单独核算，会费中一部分是给水利管理人员的报酬。

2011年4月29日，我列席了马场村驿站的水利组合会议。会议是晚上7点在马场村驿站集会所召开的，参加会议的人中有水利组合委员会的6位成员和水利组合员代表10人。会议先在参加会议的组合委员会成员中推举出议长，之后由选出的新议长主持会议。首先由委员做2010年度工作报告以及收支决算报告，之后由参加会议的组合员代表提问题。代表们对委员汇报的每一项内容都反复追问，直到回答令自己满意为止。会议的最后两项内容都顺利通过，决定在5月1日，由20位组员一起清理整个水利灌溉系统。5月1日，我参与了村水利组合的集体行动。全村40多户稻种农户都是水利组合成员，这一天来了20多人，他们分成了三组：一组负责蓄水池周边水道的疏通；一组负责蓄水池到稻田之间的水道的疏通；还有一组负责各家稻田之间的水道的疏通。在疏通完水道之后，就可以轮流往自家的稻田里灌水了。在插秧前各家各户都需要灌水，水的用量很大，总水闸全天开放，各家各户的水闸的锁也被打开，村民们可以根据需要，自行灌水。但是插秧季节结束以后，要实行计划用水，由管理人员安排给各家各户轮流浇水。秋保町从1995年开始农田改良，把小块的水田都平整成了0.2公顷的标准水田，同时还配套修建了不少水泥的蓄水池，在缺少水源的泷原村落附近，还修建了扬水站，定期把流经此地的名取河的水，用水泵抽到蓄水池里，保证农户的灌溉用水。过去灌溉用水很难保证，现在灌溉用水已不成问题。为了公平合理地用水，村里成立了"水利组合"，采取了"番水制度"，即轮流浇灌。村里也有不自觉的人，晚上偷偷往自家田地里灌水。因为用水，村民之间也经常发生冲突。有的冲突还会扩大到外村。过去几个村落共用一个水源，上游村落和下游村落经常为水发生冲突。解决冲突时，除了各村的水利组合员之外，各村的青年团（青年契约组合）往往率先出面，保护本村落的利益。现在，虽然也有同用一个水源的情况，但是，由于水利设施的完善以及管理制度的严格，基本没有因为用水而发生冲突的情况了。野口村菅原家的女主人讲：

> 现在水利设施都由水利组合安排专人管理。从6月份开始，每周要往稻田里灌水，用水量增大，为了合理利用水源，避免发生冲突，管理人员规定了每家每户的灌水时间，在那个时间内，管理员会把平时锁上的水闸打开。各家各户的水闸的锁头的钥匙都由管理人员统一管理。现在已经没有因为用水而发生冲突的情况了。村落不像以前家家都是农户，水利组合也不是家家户户都有人参加。马场村的驿站全村60多户人家仍然有40多户种水稻，每户户主都是水利组合成员。

马场村的水利管理组合在村里是仅次于町内会的很有影响力的组织。水利管理组合是日本稻作农业中历史悠久的社会组织，在维系日本稻作农业中一直发挥着积极作用。

图 6-2　长袋村大原村落的消防团团员在演练（作者摄）

三、消防团

秋保町第一个消防团诞生于 1890 年，后来每个村都有了自己的消防团，负责各自的消防工作。1937 年日本侵华战争爆发，消防团又加了一项警防的任务，消防团由此更名为警防团。战争期间，消防团实际上是预备警察，负责维持村落治安工作。现在秋保町一共有 5 个消防分团。每个分团都有自己专门的消防车和消防设备，团员年龄有大有小，最大的已 70 多岁。团员统一着类似正式消防队的服装，经常利用双休日训练。所以，虽然是业余的，但训练有素。每个月还要接受一次专业消防队的检查。除了对消防车辆设备进行检查之外，还要对消防团团员的训练效果进行检查。我看过一个村落消防团团员整齐列队、等待专业消防队检查的场面。据说，在 1853 年和 1901 年，马场村驿站发生过两次大火灾，当时没有现在这样好的设备，也没有完备的水利设施，所以来不及救火，全村的房屋都被烧光了。之后，接受了教训，加大了投入，村落水利设施得到了改善，消防团的建设得到了重视。现在，消防团团员平时各忙各的，但在规定的时间一起训练。团员都能熟练驾驶消防车辆，发现火情时，在村的消防团团员会立即赶赴现场，同时通知其他村落的消防团前来援助，并立刻与正规消防队联系。据说到目前为止，没有发生过火灾，村落消防团还没真正派上过用场，可消防团的存在使村民有了安全感。村落消防团的存在本身就体现了"村落共同体"的延续。

四、青年组

青年组[①]是村落町内会管理下的一个组织。马场村驿站1908年2月成立了青年诚志会。它当时主要开展的活动是：举办秋季农产品评奖会；建立模范桑园，奖励产业发展；开设图书室。1916年该会会员已经有134人。[②]现在的青年组就是在当年青年诚志会的基础上发展起来的，全村60岁以下的青壮年基本都是组员。我在马场村参与过青年组组织的马场爱宕神社的祭祀活动。盂兰盆节的时候，青年组做町内会的助手，举办一年一度的盂兰盆节活动。平时青年组还负责村里的治安工作，青年组组长的家是治安联络点。青年组的成员都是消防团成员。在日本传统节日"正月"来临的时候，各村青年组的组长要

---

① 青年组在日本的农村很普遍，主要开展以下活动。1. 信仰仪式活动。青年组的信仰仪式活动主要是在氏神（产土神、镇守）的祭祀活动，届时他们要承担抬神轿、拉花车、竖幡、搭台等工作。2. 民俗艺术。在节庆活动中，他们要表演狮子舞、太鼓舞、念佛舞、盂兰盆舞、歌舞伎、净琉璃、裸体祭祀、赛马、相扑、拔河、说相声等。3. 村里的公共事务。他们要承担警防、消防、灾害救助、机械修理、送病人入院出院等工作。消防组从明治以后从青年组中分离出来了。他们还负责修路、植树等。4. 婚姻事务。给未婚者创造相识的机会。5. 教育、制裁。所谓的教育是指对青年，特别是少年进行的美德教育。6. 娱乐和其他。

② 平重道等：《秋保町史》，宫城县名取郡秋保町发行，1976，第232页。

替神社给每家每户送神符。村里平时很少见到他们的身影，但每当举办什么节庆活动的时候，他们总是主力。村落町内会会长一般都由青年组组长继任，所以在任的青年组组长都很配合町内会会长的工作。现任青年组组长佐藤孝在仙台的消防总队工作，快 60 岁了。他讲：

> 在村里，老人说了算的传统一直没变。老人办事稳重，但有时候也很保守。我们有什么不同意见需要和他们沟通的话，得注意方法。如果我们的意见不被采纳，也只好作罢，不会强求的。尊老是村落的传统，我们不能改变。

青年组的成员本来应该是年轻人，但是由于日本农村的老龄化严重，现在 60 岁以下者都属青年的范畴，都可以成为青年组的成员。青年组的兴衰决定着村落的未来。随着越来越多的 60 岁左右的人退休返乡，马场村青年组成员不断得到补充，保证了"村落共同体"后继有人。

五、葬礼组

江户时代，为了禁止基督教在日本的蔓延，1624 年建立了五人组制度 [①]，要求组员互相监督。之后五人组成了预防犯罪、维持良俗、遵守法律、相互扶助的组织，最后演变成现在的"葬礼组"。村内要是谁家有人去世，其他各户都要出人帮忙。调查发现，马场村的葬礼

---

① 五人组最初是近世为了维持町村的秩序而设立的家与家的联合组织。一般五户为一组，所以被称为五人组。五人组的原型是古代的五保和战国时期的军事编制，可以从丰臣秀吉在京都建立的治安维持组织中看到其原型。

仪式形式没有变,参加葬礼的人的意识也没有变。我接触过很多村民,包括后来入住该村的"村民",他们无论谁家办丧事都参加。几次经历,使我体会到村落的葬礼不是丧主一家的事情,而是全村的事情。村民普遍认为参加葬礼、吊唁死者,不仅是对死者灵魂的告慰,更是对活着的人的鼓励。马场村驿站的中野讲:

> 自己参加别人家的葬礼,最终是希望别人也参加自己家的葬礼,把葬礼办得越隆重越好。所以,村里哪家有人去世,村民都会参加其葬礼,这已经成了村民的习惯,很少有人不参加。

日本村民的想法基本都一样,这是日本社会中最重要的"义理人情",所以,我看到每一家的葬礼办得都很隆重。葬礼严格按照传统的做法办,程序基本都一样。每次除了亲戚之外,邻里组的成员都来帮忙,有的村全村的各家各户都派人吊唁,村落的各种组织的负责人一定要参加,农协也要派代表参加。葬礼是村民联系的最重要纽带,葬礼组的存在也表明"村落共同体"没有消失。

六、檀家集团

在日本和特定寺院建立永久性的葬礼和祭祀关系,接受布施,得到寺院守护的人家叫檀家,同属一个寺庙的檀家构成这个寺庙的檀家集团。马场村的村民大部分是大泷西光寺的檀家。每年4月28日、29日,大泷西光寺要举行大法会,参加大法会服务的主要是檀家和信徒。按照檀家集团的规定,一家最少派一人参加,而且应是年轻人,但现在年轻人都很忙，多是老人替孩子参加。马场村的太田胜美说：

> 在村里，檀家集团是仅次于水利组合的社会组织。除了
> 大法会以外，一年中还有"彼岸"等其他活动。平时大家都
> 忙自己的事，有活动的时候，每户都要派人参加。它也是村
> 民文化认同的基础。

檀家集团是村落中继亲戚、葬礼组之外村民交往最密切的组织。
该组织是在共同信仰的基础上形成的，因而非常牢固。

七、泷野会

马场村现在还有"泷野会"，它是泷原村落和野尻村落的村民在
"念佛讲"的基础上组成的组织，会员必须是 65 岁以上的人。村民说：

> 本来这是一个宗教组织。自从 1995 年 7 月奥姆真理教
> 在东京放毒气，杀害无辜市民的事件发生以后，日本政府开
> 始加强了对宗教团体的管制，取缔了擅自结成的宗教组织。
> 所以，现在不叫"念佛讲"了，改叫泷野会，是本地老人联
> 络感情的平台。

现在泷野会每月举办两次，每逢双周的星期二上午 10 点轮流在
泷原的"市民生活改善中心（集会所）和野尻的集会所进行，每次内
容都不一样。念佛活动只在春季和秋季各搞一次，其他时候，主要是
搞有益于老年人身体健康的活动，比如：和小学生联谊、体验插秧、

图 6-3 马场村"泷野会"会员在活动（作者摄）

体验收割稻子、探访本地的名胜、组织叠纸仙鹤等。活动完了大家会在一起吃午餐。午餐一般是定制的盒饭，有时也自己做。在泷野会注册的成员不少，但每次参加活动的人并不太多，一般保持在十五六人左右，女性居多。会员象征性地交一点儿钱，主要经费由仙台市政府社会福利部门提供。该组织的负责人是马场村町内会会长佐藤龙夫的夫人，她早年一直在外工作，退休后被推举为现任会长。

八、农业实践组合

秋保町农业实践组合是秋保地区所有农户的组织，主要负责落实日本农业政策中的转产项目。组长是境野村的柴田市郎，副组长是马场村的斋藤三夫。组合一共有大小农机具十多台，都是国家免费提供的。工作人员是各村推荐的兼职人员，都会操作各种大型农机具。每年秋保地区的稻田 30% 要实行"减反"①，改种大豆或荞麦。在转产的问题上，组合会和各村的町内会协调，决定每村哪户稻田当年需要转产，确定以后，开始落实转产的农田种上大豆或荞麦。农户通过农业实践组合从政府那里领到转产的补贴，转产中的大豆和荞麦由农业实践组合自行出售，赚来的钱，一部分用来支付组合成员的劳动报酬，一部分用作农具设备更新。柴田市郎讲：

> 农业实践组合在日本农村历史悠久，现在主要是落实政府的农业政策，有计划地实行土地转产，它虽然是农民的农业组织，但一直得到国家的支持。国家对于农业生产，特别是水稻生产是有计划的，生产不能过剩。国家会根据市场的实际需要下达生产任务，秋保町每年有部分土地要改种日本市场紧缺的其他农作物，农业实践组合和本地区的所有农户都有关系。

日本在"城乡一体化"的进程中，曾试图把"村落共同体"改造成具有城市特点的"社区"。我调查的秋保町，20 世纪 80 年代，由国家投资，兴建了"文化中心"，试图以此来加快该地区的"城市化"进程。但是，我观察到"文化中心"不是"社会组织"，而是政府设立在农村的一个服务性的机构，对改变村民意识的作用不大。在村落里，仍然是传统社会组织在发挥作用。传统"村落共同体"是以自然村为单位的，如今的"村落共同体"已经是一个超越自然村界限的"共

---

① 日本的农业政策规定，转产的土地政府给每 0.1 公顷土地补助 3.5 万日元。农户实行轮流转产，秋保地区的农户一般平均拥有稻田 0.9 公顷，平均每 3 年转产一次。转产的年份农户把土地交给农业实践组合，农业组合通过秋保农协帮农户领取补贴。农业实践组合（转产组合）是国家农业政策的产物，受到国家的扶持，国家会拨发购买配套农机具的资金。

图6-4　农业实践组合的组合成员在收割转产的荞麦

同体"了。马场"村"过去是"行政村"，现在叫"字"，有4个自然村，即4个"小字"。马场村的"村落共同体"已经扩大到了"字"，即"行政村"。明治维新以后的村落合并以及对"村"的管理，使"村落"的功能减弱，村落与村落间的空间界线虽然仍然存在，但村民的村落认同已经从"村落"扩大到了"村"，即从"自然村"发展到了"行政村"。可以说，马场村村民的社会认同是双重的，即"村落"和"村"。在马场村，有总町内会，还有各个自然村町内会，村民的"共同体"意识也是双重的，自然村可以算一个"村落共同体"，"村"还可以算一个"村落共同体"。从自然村的"共同体"到"村"的"共同体"，大中有小，小中有大。现代语境下的"共同体"往往更多地指各种"脱域的共同体"。马场村的"村落共同体"具有鲜明的传统特点，不能和西方语境下的"脱域的共同体"相提并论，它只是日本传统村落共同体的扩大而已。

　　我在日本宫城县仙台秋保町马场村做了为期一年多人类学的田野调查，开始时按照传统的"共同体"理论去分析如今的马场村，认为其"村落共同体"的特征并不完全，因为村民共有土地很少，村民的相互依赖程度降低，似乎已经失去了"村落共同体"的特征。后来发现，这只是表面现象，事实上，村民并没有因为城乡一体化的进程而丧失自己的主体意识。村民的人际关系、村落的生产和生活方式还保留着"村落共同体"的基本特征。其特征不仅体现在经济生活上，更主要的是体现在文化生活上。以往日本学者对"村落共同体"的认识，大多集中在村民经济生活的相互依赖性上，往往忽视村民的文化生活。我认为，如今的马场村既非传统意义上的"村落共同体"，也不是现代意义上的"社区"，而是被注入了现代性的"共同体"。传统的延续，不是故步自封的，而是不断被注入了时代特色，也就是说，日本的传统文化被赋予了各个时代的内涵。可以说，如今马场村的"村落共同体"既有对传统的继承，也有新时代的特点。马场村之所以能保持传统特色，是因为这其中既有传统文化的力量，又有村落中的各种社会组织所发挥的作用。我在与马场村精英们的交谈中发现，他们对社会发展有着清醒的认识，不希望由于社会的发展导致村落传统的消失，认为维系"村落共同体"的最好办法是保持村落的传统文化的不断延续。马场村村民通过家庭和社会组织，保持着诸多的传统文化，维系了"村落共同体"，维系了日本传统的农业特色。日本从农业社会成功地转型为现代工业国家，经历了几次社会转型，其间对"村落共同体"的认识，也经历了从肯定到否定再到重新评价的过程。如今，日本学者已经开始认识到日本的"村落共同体"仍然是维持农村社会秩序的重要力量。

中国社会已经进入了巨大的社会转型期，传统的社会管理模式遭到挑战。要使中国社会全面现代化，必须解决"三农"问题，而"三农"问题中最棘手的问题则是乡村治理问题。靠谁治理？这个问题一直没有解决好。中国传统社会靠的是"乡绅"治理，解放以后，直到改革开放前，中国的乡村治理完全靠政府，当然，在计划经济体制下，也别无选择。改革开放以后，为了适应市场经济发展的需要，为了调动农民的生产积极性，中国农村社会实行了"村落自治"。"村落自治"的主体是村民。目前的"村落自治"可以说还是"权力"治理，而非"综合"治理，更不是"文化"治理。实行"村落自治"以后，村落有一定的自主权，村落的"传统文化"得到了一定程度的复苏，但是这种文化和"文化治理"村落中所需要的文化相距甚远。文化治理中的"文化"是一种符合国家发展方向的、体现民间信仰的、被整合的村落文化，这种被整合的文化正是中国农村社会中所缺失的。不是所有传统的民间文化都能成为整合社会的力量，相反，有些糟粕还有可能瓦解社会整合。区分民间文化的优良，关键看其对社会发展的作用。当然，这里所说的"社会"，绝不仅仅是"村落社会"本身，而应该是整个社会。中国社会是一个多元社会，但它应该是在统一的价值观基础上的多元社会。在讨论中国的乡村治理的时候，在很多问题上，从上到下还没有形成共识，正是这种状况造成了中国乡村治理的步履艰难。那么，如何推进农村社会的发展？有学者认为，"当前的社会建设，核心要义在于找回社会或说重建社会，它是国家顺利退出社会领域以及政府由管理型政府向服务型政府顺利转变的前提"。那么，政府是否有必要真正退出？政府退出后谁来代替？是否有必要在农村培养一个"新乡绅"群体？凡此种种，都是学者们热议的话题。日本维护"村落共同体"证明"村落治理"离不开社会组织，传统的"社会组织"也是社会治理的社会文化资源。日本社会充分挖掘和整合了可以用于社会治理的文化资源，使得日本乡村在后现代时代，仍保持了近似于农业社会的"村落共同体"特征，映衬了如今的"后现代时代"的文化多样性。日本的经验对我们的启示是，无论什么时代，只要能维护社会健康发展、有利于民生的社会文化资源都可以利用。

第七章　政府荫庇下的日本农协

日本的农业经营无论过去还是现在基本上都是以家庭为单位的。农业普查报告表明，到 2005 年为止，日本的总人口为 12705.3 万人，其中农业人口 803.1 万人，占总人口的 6.32%。日本总户数为 5171.30 万户，其中农户户数为 284.82 万户，占总户数的 5.51%。[①] 2008 年日本的农户人口 729.5 万人，其中 65 岁以上的农业人口为 244.9 万人，65 岁以上人口占农业人口的 33.6%，占 65 岁以上总人口的 22.1%. 占总人口的 5.7%。。贩卖农户为 67%，其中主业农户占 15%，准主业农户占 16%，副业农户占 38%，自给农户占 31%。

农业虽然不是优先发展的产业，但却是日本政府重点保护的产业。在日本，农户在税制上享受着优厚的待遇。一般靠年金（养老金）生活的老人，要承担固定资产税的重压，而农户的农地固定资产税不仅大幅度削减，而且还免除了继承税并可以延期纳税，遭遇地震和台风等自然灾害时，受灾严重的话，又可以马上申请补助金，所以，日本的农业政策对农户十分有利。可以说，日本政府对农户保护有加。

日本政府的主要农业政策的实施不光靠政府部门本身，还主要靠民间组织。在日本农村社会中最大的民间组织是农协。农协在日本农村社会中发挥了巨大的作用。在中国介绍日本农协的文章虽然已经很多，但大多介绍的是农协的理想模式，而不是鲜活的日本农协，给人只见森林不见树木的感觉。日本农协既是农民的组织，又是日本政府

---

①［日］農林水産省大臣官房統計部，『解説 2005 年農林業センサス』，東京：農林統計協会，2007。

的代理机构。农协的双重身份，使农协在日本农村社会中扮演着特殊的角色，研究农协者站在各自的立场，对此褒贬不一。

一、日本农协的诞生

日本明治政府在取得政权后不久，就实行了"地租改革"（1875年），地租由实物改为现金。但是由于和德川时代一样，实行的是重税，很多自耕农都沦落为佃户，有的农民不得已到城市当了工人，不在地地主和放高利贷者增多，农村社会不稳定因素增加。此时，身兼政府要职的品川弥二郎看出了危险，为了防止农民的没落，他主张学习德国的信用组合制度，在农村积极推进建立协同组织。不久日本政府出台了《产业组合法》，1898 年诞生了产业组合。之后，战时的国家统治代理机关农业会（根据 1943 年《农业团体法》），发展成为战后的农业协同组合（根据 1947 年《农业协同组合法》）。日本农业协同组合，是保护战后日本农地改革成果的、农民的全国性经济组织，简称 JA。如今，JA 在全日本约有 770 多个组合，组合员有 943 万人（包括准组合员），农协职员有 22.4 万人，总资产 92.3 兆日元，纯资产 5.7 兆日元，购买金额达到 3.8 亿日元，农产品的贩卖金额达到 5.5 亿日元。[①] JA 包括全国中央农协、农林中央金库（简称"农林中金"）、全国农业协同组合联合会（简称"全农"）、全国共济农业协同组合联合会（简称"全共联"）。JA 在日本各都道府县都有相应的下级组织，有的市町村还有更下级的农协支店。除此之外，还有各种全国专门联。

---

① ［日］《农林水产省综合农协统计表（平成二十年）》，日本农林水产省网，http://www.maff.
go.jp/j/tokei/index.html，2011 年 1 月 28 日访问。

在日本的乡镇到处可以看到 JA 醒目的招牌，农协在日本家喻户晓。

在日本只要拥有 1 公亩以上土地、一年从事 60 天以上农业劳动的人，就有农业委员会的选举和被选举的资格。只要符合农协规定，谁都可以成为正式组员。

二、农协的主要业务

1. 指导业务。在辖区内对会员进行农业指导，还开展各种文化活动和农业经营培训活动以加强和会员以及居民的联系。

2. 贩卖业务。贩卖组员生产的大米和蔬菜等农产品。

3. 购买业务。为会员提供肥料、农药等农业生产资料和食品、煤气灯油、汽油等生活物资。另外，车检和农机具的配备、点检、修理也是购买的业务之一。经营农业中心的资料馆，主要向组员和当地的居民提供肥料、农药等农业生产上必需的物资，以及一部分生活物资。随时受理通过电话和传真的订货，通过有关系的运输公司送货。煤气供给中心为出租房屋和个人住宅以及饮食店等提供煤气。

4. 信用业务，为组员提供储蓄业务、融资业务，特别是从 2008 年 4 月开始受理住房贷款及汇款业务，还办理各种养老金等的自动领取和公共费用的自动交纳的手续。它还是国债的出售窗口，也办理公款、税收的收纳。

5. 保险业务。开展生命保险、损害保险业务。

6. 大米供给中心业务。在管辖区提供食用大米。

7. 葬礼业务。为组员提供葬礼服务业务。

8. 其他。开展土地有效使用、公寓经营、出租房屋的介绍等与不动产有关系的业务。

三、农协和政府的关系

（一）大米的交易

农协是在日本政府的大力扶持下发展起来的农民组织，农协实际上已经成为日本政府处理农业事务的代理机构之一。大米交易和减反政策是他们之间的纽带。在日本，大米的生产是有计划的。政府下设的粮食厅，在大米的生产和流通领域扮演着重要的角色，既是购买者又是贩卖者。但是，它主要控制着大米的流通份额，实际并不真正经营大米。政府控制的销售份额的 60% 的大米的买卖都是通过政府指定的收购团体进行的，其中农协的份额占了所有大米收购团体的72%。政府把通过农协收购的大米再卖给批发商，其价格通常比支付给农民的价格要低，差额由政府的财政来弥补，这种大米叫"政府米"。"自主流通米"是日本政府 1969 年为农民开通的另一条渠道所出售的大米。在该系统内出售的大米，由粮食厅具体控制。自主流通米的收购价格是不固定的，大部分的自主流通米比政府米的质量要好。政府米在批发阶段的贴水率是 25%，零售阶段是 35%。[①]

（二）"减反"政策

所谓"减反"是对种植大米的农户要求减少耕地面积的农业政策。"反"是面积的单位。战前日本的产量为每公亩 300 公斤左右，是现在的一半左右。但是 1933 年的收成指数曾经达到过 120% 的记录，

---

① 『减反政策』，日文版 google 网，http://ja.wikipedia.org/wiki，2011 年 1 月 28 日访问。

由于大米的库存量增加，当时出台过"减反"的政策。之后，东北地区出现了由冻灾导致的减产，引起过饥荒；战争期间殖民地的大米源源不断地进入日本市场，日本也就再没有调整过大米的生产了。战后到20世纪60年代，由于农地改革，日本出现了大量的自耕农，为了保证农民的稳定生活，日本政府依据《粮食管理法》，用固定的价格收购大米。此举调动了农民的生产积极性。另外，由于大量施肥和农业机械的使用、生产技术的提高，日本大米产量迅速提高。然而，随着日本国民饮食西方化，大米的消费量逐年递减，政府米出现了大量的积压，而其他的农作物没有达到100%的自给率的状况仍然在继续。① 因1970—1994年大米的储存量不断增加，日本政府开始禁止新开发稻田，规定了政府收购大米的限额，起用了大米自主流通制度。1970年日本政府制定了一定的转产土地比例，真正开始了对大米生产的调节。在制度上，采取了"农户自主解决的办法"。对转产种小麦、大豆、牧草等作物的农地，实行转产补助制度。日本政府一直增加转产的面积，强化生产调整。但是由于给转产的补助金的预算金额不断减少，"转产奖励"的实效降低，放弃耕作的问题开始显现。为此，日本政府废止了《粮食管理法》，实施了《粮食法》，政府买入大米的目的从价格维持转移到了储备上，同时，买入数量也大幅度减少。日本政府的减反政策，对维护大米的价格、调动农户的积极性方面起到了推动作用。但也有人批评日本政府的做法是游离于市场价格之外的农业生产的保护政策，所产生的补助和关税奖励，导致了食品价格的上涨以及国税的浪费，加重了国民的生计负担。

① 大内力编：『政府食管から農協食管へ——食料を問う』，東京：農林統計協会，1995，第34页。

（三）农协在日本农村社会中的作用

在日本农业的发展问题上，政府起主导作用，农协也发挥了积极的作用。在 20 世纪 60 年代以后的高速工业化时期，农协通过其政治力量促使政府不断提高对粮食（主要是大米）的收购价格，注意农田基本建设，缩小城乡差距、工农差距。日本农协代表农民的利益，反映农民的呼声，在日本政党选举中经常发挥作用，对于日本政府一些统筹城乡发展的涉农政策的出台和维护也起到了不可替代的作用。农协在日本历史上的贡献是不可磨灭的。

（四）日本各界对农协的评价

在日本有 284 万户农户，其中 80% 是兼业农户。大多数兼业农户都依赖农协，只有三十几万农户不完全依赖农协。因此，农协一直是日本各界关注的对象。本书在此介绍 3 位农协的研究者。他们都是资深的记者、著名评论家，都曾经深入农村，进行了长期的调查。他们的研究为我们提供了很多宝贵的经验。

20 世纪 80 年代中期，因写过《田中角荣新金钱脉研究》而蜚声海内外的日本著名自由撰稿人立花隆，出版了题为《农协》一书。书中讲，农协在日本农村生活中扮演着重要的角色。农协的政治影响力主要表现在选票的拥有上。政府和农户都需要农协。现在日本的农业政策对专业农户不利。按照收入由高到低的排序为第二种兼业农户[①]、第一种兼业农户[②]、专业农户、其他行业的家庭。日本农业的主要农作物是大米，农业收入的 40% 是大米。而且日本的所有产品的价格都

---

① 第二种兼业农户：指农业为辅的兼业农户。主辅的区别由农户的农业收入的多少而定。

② 第一种兼业农户：指农业为主的兼业农户。

是和米价对比而定的。日本粮食管制制度已经变成政府把价格倒挂的负担转嫁给消费者而获利的制度。在日本所有的产业中，再没有比农业更受政府所支配了。他批评了日本政府的农业政策。同时对农协的所作所为表示了不满。他认为，农协是为农户服务的组织，不是以营利为目的的组织，就是营利了，也应该把利益返还给农户，不应该一味地追求利益。他指出，日本农业经济的规模总体上正在向规模化发展；农业的个体经营户在持续弱化，不靠农协难以维系农业生产的农户在增加。所以农协必须强化其组织管理机能，做到真正为农户服务。日本著名评论家土门刚在1992年出版的《农协倒闭的日子》一书中指出，农协经营的两大支柱是大米和金融业务。现在农协正面临三个自由化的冲击：第一个是金融自由化；第二个是农产品进口自由化；第三个是粮食管制制度等各种限制的缓和。农协从事着类似银行业务的信用业务、生命保险、财产损失保险业务、购买和销售业务等，而每项业务规模都超过民间的大企业。信用业务已经超过了第一劝业银行的储蓄金额。然而，金融自由化以后，农协金融吸储能力日渐下降。有些农户已经不再利用农协，生产资料都从农场直接购买。现在的大米业务，也正在被"市场自主流通大米"所动摇。农协在粮食流通领域能如鱼得水，和现行的"减反政策"有关。农户生产的大米第一次被农协收购，农业协同组合宽和会（经济联）再从农协手中进行二次收购，最后再卖给批发商。最近经济联和批发商加入了大米收购者的行列，对农协产生了压力。农协主要的业务是靠兼业农户支撑的，它最担心的是兼业农户的疏离。金融自由化导致了村民对农协依赖的变化，村民与农协的关系日渐疏远，致使不少兼业农户和专业农户脱离农协，农协失去了过去集中选票的威力，最终对选举结果也产生了影响。财部诚一是日本著名经济报刊撰稿人，2008年出版了《农业救日本》一书，书中讲道：在日本专门从事农业的人很少，大多数农户是兼业农户。据2005年进行的农业普查，日本现在大约有284万户农民，其中专门从事农业的农户还不到两成。日本农户负担的农地的固定资产税很少，国家不收农户的继承税并延期纳税，在遭受严重自然灾害的时候，农户可以立刻申请补助金。他认为，要想改变目前的农村社会，只有靠企业参与农业才行。农业要强大必须培养出强有力的农户，而培养强有力的农户必须靠强有力的农业经营来实现。日本农业的出路主要在于农民自身，而不在于农协和国家。

四、马场村的实地调查

从立花隆的《农协》到财部诚一的《农业救日本》，它们在肯定了农协对日本社会的贡献的同时，对农协的有些做法也提出了尖锐的批评，甚至认为，在当今日本农村没有农协更好。东北地区是日本传统的农业地区，江户时代就有"日本粮仓"的美誉。该地区是日本大米的主产区，秋田的初锦和宫城的笹时雨杂交的"笹锦米"和新潟产的"志高水晶米"齐名，是日本家喻户晓的优质大米。宫城的"环境保全米"是最近新培育的品种，在日本备受欢迎。

（一）仙台农协

仙台农协位于距仙台市中心三四千米的宫城野区新田东二丁目十五番地二。高野秀策是农协的理事组合长，是一位地道农民出身的当地农协的最高领导人。仙台农协的办公楼很漂亮，为三层建筑。一层有一部分是信用银行，进门的大厅很讲究，很现代化。农协的员工也不少，有二十几个，都穿着制服，很正规，和一般公司的职员一样。仙台农协相当于一个中等的公司，高野就是老板，只是没有财产继承权，是挣工资的老板。农协的资金来源是成员的会费，据说每户一年要交 20 万日元。高野先生讲，本地区的农民主要是兼农，专农还不到 10%。传统的农村已经不多了，农村中非农人口占 70%，很多地方都成了混住型农村。

经历过几次市町村合并，宫城县现在的农协管辖着 3 市 3 町。合并以后，村都合并成了町，仙台市已经没有村级单位的农协了，农协的最基层单位是町级农协。现在的农村管理实际上应该是市政府的农政课来进行，但是事实上农协也被指派参与了管理，行政管理部门的很多工作都摊派到了农协身上。现在的政府方针是农业要由农户和农业团体管理。比如，"减反"等农业政策都由农户和农协一起落实，行政部门已经撒手不管了。现在的农业劳动力的 60%，是 65 岁以上的老人。20 年前占 60% 的是 40 多岁的人；10 年前占 60% 的是 50 多岁的人；再过 10 年，60% 的人就是 75 岁以上的老人了。现在光靠农业是无法维持生活的，大米也便宜，菜也便宜，农民挣不到钱，生活很艰难，所以在到处寻找出路，出去挣钱。现在日本人的饮食结构也发生了很大的变化，不像从前只吃大米。现在日本的大米消费量只是 30 年前的一半。现在稻田的 1/3 在休耕，原因就是因为日本对大米的需求不如以前。为了维持一定的米价，必须减少种植面积，即所谓的"减反"。没有办法，农民只好到城里打工。农村现在很少有三代人都从事农业的。土地原则上是不可以随便转让的。但是，就是转让，土地也不值钱，很难找到买主。在仙台附近的农村，还有很多一家父子两代人住在一起的情况。在偏远的地区，很多都是老人务农，年轻人外出打工。有的地方还出现了有地无人种的情况。有很多人不想种地了，想把地租给别人种，农业委员会和农协都可以帮助他们出租。他讲，仙台农协现在就有 500 公顷的土地在进行流转（土地租赁）。土地租赁一般都在亲戚和朋友之间进行，签约一般为 3 年至 5 年。一般孩子出去打工的农户都把自己的土地出租出去。现在的农协就像一个公司，金融、保险、经营（大米、化肥等）等什么都做。农协的负责人是在农协职员中选出来的。农协的财产不是个人的。农协会员每年要交会费，农协每年还利2%。

（二）秋保农协支店

• 秋保农协支店职员柴田祐一访谈录

秋保町是农业传统保持得较好的村落。秋保农协是仙台农协下设的秋保支店，位于秋保町的长袋，现有专职人员3人。在高野秀策的引见下，我采访了秋保农协支所前负责人之一的柴田祐一。柴田祐一是本地秋保町长袋人，从年轻时起就在农协工作，30多年从来没有离开过秋保。他已经退休，但因为农协希望他再帮助干点事情，就又留了下来。他向我介绍说：

> 我家的土地现在闲置着。父亲去年去世了，母亲年迈，儿子在外面工作，家里就是我和老伴儿，我又要工作，所以没人种地。家里有0.5公顷的水田，过去种些水稻自己吃，父亲去世以后就没人种了。这里的农业衰退的主要原因之一是仙台市扩大规模，合并了一些地区。这里过去是秋保农协，现在并入仙台市农协。

农业的不景气和农户的农业经营意识有关系。他说他能干好农协的工作，主要得益于自己是当地人，和这里的农协会员是一种朋友的关系。现在正是世代交替的时期，现在的老头老太太们过去都愿意和农协打交道，有什么事情都要找农协，但是他和年轻的一代人已经没

图 7-1　秋保农协组织举办的"秋保大米"品尝会（作者摄）

有了与上一代人的那种情感纽带。现在的年轻人比较现实，和农协的关系不那么密切。但值得庆幸的是他和这里的一些上了岁数的人还保持着良好的关系，他们有些事情仍然通过他来做，这主要是人际关系在发挥作用。他在职的时候做过很多种农协的业务，供济、保险、营农（农业经营）等都干过，能够应对各种客户，所以现在还有不少客户有事的话，要和他商量。在我和他谈话的时候就先后来了几位老人向他咨询一些事情。他们看上去像是老朋友。他在做营农的时候，是营农科的科长，在这一带帮助农户发展畜牧业，种植烟草、水稻等，也做过转产工作。转产是从平成十一年（1999）开始的，和仙台农协合并是 1998 年的事情。合并之前比现在业务要好，但是受该地区地理条件的限制，有些工作开展得也不理想。当时的业务范围比较大，种类比较齐全，但规模不大。那时上面的政策是资金能力不足的地方要合并，所以他们就被合并到了仙台农协。当时的农协会员有 480 多户，他尽力不使这些组员离开农协组织。老人们因为有过去的关系，还有来往，现在的年轻人就不行了。他认为农民只有在必须依靠农协生存的时候才依靠农协，而现在农户不依靠农协也能生存，所以，有一部分农户虽然也是农协组员，但是和农协的关系不那么密切了。比如，现在农户生产的大米不一定非得通过农协出售。过去这里就有仙台粮食局的机构，他们和农协都在收购农户的粮食，其中农协收购的要多一些。但是有些农户和仙台粮食局交往的时间比较长，他们会把粮食卖给仙台粮食局。仙台粮食局在明治时期就开始收购粮食，历史比较长，所以当地的很多人都和他们保持着关系。现在还有一部分农机公司也在收购大米。他们形成了和农协竞争的局面。在他看来，影响农协的主要原因是政府的粮食管理（食管）政策的改变。

现在粮食买卖自由，人们可以随便地选择粮食收购商。现在农户和农协的关系已经变了，过去是他们求农协买大米，现在是农协求农户卖大米，农户在卖大米的时候还会和农协讨价还价。社会环境也不一样了，过去的现金收入主要依靠农村的副业，需要农协的帮助，现在他们可以自由地去城市打工，没有束缚。现在是金融自由的时代，农户的资金需求也不完全依靠农协，他们可以随便选择自己喜欢的金融机构融资。农户不依赖农协，是导致农协不景气的主要原因。过去这个店（农协办公室兼出售种子、化肥等农用物资），不像现在这么空，整个屋子里摆满了农户需要的商品，只要来这里很多事情都可以办，购物、存款、上保险等。现在这里只出售些种子，其他物资主要是农户自己订购。过去没有了肥料来这里可以买到，现在这里什么也没有了，如果有需要的话，就帮助他们和宫城营农中心订购。农协变了，农户的意识也变了，所以就形成了现在的局面，无法恢复到以前的状况了。现在这里的农协不景气，但是也有的地方，比如北海道等地的农协依然很活跃。不过总的来说，现在的农协已经和过去不一样了。过去是农户靠农协，现在正相反，是农协靠农户了。过去是农协主要在指导农户种田方面发挥作用，并在此基础上，开展金融和共济、保险等业务，现在农协主要在农户存款、上保险上下功夫。现在务农的都是些七老八十的人，这些老人想的是在自己有生之年能维持下去就行了，没有什么大的追求。所以现在你和他们谈农协的业务根本谈不成。现在是农业不行，农协也不行，是一种恶性循环。农协现在之所以还能维持是因为农协有很多业务，有的业务经济效益还可以，正是这些业务支撑着农协。他认为要想让农协好起来，只有让农户有钱才行。开展这么多业务，农户没钱是无法偿还的。金融机构的借贷是针对那些有偿还能力的人的。现在的金融机构在借贷之前要核实借贷人的经济情况，如果发现他没有足够的偿还能力，是不会把钱借给他的，所以在农村借贷也不是一件容易的事情。

现在农业衰退了。过去农户70%的收入是农业收入，现在80%是农业以外的收入。现在的情况是：也不是没有想在这里专门务农的人，只是很难坚持下去。现在的农协和一般的企业没什么不一样，在这里上班的一共3人，除柴田祐一之外还有两位年轻人。他们主要做的是金融方面的工作。他们每天要上门服务，每天都按照计划去访问客户。他们的工作很不容易，遇到困难的时候会请柴田祐一帮助协调。

• 秋保行政官员兼农户伊藤幸哉

秋保综合支所是日本政府在乡村的办事机构，是仙台市役所（市政府）最基层的政府行政单位，内设总务科、税务居民科、保健福利科、建设科。总务科负责综合支所事务的综合协调包括地域振兴、防止犯罪、交通安全、灾害处理、契约等业务。税务居民科负责市税的征收、交纳、证明，户籍、居民变动申请，户籍誊本、居民卡的发放，印章登记，儿童、学生转入等业务。保健福利科负责儿童、母子、寡妇、高龄者、残废者的福利，国民健康保险，国民年金等业务。建设科负责道路占有，村界认定，道路桥梁的增设、改造、维修，道路除雪、清扫，公共物资的使用等业务。在桥本荣一先生的帮助下，我认识了秋保综合支所总务科的地域振兴系长伊藤幸哉先生。他概括性地介绍了秋保的情况。之后他给我介绍了马场村的二瓶恒男。他是我进入秋保町的引路人。

●二瓶恒男访谈录

二瓶恒男，个子不高，有些驼背，今年77岁，以前在秋保综合支所工作过。他退休以后也不闲着，还任仙台市太白区秋保町统计调查委员、仙台市农业协同组合总代、仙台市秋保町马场爱宕神社神乐保存会会长、秋保福祉杜鹃花苑理事长，曾任秋保町联合町（4个自然村）的町内会会长。老伴儿去世了。他有3个孩子，大儿子一家四口人和他住在一起。大儿子在仙台的一家公司上班，儿媳妇在仙台市内的一家幼儿园上班。两个孙子，大的在仙台上大学，小的在仙台上高中，都和他住在一起。他现在种的地有6公顷，按规模可以算是专业农户①。他有6个兄弟姐妹，两个哥哥早就死了，一个弟弟在神奈川，还有3个姐姐。哥哥死后，他继承了农业。他家是分家，是本家的佃户，自己的地很少，只有三四公亩。开始时他务农，日子过得很困难。他上山烧过炭，后来进了政府部门秋保综合支所工作。那时他一边工作一边种地。退休后，开始租种了亲戚很多地，现在是远近闻名的专业农户了。姓二瓶的人家在马场村一共有7户。该村一共62户人家，65岁以上的人的婚姻圈就在本村，所以2/3的人是亲戚。他家和村里的很多人都沾亲，所以能租到很多地。他家里农机具一应俱全，还有5台车，其中4台家用车，1台农用车。他和农协经常打交道，他认

---

① 日本政府规定，由兼业农户变成专业农户除了土地规模必须在5公顷以上外，家庭成员中不能有从事其他职业的人，而且必须经过农业委员会的认定才行。因此他还不是真正的专业农户。

为农协就是为农户而生的，必须为农户服务。他认为，现在农协的职员很多都不是在农村长大的，缺乏农业知识，他为此很担心。他认为，农协的存在很有必要，农协可以向政府反映农民的呼声。以前秋保有独立的农协，那时农协经常举办一些和农业生产有关的活动，现在合并到仙台市以后，此类活动就很少举办了。他对合并很有意见。他家当初只有 0.5 公顷土地，是 1946 年日本实行农地改革的时候从本家那里分得的。他每年生产的大米，很多情况下需要依靠农协帮助出售，所以和农协的关系还是比较密切的。他说：

> 农协也想努力把工作做好，现在由于工商业者也来收购大米，竞争比较厉害，市场自由化以后，农协的日子不好过。

二瓶恒男以前在农协工作过，对农协有感情。

● 秋保支所工作人员、兼业农户佐藤信明访谈录

我接触的第二个人是佐藤信明，秋保町马场村人，今年 60 岁。他在秋保综合支所总务课供职。他现在也像早年二瓶恒男那样一边在秋保支所工作，一边务农。他讲：

> 我们夫妇二人种地，孩子只是在插秧和收割的时候帮帮忙。现在二儿子和我们住在一起，大儿子另过了。过去是长子继承家业，现在不一定。我那一辈家里有 5 个孩子，我是老大，继承了家业。过去的传统现在已经遭到破坏，现在没有了长子继承的规定了。

> 现在的家业也不能增值，而农地还要交地租，所以有的不愿意务

农的农家子弟，认为继承家业是添麻烦。秋保地区很多农户不想从事农业了，只有极少的人想扩大耕种面积，租别人的土地。秋保本来山地多，适合耕作的土地只有10%，土地少，靠种地挣不着钱。如果有足够的耕地，还能赚钱，那样肯定有人会继承农业的，可现在的情况不是这样，所以没人愿意继承农业。他说：

> 这里平均每户不到1公顷土地，这点土地仅够一家人吃饭的，其他花销没有保障。所以继承家产并不是一件容易的事情。房产继承后还要维持管理，也要花费，所以就必须像我们这样一边工作、一边务农才行。所以这里主要是兼业农户。这里也有离开农村又回来的年轻人，土地已经租给了别人，回来也没有土地。

他是老大，当时按长子继承的习惯留下了。现在家里留下的是二儿子。他很希望孩子能继承祖先留下的土地。他是典型的兼业农户，在当地有一份公务员的差使，家里还有地，很令人羡慕。他对农村出现的新动向很敏感。他害怕现代企业进入农村，认为那样农户会遭殃。日本的宅基地是可以买卖的，但农地是不能随便买卖的。农地的买卖必须经过农业委员会的批准，如果要卖，买方也必须是农民才行。所以现在日本的农地总的来说，是受到保护的。但是也有农地转用的情况，实际上日本的农地还是在减少。他说：

> 我们使用农地受到政府的保护，可是我们的子孙是否继续从事农业还很难说。现在日本经济不景气，返乡务农的人也不少。如果日本经济好转了，这些人可能又去做别的了，他们把农村当成了避风港。我们是生长在农村的，其实我们

的生活和城市里没什么不一样，我现在挣的是工资，本质上的也是工薪阶层。

按照日本的标准，一年中干农活的时间低于60天就叫休闲农业（兼业农户），实际上我们干的是休闲农业。这一带的农户平均每户有土地1公顷。根据地区的不同所拥有的土地面积也不一样，北海道的农户多一些，一般有两三公顷土地。这里是山地，土地少。山林是共有的。过去这里的农民很多都上山烧木炭，当时烧木炭是唯一的现金收入渠道。过去我们在这里都种过烟草，当时烟草卖价很高，所以是旱田种烟草，水田种大米。现在没有合适的作物种，旱田都荒芜了。这里的土地稀少，种的东西主要是自己消费。大米中剩余的部分卖给农协，价格由农协定。现在日本人的大米消费量少，大米过剩，所以国家就出台了减反政策，发放转产奖励金。

我们每四五年要轮一次，当年不生产大米就吃上一年剩下的大米。我去年转产，没计划好，到了年底大米不够了，我还得买着吃。现在卖大米的钱又都用在农业生产上了，根本不挣钱。农业生产本身是赤字，不够的靠工资补。再往远处的山区，可能情况不太一样，可能不会像我们这么简单地用工资补贴生计。我再有两年就没有工资了，只能靠年金（养老金）和种地的收入生活了。老了以后，农户应该比市民好，可以享受年金和种地。但农业是要投入的，买农机具花的钱也不少。有人为了减少花销不买农机具，有的农户用旧的将就着。有的农户不得已，自己种二三公亩，其余的租给别人种。还有的农户把所有土地都租给别人，自己从中收点地租（实物）。现在每家每户都有农机具，不需要共同劳动，也有了一定的实力，不像从前那么依赖农协了。

● 玻璃匠兼业农户佐藤访谈录

佐藤是我在去马场采访途中遇到的，当时，他正在田间用除草机除草。据他讲，他是本地的玻璃工匠，除了农活，还经营一家雕玻璃店。他是一个典型的兼农，除了自己的地之外还租了不少地，现在有二三公顷，都种了"环境保全米"。据他讲，这种品牌米能卖出高于一般大米 50% 的价格。他很看好这个行情，想扩大种植面积，但是没能完全如愿。他说：

> 我一年用在农业上的时间有半年。在政府部门工作的兼农者对现在的政策比较满意，他们既可以挣工资还拥有土地。干农业，一年的纯收入还不如公务员一个月的工资。我是个体手工业者，没有固定工资，所以和那些人的心情不一样。现在的农户不像过去实行互助，我们都有农具，一般专业农户要买上千万日元的农机具，很多都是靠贷款，贷款最少也要还十年，所以现在的农户的日子并不好过。有的农户对减反政策很不满，表面上接受了减反的土地规划，领了减反补助金，实际上照样种水稻。也有不少人不接受政府的补助金，不听减反政策的邪，硬种水稻。环境保全米每袋（30 公斤）能卖 1.5 万日元，一般的米只能卖 9000 多日元。如果卖不了这个价格，按照日本人的生活标准是无法生活下去的。

他认为，大米靠出售给农协是不行的，要自己推销才行。所以现在的农户应该既是第一产业者，又是第三产业者。现在国家的减反政策规定 30% 的土地必须种其他农作物，而不管能不能挣钱，所以有人宁可荒废了也不种。国家希望多种那些目前依赖进口的农作物，比如，大豆、小麦，所以，减反的部分国家有补助金。现在的日本不但不能从农业得到收益，反而要进行补贴。日本的政治家认为像非洲和亚洲其他国家那样的大规模的耕作农业是没有出路的，所以日本政府不鼓励扩大耕作规模。他们认为日本的农业能维持到今天就是因为从最初就实行了现在的政策，所以从来不想修改现行政策。有人认为现在的政策不错，因为他们可以不种田而拿补贴，但真正种田的就不那么容易了，他们要交保险金。保险金其实就是税金。在仙台有20%的专业农户受现行政策所累，80%的人则认为政策很好。他认为日本的农业保护政策过头了。现在的农业都是那些上班的人在干，因为他们可以得到补贴，就是添置农机具，他们也不怕。现在日本经济不景气，出现了不少返乡务农的年轻人，据说全国有20多万人。虽然农村闲置的土地很多，但问题是这些新来的务农者，没有补贴，还必须购置农机具，至少要投资1000万日元。他们还要花钱租地，根本坚持不下去。现在的农业政策不利于新来的务农者，有利于当地人。他认为：现在是外行管理农业，其实根本不需要减反，按自然规律办事就行了。现在，在水田里种起了大豆，很可笑。农协没有如实地向上面反映这些情况，他对此很有意见。

· 退休教师兼业农户中野正幸（上门女婿）访谈录

中野正幸是秋保町马场村的农户，出生在离秋保不远的地方。他有很多兄弟姐妹，家里很穷，自己到了结婚年龄就被介绍给了马场村的中野家，成了上门女婿。他作为养子来到这里已经47年了。秋保町马场村一共有62户人家，姓中野的就有18户，这18户是同族。中野正幸入赘的这家人，上一代是小本家，有不少土地。他来到这家以后，一边在附近的中学里当老师，一边种地，是个典型的兼业农户。他有3个孩子，一男二女。大女儿在东京上班；小女儿嫁到了仙台市，有两个孩子；儿子在离这里不远的地方开了一家诊所，在当地买了房子。现在只有小女儿经常带着两个孩子来这里住住，儿子偶尔来看看他们。10年前，为了留住儿子，他在祖房旁边盖了一栋新房，谁知儿子不愿意回村务农，在外面开了诊所。7年前退休以后，他开始专门从事农业，买了全套的农机具，大小农具应有尽有。农活基本上是他和他老伴儿在做。他们有0.5公顷的旱田，还有0.8公顷的水田。旱田主要种植蔬菜，他们种的蔬菜品质很好，很受消费者的欢迎，有自己固定的客户，基本不用为销售发愁。我参观了他们的蔬菜大棚，西红柿长得格外喜人。露地的蔬菜长得也很挺拔，品种很多。我感觉到他们是真正热爱农业的人。他认为，兼业农户支撑着日本的农业。他说，现在有的地方也在尝试让企业进入农业，但是没有成功。我也听说过，资生堂在某地大规模投资建造过农业基地，后来倒闭了。他说：自己种菜是出于兴趣，一天靠种菜能挣1万日元，好的时候能挣2万日元，但是种菜的成本很高，其实算下来不挣什么钱。他家里人祖祖辈辈是农民。他记得小时候，他的父亲除了种地之外就是烧木炭，木炭是家里的主要经济来源。当时农民自己的土地很少，不烧木炭无法维持生活。当时家里有13口人，10个兄弟姐妹。他主张政府不用"减反"和控制大米的生产，在那些闲置的土地上都种上大米，政府可高价收购，再给那些被援助的国家，以避免现金援助的弊端。他认为：对于那些缺少粮食的国家援助粮食更有意义。宫城县的大米质量很好，根本没有必要减反，应该在关西那些地方实行减反，在那里发展工业。现在日本的米价基本上是农协控制着，他们一再地降低大米价格，根本不考虑生产高品质大米的重要性。他认为，正确的做法是不应该靠减反政策来维持米价，而是应该在生产高品质大米上下功夫。他认为，日本的农户如果不加入农协组织就不能申请政府对农业的补助的做法也很不合理。现在日本执政党自民党（采访的时间是2009年7月，当时是自民党执政）在其执政宣言中许诺要对个别农户实施直接援助，他认为这只是一种宣传，很难落实。现在的情况是年轻人如果不在农协指定的业务范围内务农的话，是不可能申请到资助的。也有人不依靠农协，自己务农，但是这样的人很少。他认为现在的农协缺乏进取心，农协和农户的关系也不是一般人想象的那种单纯的互助关系，相反农协的存在是对农户的束缚。比如，以前的法律规定是大米不可以自由买卖，必须卖给农协，此规定一直维持到最近几年。现在，日本的农民可以直接销售自己的大米了，但是，即使不把大米卖给农协，也要向农协交纳出售大米的手续费，规定了每俵（俵：装大米的稻草包，60公斤）的费用，这个数目加起来也是很惊人的。农民是受农协牵制的。

马场村里的大多数农户是自民党党员，而他是民主党党员。我初次采访他的时候，还是自民党执政时期。他讲，日本的农业都是自民党操纵的。农协的建立和日本农业政策的制定都和自民党有关。他不赞成自民党制定的现行农业政策，认为它不利于农业的发展，主要表现在不能真正地进行土地转让，对那些愿意一心一意务农的农户来说，想扩大农业生产规模也难以实现，所以人们不会在农业方面寻找发展出路。他是那种干什么都很投入的人，退休以后把全身心都投入了农业，不仅种水稻、蔬菜，还用自己种的黄豆做酱，腌制梅干菜。他种的水稻和蔬菜以及自己腌制的咸菜都自销。他对农协的依赖很小，所以认为农协的存在价值不大。而其他的兼业农户就不一样了，他们多是七老八十的人，不得不依赖村里的农业组合和农协，他们对现行的农业政策和农协是肯定的。我在采访的过程中，只遇到了包括中野在内的两户对现行政策不满意的人，还有一户就是上面提到的那位做玻璃雕的。他们这两户人家都是希望扩大农业生产的人，但是现行政策又使他们不能如愿，所以他们很不满意。这样的农户在当地很少。

据我在马场地区的调查，那里有贩卖农户73户，其中专业农户才5户，所以他们的意见很难成气候。我再次采访他的时候，已经是民主党执政了，他对民主党积极推进加入TPP表示支持，认为这才是未来日本农业的发展方向，农业也必须有竞争，只有竞争才能搞活日本农业。

我的田野调查点仙台农协秋保支所所管辖的地区，由于仙台市扩大城市规模，合并了一些农协；另外，本地区离市中心不太远，农民外出相对容易，所以使得秋保支所的工作有些不如以前，农协事业比较萧条。但是这不能说明日本的农协已经日薄西山了。我在秋保采访的时候，有幸亲眼看到了用人工遥控的直升飞机洒农药的场面。据农协的熊谷英幸先生讲，洒农药是村里的实践组合委托农协聘请专业的农业服务公司实施的，农户如果希望提供洒农药服务可以向村里的实践组合申请，实践组合则委托农协实施。据了解，每个贩卖农户都是农协的会员，也是村里的实践组合的组员。实践组合是农户自愿结合的、为农户自己服务的组织，但农户要向实践组合交纳一定的费用。这说明农户间的关系是密切的，农户和农协的关系也是密切的。除了对仙台秋保町的实地调查之外，我又利用文本资料对日本各地的农协进行了研究，发现日本很多地方的农协搞得有声有色。

自1900年颁布《产业组合法》以来，日本农协已经成立100多年了。日本农协在成立时就有浓厚的、作为国家实施农业政策的辅助机构的性质，在落实国家的农业政策方面发挥了巨大作用。可以说，如果没有日本农协，就不可能迅速改变"二战"后日本粮食短缺的状况，也不可能有今天日本农村社会的稳定。但是，进入20世纪90年代以后，日本社会发生了变化，日本的农业政策也发生了变化，过去的粮食管理制度有所松动，大米的收购制度不像从前那么严格了。各种金融机构进入农村社会；对农户的各种限制也逐渐取消，农产品直销受到鼓励；农协的一统天下被打破，生存面临挑战。在此情况下，有的农协开始把更多的精力放在了金融事业上。在我的采访过程中，尽管对农协有不满的声音，包括很多研究日本农业的著名专家和资深记者也对农协的某些做法提出了批评。然而，农协的历史功绩是不可抹杀的。据仙台农协负责人高野介绍，现在的农户利用农协的情况是：销售 4 成、购买中生产资料 3 成到 3.5 成、生活资料 0.6 成、储蓄 6 成、借款 5 成。所以，无论是专业农户或者是兼业农户，想要完全脱离农协是不可能的。

从我的实地调查和文本资料研究可以看出，日本的农协组织仍然很活跃，在农村的事务中仍然发挥着重要的作用。在民主党当政初期，有人担心日本的农业政策会改变。日本民主党上台以后，的确出台了一系列有别于自民党的政策，但是农业政策并没有更大的改变。我认为这主要是由于日本文化传统在起作用。日本农村社会的惯行根深蒂固，一经形成很难改变。日本自民党当政 50 多年，制定了一系列的农业政策，日本的农户，特别是占总户数 80% 左右的兼业农户早已习惯于这种保护农业的政策，他们不希望农业政策有大的改变，希望维持现状。但是，国际形势对日本造成了巨大的压力，日本现政府决心打破目前的局面，加强出口企业的竞争力，正在积极推进加入TPP，对此日本国民的大多数持欢迎态度，唯有农业部门对此忧心忡忡，特别是农协组织坚决反对。我调查的农户对此反应不一，持模棱两可态度的人占多数，坚决反对的占少数，也有一部分人对加入 TPP表示欢迎。他们认为加入 TPP 可以刺激日本农业，给日本农业增加活力，能促使农户不断提高农业产品质量，增加农业产品的竞争力，使日本的农业产品成为出口的一个重要部分。从我对于日本社会惯行的理解来看，即使加入了 TPP，日本政府也会继续利用农协来落实其新的农业政策，届时农协也许不心甘情愿，但是，为了自身的生存，为了日本农业的发展，估计最终还得与政府合作，农协和政府互相依存的情况不会有根本的改变。2011 年，我对日本农协和政府的关系作出了以上的判断。4 年过去了，围绕着是否加入 TPP，一直争论不休。民主党执政时期，加入 TPP 已经提上日程，自民党重新上台后，又重新讨论加入 TPP 的问题，但很快遭到了日本农协的反对。根据日本政府 2012 年的统计：日本农户总数从 1960 年的 606 万户到 2010 年的 253 万户，减少超过一半；农业人口从 1960 年的 1454 万减少到 2012 年的 251 万，实际减少 83%。现在日本农业生产总值只占 GDP 的 1%。但是农业对日本政府能否加入 TPP 的影响仍然很大，原因是日本农协有很强的活动能力，其基层组织遍布日本全国。佳能全球战略研究所研究主干山下一仁极力主张日本加入 TPP 以及对农协的改革，他认为："2012 年当选的日本国会的不少新议员都向农协许诺过，反对加入 TPP。虽然日本农业不断衰败，但是农协的政治力量并没有被削弱。原因之一是在日本农村一家农户就是一个农协会员，农户虽然减少到了 253 万户，但农协的正式会员仍然拥有 472 万户，有不少已经不再从事农业的家庭，仍然保留着农协正式会员的身份；另外，在农业地区，从事的职业和农业无关的人员，也可以成为农协的准会员，这些准会员已经超过了正式会员，达到了 497 万，两者合计日本农协会员已经达到将近 1000 万人。还有一个重要原因是日本的选举制度，在有两人竞争的小选区内，如果 1% 的票投给对方，两者之间的票差就成了 2%，要挽回这个颓势，并非易事。农协没有使候选人当选的能力，但有使候选人落选的能力。"[1] 他认为，农业需要 TPP。农协高举反对加入 TPP 的大旗，名义上是为了日本的 250 万农业人口，实际上也有自身的考量。但是也有不少学者认为"安倍首相提出了建立强大

---

[1] http://wedge.ismedia.jp/articles/-/ 山下一仁《農協が TPP に反対する本当の理由農業人口 250 万人なのに異様な政治力》，2015 年 8 月 20 日访问。

的农协，增加农户收入的目标，希望中央会能成为地域农协的参谋，修改农协法，撤销通过中央会（全国农业协同组合中央会、JA 全中）对地域农协的指导、监督权"。① 也就是说，农协改革和 TPP 谈判应同时进行。在有些人眼里，安倍改革农协的目的就是要使农协解体，因此，遭到了农协的强烈反对。有学者也替农协说话，认为"这次'改革'完全无视基层的意见和呼声，只是把财经界的意见转换成了政府的方针"。② "安倍的农协改革措施主要是撤销全国农业协同组合中央会，即'JA 全中'对地方农协的指导和监督权，这是为了削弱'JA 全中'的政治力量，因为'JA 全中'一直高举反对加入 TPP 和反对农协改革的大旗，因此是安倍政权的眼中钉。"③ 对待是否加入 TPP 的问题，日本一直有两种对立的意见，但是安倍政府一直在强力推进加入 TPP 和改革农协的进程。根据日本外务省 2015 年 6 月 17 日公布的"关于我国参加谈判 TPP 对美国政府意见征集（概要）"④，可以看出，日本与美国的相关部门就日本加入 TPP 问题，都对两国政府提出了具体希望和要求，虽然实质性谈判进展缓慢，但已经取得了重大进展。我 2013 年又对马场村进行了回访，和村民谈及日本政府加入 TPP 和改革农协问题的时候，他们并没有太多的反应，一副听天由命的表情。

---

① http://www.jcp.or.jp/akahata/aik14/ 赤旗。东京学大学院教授 铃木宣弘《农协解体是对区域社会的破坏，农协将被超大企业吞噬》，2015 年 8 月 20 日访问。

② 同上。

③ http://wedge.ismedia.jp/articles/-/ 山下一仁《農協がTPPに反対する本当の理由農業人口250 万人なのに異様な政治力》，2015 年 8 月 20 日访问。

④ http://www.mofa.go.jp/mofaj/gaiko/tpp/ 日本外务省官方网站，2015 年 8 月 20 日访问。

第八章 信仰"共同体"

　　神道是日本的宗教，除了自然崇拜和祖先崇拜之外，原始神道中，还有很多祈求风调雨顺、稻谷丰登和谢神的农耕仪礼。神道是多神教，号称有八百万个神，认为自然与神实为一体，祭祀是人和神结合的活动，神社是其祭祀的场所。神道从发展轨迹上看，可以分为古神道，亦称原始神道、民俗神道、教派神道、神社神道、国教神道。古神道，也称纯神道、原始神道、神祇神道。最初的古神道为原始宗教，和世界上其他地方一样，奉行自然崇拜和精灵崇拜以及祖先崇拜。古神道的概念最早出现于江户时代，当初把没有嵌入儒家思想和佛教的神道称为"古神道"，把嵌入了儒家思想和佛教的神道称为"俗神道"。"古神道"和"俗神道"是一组相对的概念。近代，历史学家称古神道为纯神道，人类学家称其为"原始神道"。近代古神道是江户末期随着"尊皇攘夷"思想和平田国学的兴盛出现的，被称为"古神道"的思想和礼仪，并没有真正盛行过。明治维新以后，古神道信奉者强调"国家神道"不是宗教，是国家礼仪，古代神道才是宗教，其思想与幕末以后的教派神道相通。民俗神道亦称民间神道，指的是民间的信仰活动，包括祭拜道祖神、田神、山神、灶神等，也包括进行修验道、密教和佛教以及道教思想的实践。神社神道出现得比较晚，是明治维新以后为了区别教派神社而创造的，到第二次世界大战结束前，一直受国家保护，明治末期开始称为"国家神道"。第二次世界大战以前的神社神道，被国家控制，宣扬的是国家礼仪、思想、意志。所谓的皇室神道，是天皇自古以来主宰的以宫中祭祀为主的神道，明治维新以后，由惯例祭祀、即位仪式、丧礼仪式等法定仪式组成。第二次世界大战以后，上述仪式成为天皇的私事。所谓神社神道是神道的一种形态，包含两个含义，其一是第二次世界大战前"国家神道"的异称；其二是第二次世界大战以后的以神社为中心的、由"氏子"和信仰者组织进行的祭祀礼仪。现在所说的"神道"，指的是"神社神道"。国家神道也称"国体神道"。国家神道主要通过神道的实践来整合国民。国家神道包括神社行政，是国家主导的神道。国家神道把天皇奉为"现人神"，使自己绝对化，成为超越其他宗教的国教。国家神道教义的核心是"天皇现人神思想"和"万世一系思想"，它们从明治维新以后到"二战"结束一直影响和左右着日本国民的生活和意识，成为日本发动侵略战争的工具。根据《日本大不列颠国际大百科》的事典解释，它是"明治维新以后，在天皇统治的体制下，由国家形成、振兴的国民宗教。伊势神宫为本宗，在此下面，全国的神社分级，以宫中祭祀为基准，进行祭祀活动"。[①]所谓教派神道（神道十三派）是以教祖、开祖的宗教体验为基础的宗教，和其他神道的性质不同。日本的国家神道，从明治维新到"二战"结束前和"神社神道"混为一谈。传统的"神社神道"承载了"国家神道"的整合社会的功能。日本战败以后，国家神道被取缔，人们再谈神道，似乎就是指"国家神道"以前的"神社神道"。为弄清事实，本人对日本村落进行了长时间的田野调查。

日本社会中的神道信仰问题，属于文化人类学分支中的宗教人类学的研究范畴。宗教人类学是把宗教作为一种客观事实加以研究和探

---

① 参见"国家神道"，维基百科网站（日本版），https://ja.wikipedia.org/wiki/，2016 年 8 月 10 日访问。

讨的学问，关注的不是宗教的教义本身，而是宗教如何对人产生影响的问题。下文主要讨论日本村民的神道信仰对其个人行为的影响问题。日本的民俗神道源于万物有神论，除了奉行"自然崇拜"和"祖先崇拜"外，在神道的实践活动中，信奉家族中的祖神和地区的氏神，才是日本神道信仰的基础、日本村落社会的传统。但是随着明治维新以后现代国家的建构，民俗神道中的氏神扩大到了代表国家的天皇家族，天皇成为日本国民的总氏神，民俗神道信仰逐渐被"国家神道"所代替，神社祭祀成了既是对天皇家族的祭祀，也是对各家族祖神和氏神的祭祀，神道信仰被"国家神道"所主导，形成了神道信仰的大传统，原有的代表小传统的民间神道被大传统所湮没。1945年以后，日本在美国占领军的干预下，实行了政教分离，废除了国家神道。但是，从1868年到1946年近80年的历史中形成的大传统，并没有转瞬即逝，虽然日本政府不再公然坚持大传统，但是具有强烈国家意识的"民间组织"仍然在延续着大传统，在某种程度上影响着村民的"神道信仰"。"日本战后的结构中也像经济领域、政治领域中那样，存在着前现代、现代和后现代三种结构。战后，日本首次实现了自由竞争经济、战后民主主义以及均等化的大众社会，终于克服了战前日本的非平衡性的现代化，但战后日本的现实社会中残留的前现代因素随处可见"。[①] "明治维新以后的村落基本上延续了近世的村落。明治政府虽然推进了近代化政策、欧化政策，传统的农村社会还是被保留了下来。出现这种局面，原因很多，难以简单说明，但有一点是不可否认的，那就是村落本身是根深蒂固的、绵密的'小宇宙'，而且它在日本人的内心深处扎下了根。日本人在近代化的过程中，并没有摒弃以村落为原型思

---

① ［日］福永健一著，李国庆、刘畅译：《日本的现代化与社会变迁》，商务印书馆，2004，第185—186页。

考社会的习惯。这种习惯在明治以后的一百多年来一直在延续。"①

一、日本"村民"生活中的神道

日本的神道信仰源于上古，历史悠久，是万物有灵信仰的产物，但它不同于普遍的万物有灵信仰。日本神道号称有八百万个神，但是，据考证，不是什么都能成为神，要成为神是有条件的。可以说，日本神道的产生完全是日本本土言说的产物。历史上，随着天皇家族势力的不断扩大，原有的神道信仰，被不断重构，神道不断被加入新的内涵。明治维新以后，神道成了日本的国教。从此，在日本的神道信仰中，出现了代表民间传统的神道信仰和国家建构下的国家神道信仰两个脉络。明治维新以后，直到日本战败的 1945 年，"国家神道"在神道信仰中占主导地位，之后日本实行政教分离的国策，放弃了国家神道信仰，日本的神道信仰似乎又回到了"民间信仰"的道路上。关于此问题，日本学者已有大量的研究成果，其中，安丸良夫在《诸神的明治维新》一书中指出："日本人过去经过了两次彻底的精神构造的转换，一次是明治维新，另一次是'二战'日本战败。明治维新建构起了国家的祭祀体系，国家权力深深地介入宗教领域。现在日本人看似过着与宗教无关的生活，其实不然，大年初一要参拜神社，有人在神社举办婚礼，得不到神社神道（国家神道）的保佑，内心就不得安宁。其意识的形成主要在于明治维新的宗教政策。现代日本人的生活意识中，明治维新时期的宗教政策的'痕迹'依

---

① ［日］玉城哲：『稲作文化と日本人』，現代評論社，1982，第 73 页。

稀可见。"①池端千贺子在《占领期日本的宗教改革——占领军主导的宗教自由与苦斗》一文中指出："美国占领日本期间，为了推进日本的民主化，主张必须从神道中剔除超国家主义和军国主义，之后剔除了神道中的危险思想，保留了神道作为一般宗教的存在。"②基督教学者内村鉴三指出："在一个世纪前，神道还是多神教，现在神道已经成为一神教。天皇中心的一神教诞生于日本近代化的初期。1945年的神道指令颁布以后，神道保留了其一神教体系，天皇祭祀改为由民间实施，（国家）神道的潜在性仍然得到体现。"③中国学者麻国庆认为："日本的神社通过祭祀和国家紧密地结合在一起，而中国的村庙通过城隍庙和上天联系在一起，没有统一的与国家联系在一起的神格。"④"面对全球化的今天，固有的文化传统如中国的庙宇和日本的神社，在这一过程中将会扮演何种角色，是摆在我们面前的课题。"⑤我的研究可以说是对上述学者的回应。日本被许多学者表述成为一个"共同体社会"。传统上，日本被认为由东北地区的"同族型村落"和西南地区的"讲组型村落"两个不同社会结构的社会组成；还有学者把日本社会描绘成为是一个"纵向型社会"。不同的理论，都有其道理，也有其局限性，抛开上述各种理论的讨论，我认为，最能体现日本民族特点的，还属日本的神道信仰。民间的神道信仰历史久远，明治维新以后神道成了日本的国教，神道的性质发生改变。日本1890年颁布了《教育敕语》，"国家神道"成为国民道

①［日］安丸良夫：『诸神的明治维新』，岩波书店，東京，1979，第143页。
②［日］池端千贺子：『占领期日本的宗教改革——占领军主导的宗教自由与苦斗』，（日本）《一神教学际研究》同志社大学一神教际研究中心，2013年第1期，第45页。
③［瑞］Aasulv Rande：《近代神道中的一神教》，（日本）《一神教学际研究》，同志社大学一神教际研究中心，2008年第4期，第1页。
④麻国庆：《永远的家——传统惯性与社会结合》，北京大学出版社，2009，第208页。
⑤同上书，第209页。

德教化的基础，集宗教、政治、教育于一身。第二次世界大战前神社归内务省管，由国家直接控制。战后日本废除了"国家神道"，神社改由"神社本厅"管理。"神社脱离国家管理之后，以大日本神祇会、皇典讲研所、神宫奉赞会三个民间团体为主，旨在建立宗教团体，日本于1946年1月23日，发表了以所谓的在全国神社全体意见的基础上，在敬仰本宗皇大神宫的前提下，结成包括全国神社在内的新团体，团结一致，完成神社本来的使命，为建设新日本做出贡献，成立'神社本厅'的声明，随即，'神社本厅'成立。神社本厅于1956年制定了作为神社信仰方针的《敬神生活纲领》，以此为基础，完成对氏子、信仰者的教化和培养。1980年7月实施了《神社本厅宪章》，确立了神社本厅统一精神下的基本规范。全国主要神社的大部分都加入了神社本厅的行列，47个都、道、府、县都设立了分支机构——神社厅"。① 神社本厅是把伊势神宫奉为本宗，由全国八万座神社组成的宗教团体。神社本厅的主要工作是：宣扬神社神道、组织祭祀、氏子教育、发放神宫的"大麻（神符）"、培养神职人员、开展振兴神社的活动。神社本厅不断向信徒灌输"神社神道"思想，宣扬日本人的生活中的衣食住都是大自然的恩惠，生命的存在在于神灵的保佑，对神要感恩、要祈祷，要通过祭祀表达虔诚的思想。宣扬家庭祭祀只有通过对伊势神宫的天照大神及氏神神符的祭拜，才会受到神灵保佑的观念。神社本厅还制定了敬神尊皇的纲领。"神社本厅不断推动首相以公职身份参拜靖国神社。"② 神社本厅在日本的都道府县都有分支机构。

我调查的是宫城县仙台秋保神社，它归宫城县神社厅管。"宫城

① ［日］『宗教年鉴』，日本文化厅编，2014年版，第4页。
② 参见"神社本厅"，维基百科网（日本版），https://ja.wikipedia.org/wiki/，2016年12月20日访问。

县神社厅辖区内有 19 个支部，管理 931 个神社，主要职能是，在神社本厅的指导下，传播神社神道，任免、培养神职人员，帮助神社开展祭祀活动和振兴传统文化活动，管理仙台市北山灵园内的墓地，每年的春秋举办'神体祭祀'活动。1883 年东京设立了皇典讲研所，宫城县设立了分所。第二次世界大战结束以后，在联合国军的干预下，颁布了'神道指令'，神道与国家分离。1946 年 2 月，日本在当时民间的皇典讲研所、大日本神祇会、神宫奉赞会等三个团体的基础上，重新设立了'宗教法人神社本厅'，与此同时，宫城县设立了宫城县神社厅，并一直延续至今。"① 日本战败 70 年之际，宫城县神社厅发出了"请参拜靖国神社、护国神社、忠魂碑"② 的公告，神社本厅充当了管理、指导神社和信徒的使命。

日本的神社，除了祭祀供有皇祖天照大神的伊势神宫之外，还有氏神神社和崇敬神社。氏神神社指的是祭祀自己居住地区氏神的神社，该神社管辖范围内居住的居民都是氏子。本来氏子指的是相同姓氏，有共同祖先的血缘集团，现在包括了地缘关系。而崇敬神社指的是地缘和血缘关系之外，由个人信仰所决定的、崇敬的神社，习惯上把信仰该神社的人称为崇敬者。都市社区的神道信仰者与神道的关系多半属于这类。柳田国男在 1946 年出版的《祭日考》一书中，"把日本村落祭祀系统分为自祭（民众自己举办的祭祀）和官祭（中央政府举办的祭祀）两部分。"③ 柳田国男的"自祭"指的是村民祭祀家族祖神，家族祖神也称"家敷神"，每年的 2 月或 11 月由同门家族在本家举行，其中还包括村民对氏神的共同祭祀；"官祭"指的是

① 参见"宫城县神社厅"，（日）宫城县神社厅官网，miyagi-jinjacho.or.jp/，2016 年 12 月 20 日访问。
② 同上
③ ［日］鶴見和子：『内発的発展論の展開』，東京：筑摩書房，1996，第 81 页。

日本从明治维新以后，由国家主导的新的祭祀体系。从明治时期开始到 1947 年，每年的 2 月举行的祈年祭是祈祷一年五谷丰登的神道祭祀，与每年 11 月举办的新尝祭形成对应。按照皇室的祭祀令，祈年祭为小祭，新尝祭为大祭。明治改历前，祈年祭在阴历 2 月 4 日举行，改历后为 2 月 17 日举行，但全国也不一定统一，东北有的地区和三四月的春季祭祀一起进行。祈年祭本来是民间迎田神的祭祀活动，平安时代成为祭祀天照大神的祭祀，镰仓时代成为与伊势神宫有关的祭祀。它在明治时代成为重要的国家祭祀，是从明治二年（1869）在伊势神宫以及全国的官制神社以及民间神社都举行的大祭开始的。第二次世界大战以后，日本废除了国家神道，祈年祭失去了国家祭祀的性质，成为在伊势神宫举行的天皇家族的祭祀和神社举行的一般祭祀。每年的 11 月 23 日，为了感谢当年的收获，天皇把新收获的五谷献给天地神祇，其余留作自用。1908 年这一活动被皇室祭祀令指定为大祭，1947 年被废除，之后伊势神宫又恢复新尝祭。1873 年到 1947 年有同名的国家祭日（新尝祭祝祭日），之后改成了"勤劳感谢日"，成为国家的休假日。一般说来，日本的神道信仰似乎又回到了民间信仰的轨道，其实并非完全如此，我在秋保町马场村发现在村落每年要举办的各种类型的神道祭祀活动中，虽然已经没有像柳田国男所说的"官祭"了，但是"自祭"中仍有"官祭"时代形成的文化传统。

二、村社祭祀

早期代表秋保町的神社是长袋村的诹访神社，俗称秋保神社，神社供奉的是诹访神。诹访神是全村的氏神，村民都是氏子。秋保町的

图 8-1　秋保神社（作者摄）

村民开始祭奉秋保神社，是秋保町完全成为伊达政宗的领地之后的事情。秋保町每个村落也都有其各自供奉的神灵。境野村的八幡神社供奉的是应神天皇，氏子为全村落74户人家；长袋町村落的神明神社供奉的是天照皇大神（宫内）、丰受大神（宫外），明治四十二年（1910），日本政府出台了无格神社合祭的敕令，神明神社和诹访神社合并了，氏子为长袋町村落的所有人家。境野馆村落的稻荷明神社供奉的是仓神魂命明神，是秋保家的氏神也是19户家臣的氏神。境野馆村落还有一座天神社。长袋的户崎村落的山王权现神社供奉的是大山咋命神；长袋字户崎村落的馆山神社供奉的是仓稻魂命神。马场驿站村有爱宕神社，野尻村有八坂神社和爱宕神社。每个村都有其供奉的神灵，都有被铃木荣太郎称为"村精神"的独特的文化传承。秋保神社本来指的是诹访神社，自古以来是秋保町五村（原来的五个行政村）的信仰中心，受到村民的敬仰。明治四十二年（1908）8月11日的无格神社合祭的敕令，把各村落的镇守合祭到了诹访神社，改称为秋保神社，列入了村社①。N 氏曾经是秋保神社的总代。总代，其实就是氏子的总代表。以前，氏子的总代也是宫司②和神主③。和 N 氏的交谈证实，秋保神社早就不是民俗信仰中的神社了。他讲：

> 以前秋保町每个村落都有自己的镇守（神社），明治时期实行村落合并，秋保被合并成了一个大村，每个村只允许有一个神社，供奉的神首先是天照大神，其次是被合并的各个神社的神。

秋保神社一年中要举办很多次祭祀活动，除了神社内的祭祀活动，还为氏子提供上门祭祀服务。上门祭祀包括，房屋奠基仪式的祭祀、神龛祭祀、氏神祭祀等。秋保町的正月神道祭祀可以分为两个部分，一个是有国家建构传统的以氏神神社为中心的社祭，另一个是以家族为核心的神龛祭祀，由于现在本、分家关系疏远，神龛祭祀基本上以家庭为单位了。秋保神社每年要举行元旦祭、火祭、神乐初次奉纳④、祈年祭⑤、例祭、新尝祭⑥等仪式活动。本人在秋保町调查期间，参加了几次活动，印象深的是元旦之前的送神符、火祭和例行大祭祀。

---

① 村社是明治时期制定的神社社格之一。1871 年 5 月日本政府发布太政官公告，制定了神社规格，除了官社（国家神社）之外的神社，分为府社、藩社、县社、乡社。同年 7 月废藩置县，改为府县社、乡社、村社、无格社。作为地方氏神的神社为村社。1945 年，废除该项制度时，日本全国大约有 11 万神社，其中村社有 44934 座。
② 日本的一种神职，掌管神社的营造、祭祀、祈祷等。
③ 神主，神社的神职人员。
④ 敬奉，奉献，供奉。
⑤ 祈年祭，每年 2 月举行，祈祷一年五谷丰登的神道祭祀活动，和 11 月举行的新尝祭一样是皇室祭祀令中规定的祭祀活动。祈年祭是小祭，新尝祭是大祭。
⑥ 新尝祭，日本天皇用当年的新谷敬献诸神并亲自尝食的祭祀仪式。

（一）秋保神社送神符

中国人过年要贴对联，马场村的村民过年要换神符。我在秋保町调查期间，正好遇到了青年团负责人替神社送神符，目睹了整个过程，感觉送者和收者对待此事都很认真。送的神符包括神宫大麻、年德神、山神宫、大年神、事代主神、五谷丰登神、大国主神、天照皇大神宫（伊势神宫）天照大皇神和丰受大神的祈祷符以及秋保神社的祈祷符。

在一般人的概念里，过年祈求神灵保佑，去教堂或寺院索要神符，应该是信徒主动做的事情，而日本则相反，送神符是日本神社本厅规定的重要活动。神社本厅要求神社通过发送神符活动，发放本宗的伊势神宫的丰赞和神宫的大麻（神符）。除此之外，要宣扬神社神道（国家神道），严格按规定进行神社祭祀活动，教化、培养氏子，培养神职人员，发行、发放宣传册，尊重男系继承，推进首相以官方身份参拜靖国神社。

（二）秋保神社的"火祭"

正月之前的换神符是请神仪式，正月十四日的"火节"则是送神仪式。"火祭"是日本全国性的仪式活动，这天，很多地方的人们都把旧神符烧掉，寓意把正月神送上天空，祈求在新的一年里身体健康、无病无灾、家庭平安、五谷丰登。"火祭"在村民的生活中意义重大，他们相信火能去污，能孕育新的生命，大火熊熊燃烧的爆竹声音能驱除灾害，神可以乘着高高飘起的烟雾，回到天空；经过正月浮躁的人们也借此开始回到现实。他们还相信烤"圣火"可以推迟衰老，吃年糕团子可以不得病。2010年的正月十四日，我来到了秋保町，看到了许多家都忙着把用糯米和小豆做的、之前挂在家里树枝上的糯米团子取下，先象征性地请神吃，之后家人一起吃。晚上再把取下的门松和

图 8-2　秋保神社例祭的泼热水祭神表演（作者摄）

注连绳拿到神社焚烧，完成送神仪式的整个过程。正月十四日晚6点多秋保神社大殿前的空地上，堆满了各家抱来的门松和注连绳。7点，"火祭"在神社宫司的主持下开始了。首先由宫司点燃堆如小山的注连绳，火顷刻熊熊燃起，围观的人们争相靠近火，背对着火，烤火，希望自己永葆青春。与此同时，大殿里灯火通明，神乐表演开始进行。神乐表演本来是取悦神灵的，现在是神人共悦。平时寂静的秋保神社此时热闹起来。村里的男女老少能来的都来了，秋保町综合支所的负责人也来了。"火祭"是民间的宗教活动，按照日本的"政教分离"原则，他不能以公职人员的身份参加，只能以私人身份参加，他的到来，足以显示出政府对"火祭"的重视。

（三）秋保神社例行大祭祀

　　秋保神社的神殿里，供奉着象征日本国家神道的天照大神和秋保的氏族神以及原来各个神社供奉的神。秋保神社的院子里，竖立着本地区在历次战争中阵亡者的纪念碑——忠魂碑。秋保神社内的神殿旁，象征性地设立了原来各村神社的模型。虽然原来的神社被保留着，但原村的村民已经很少在那里举办活动了，只有长袋的神明神社、马场的爱宕神社还举办一些活动，秋保神社已经取代了其他神社。秋保神社每年9月的第二周举行社例大祭。我参加了2010年9月11日、12日的社例大祭。秋保神社的氏神是秋保地区所有人的，秋保地区的村民都是其氏子。在举办一年一度的社例大祭的时候，氏子要为大会提供义务服务，有的疏导交通，有的当治安员，有的专门负责青少年教育，有的负责为大会工作人员做饭，各尽职责。各村的消防团也都来了。大会的组织由总代、青年会成员、祭祀委员负责。本次活动除了本神社的两位宫司外，还从仙台的护国神社请来了两名巫女。巫女除了表演巫女舞之外，还要帮助宫司接待来客，出售神社的护身符。秋保町的4个行政村的总代、青年会和祭祀委员会的成员都派人参加了秋保町神社例行大祭。秋保神社每年举行的社例大祭的内容大致相同，既有传统祭祀活动，也有现代歌舞、弓箭表演。本次活动共进行了两天。第一天的日程从上午11点开始一直到晚上8点半。内容有雅乐演奏、巫女舞、箭术表演、撒年糕、弄潮太小鹅琴演奏鼓表演、长袋插秧舞表演、秋保神社神乐表演、汤立[①]神事表演、艺能表演、奇术、乡间摇滚音乐、手风琴演奏、音乐舞蹈、笛子演奏、民谣、奖品抽签。上午的活动都是和祭祀有关的内容，我印象最深的是汤立神事表演：表演者穿着白布袍，一边念经，一边用竹枝蘸着滚烫的开水，往自己和观众身上洒。据说被水洒着，可以使神灵附体，受到神灵的保佑。因为住在秋保町的人都是秋保神社的氏子[②]，所以每家每户都有人来。年轻人多数是来凑热闹的，老人不一样，他们利用各种机会，对年轻

---

① 泼热水祭神，日本被褉的一种。巫婆、神汉等在神前的铁锅周围绕行，用嫩竹枝蘸热水洒向参拜者身上的仪式。据说原来是为神灵附体、降神谕而举行的神道活动。
② 氏族神的子孙，祖神的子孙，族人，宗人。

人进行"爱国主义"教育①。第二天的活动有少年剑道比赛、表彰仪式、儿童幸运抽奖、地区卡拉 OK 比赛、马场爱宕神社神乐表演、才艺表演、麻雀舞、大正琴演奏、花柳流舞蹈、漫才②、歌谣、盂兰盆舞、草裙舞、歌谣及舞蹈、幸运抽奖等内容。在剑道比赛的颁奖仪式上，秋保神社的保护会的长老（负责人）在仪式开始时要朝着皇宫的方向领头振臂高呼三声"万岁"。据了解，秋保神社的祭祀活动一年也没有间断过，它们已经仪式化，成为当地文化传统的一部分。

三、家庭祭神

家庭祭祀，即神龛祭祀，祭祀的是神宫神符和氏神神符。日本人认为，新年祭祀神龛，有神在家中的感觉。前文说过，换神符是村民过正月的一件大事。换神符有很多规矩。据了解，神社本厅要求神道信仰者，年末打扫以后，要带着感恩的心情，把旧神符取下，在打扫干净的神龛上放上从神社领到的新神符和神宫大麻（神符）；神龛一定要设在清洁、高的地方，最好朝南或朝东；要把取下的旧神符送到附近的神社，或者在正月十四日的"火节"上焚烧掉。如果家里有人去世，那么，在服丧的 10 天内，不举行祭祀活动。宫城县内的家家户户，在新年的时候都要打扫房屋，在大门口摆放门松，给神龛更换注连绳，特别是农村、山村、渔村，正月的时候，家里摆放得更齐全，四角灯笼、纸币等都要挂——这些东西既是给神灵的贡品也是向神灵祈祷的物品。另外，还有对灶火（厨房）的荒神、水井的水神等的祭祀。

---

① 向年轻人强调"日本是神国"的思想。
② 漫才，两人成一对，进行滑稽性对话的日本曲艺之一，类似中国的相声。

图8-3　马场村驿站村落太田家的神龛（作者摄）

日本农村除了以村为单位的集体祭祀之外，还有家庭祭祀。家庭祭祀在日本东北地区过去由本家操办，祭祀的是祖先，祖先就是祖神。在日本继承家业，除了家产之外，负责祭祖也是一项重要的内容，能成为本家的继承人就意味着要履行祭祖的责任。家族的本、分家有共同的祖神，祖神牌位一般放在本家屋后的"祖庙"里。在日本农村，想知道哪家是本家，看看屋后有无祖庙就可以了。本家的屋后都有一个木制或水泥制的小庙，分家没有，但家里有神龛，神龛是他们祭祖的地方。随着农业现代化程度的提高，秋保町的本、分家的关系不像从前那么紧密了，本、分家共同祭祀祖神的情形越来越少，现在基本都是以小家庭为单位祭祀祖先，即神龛祭祀。

1. 二瓶家的正月换神符

我去二瓶家的时候，正赶上老两口在打扫家，男主人讲：

> 正月换神符这个传统一直没有改变，换神符就是请神。请神，家里一定要洁净，否则神是不会降临的，换神符的事

情都由家里的男人做，换神符前一定要洗浴净身，我们要等儿子回来换。现在的家用的都是煤气和电，家里一年到头没有什么尘埃，但是也要大扫除，对神不能敷衍。

2. 中野家的正月"初诣"

马场村姓中野的人很多，彼此都是亲戚，中野本家的继承人是长女，丈夫是入赘女婿，外村人。正月前，他告诉我：

正月初一，日本人要举家去神社参拜，因为是一年中的第一次参拜，也被称为"初诣"。"初诣"时首先要感谢神灵上一年的呵护，其次是祈求神灵保佑新年的吉祥与平安。本历年的男子正月"初诣"时要举行汲水仪式。汲水就是汲福水。去秋保神社"初诣"，要喝"若水"，"若水"就是新年的早上从井里打上来的新水。喝"若水"和"汲水"的意义相近，都是希望新年的新水能给自己带来福气，去除邪气。

3. 太田氏家的神龛

马场村姓太田的不少。太田、二瓶、中野三姓互有姻亲关系，太田氏娶的就是二瓶家的女人。正月前，我去过太田家。他家的神龛，外形像一座微缩的神社。他讲：

神龛是家祭祀神的地方，祭祀祖先灵的神龛，也叫灵舍。神龛里供奉神灵的依附物，神龛要放在明亮、干净的地方，一般放在靠近天棚的朝南或朝东的位置上。在神龛的前面要挂上界绳，摆上一对雄雌蝴蝶图案的酒壶，金币也算神具之一，有的家在神龛里还放吉祥物。神龛里放的贡品一般是洗干净的大米或大米饭、食盐、水、酒。除此之外，还有水果、生鱼、干果、点心等。大米、盐和水每天早上要换，酒和绿树一个月换两次。供给神的食物撤下来后，要食用，吃了它会得到神的保佑。

4. 菅原家的正月祭祖

菅原家的祖先是十几代前从岩手县迁来的。他家以前是地主，祖上享受过武士待遇，是被日本政府认定的豪族，家里有日本前首相宫泽喜一签名的认定书。他们家的房屋与众不同，屋子的正前方有个横穿门，俗称"冠门"，据说只有武士家才有资格有这种门。他们家是菅原家的本家，房子的外面有家神庙。家里的佛龛上供奉着祖先的牌位。神棚（神龛）上有"天照皇大神"的神符。秋保町马场村村民家家户户神龛上的摆设基本相同，都有"天照皇大神"的神符。他告诉我：

> 我们家以前是马场村最富裕的人家，拥有的土地最多，1946 年土改以后留下的土地在全村也最多，家里除了有分家帮工外，还有一户外村人帮工。过去分家都要靠我们，那时候正月，分家和我们一起祭祖，一到正月家里很热闹，现在不行了，本、分家的关系也不那么密切了，正月祭祖也是各做各的。

5. 村民祭祀土地神

神职人员上门服务的内容包括主持盖房祭祀、神龛祭祀、氏神祭祀等。在马场村调查时，我有幸遇到中野分家翻新房屋，目睹了秋保神社的神职人员为其祈祷的场面，神职人员穿戴正装，举止严肃，家人围在其身旁。事后听其家人讲：

> 神职人员为氏子祈祷是其分内的事情，但也要付钱。过去神职人员经常上门为村民主持氏神或祖神祭祀活动。在日本农村，村民的祖神庙都在本家，过去每年一度的家族祭祖活动也是一项非常重要的活动，届时分家成员都聚集在本家，祭祀共同的祖神，仪式隆重。仪式活动要请神社的神职人员主持。

日本人的一生离不开神道，除了神社祭祀和神龛祭祀之外，还有神前婚礼、神葬礼、土地神祭祀、七五三（即孩子在 3 岁、5 岁、7 岁的那一年的 11 月 15 日要穿上和服，由家长领着参拜氏神）等。马场村的年轻人不多，神前婚礼的场面看不到了，但是拜神和祭神场面都能看到。据报道人讲，各种祭神仪式，没有因为村落里人口减少、村民生活的城市化而改变。

四、3·11 大地震的村民神道信仰

日本 3·11 大地震期间，我正在马场村做人类学调查。地震基本停息以后，除继续原来的调查外，我还作为志愿者，参与了宫城县地震和海啸重灾区石卷市沿海地区的救灾工作。之后，2013 年 6 月和 2015 年 10 月，又先后两次，去该地区进行了人类学的灾后调查，关注了神道信仰与渔民的灾后重建等问题。秋保町地处山间，远离大海和震源，受地震破坏不严重，海啸没有波及此地，所以，地震以后，这里的村民生活一如既往，一年中与神道有关的祭祀活动，照常进行。沿海地区则不同，3·11 大地震及海啸，对日本东北部沿海地区的渔业生产造成了致命打击，海岸基础设施、渔船、养殖设施遭到严重破坏，重建困难重重。尽管如此，"令我吃惊的是村民在灾后首先修复的不是自家房屋，而是一景岛神社的牌坊"①；"地震之后的 2011 年 10 月 19 日，与往常一样如期举办了稻荷神社例祭"②，这表明日本村民非常重视神道祭祀。

我调查的石卷市牡鹿町佐须浜是个传统的渔村。该村一共有 42 户人家，其中有 6 户专职搞养殖，8 户以捕鱼为生，其他家户属于兼职"渔民"，即除了打鱼或搞水产养殖外，还兼做其他工作。他们当中 6 户人家的房屋被海啸冲垮，现在住在简易救灾房里。村民 70 岁以上的人，过去都当过渔民，退役以后，靠年金生活。村民一直很重视传统文化的继承，每年都要举行传统祭祀活动，届时，男人穿上特殊的服装，抬着神舆入海，举行拜神活动。3·11 大地震以后，神社遭到不同程度的损坏，加上村里的年轻人越来越少，抬神舆入海的拜神活动搞不起来了，但是神社的其他仪式活动照常进行。神社在灾民心目中仍占有特殊地位。

"一般老百姓的信仰是家族中的祖先信仰和村落中的氏神信仰。本来，祖先信仰、氏神信仰都是产生于老百姓现实生活中的，不是抽

---

① ［日］高倉浩樹、泷澤克彦编，『無形民俗文化財が被災するということ—東日本大地震と宮城県沿岸部地域社会の民俗学』，東京：新泉社，2014，第 66 页。

② 同上书，第 26 页。

象的信仰，是和村民不可分离的信仰。明治新体制通过解构当时的家族、村落，重新建构起了新的家族和以此为基础的天皇制国家。"[①]1946年国家神道被废除后，"神道"的社会作用已经被削弱，村落的神道祭祀中已经没有柳田国男所说的政府推动的"官祭"，但在村民组织的神社祭祀与家庭祭祀中，在某种程度上还延续着"官祭"时代的传统，这从秋保町的事例可见一斑。

日本学者玉城哲上世纪七八十年代回到家乡日本东北地区的宫城县的农村以后写道："进入昭和时代，有学者认为，军部以及与此有关的政治家和右翼思想家制造了天皇至高无上的学说。也有学者认为，底层的民众生活和意识与这样的天皇制意识形态根本无缘，农村的农民生活与天皇主义思想没有什么关系。确实，也许是这样的。我无意否定这种观点，很难说多数民众，特别是大多数农民，是自觉地支持天皇制、积极地支持军国主义的。但是，我个人的一点体验是，我在战时、战后的东北农村生活过，之后又在农村做过调查，我的感觉和有些学者在某些地方有所不同。比如，战败很长时间内，挂着天皇'照片'的农户并不少见，最近虽然不多见了，但客厅的墙壁上挂着'天照皇大神宫'挂轴的家庭并不少见。这些也许只是形式。只是形式也好，总之，我觉得天皇制在农民的生活中还存在。"[②]30年后，我在马场村调查，也发现很多农户家里都挂着"天照皇大神宫"的挂轴，而且村民生活中的"神道信仰"含混不清，很难把"民俗神道"和"国家神道"剥离开，玉城哲所说的情况仍然存在。秋保町的村民，并不太关心政治，津津乐道于目前的和平生活，但村民的神道祭祀活动或多或少地保留了一些"国家神道"

---

① ［日］川本彰：『家族の文化構造』，東京：講談社，1978，第77页。
② ［日］玉城哲：『稲作文化と日本人』，現代評論社，1982，第164页。

的色彩，究其原因，和管理神社的"神社本厅"所发挥的作用不无关系。"神社本厅"号称"社团法人"，有独自的经济来源，本部设在东京，各地都有其分支机构。"行政村"级的神社的神职人员都由该组织委派，工资从各县的"神社本厅"领取。正是由于"神社本厅"的作用，使村民的"民俗神道"活动，不断被嵌入"国家神道"意识，致使村民在神道活动中自觉不自觉地接受着"民俗神道"和"国家神道"的双重教化，其中的消极影响不可低估。因此可以说，"神道信仰"的彻底去政治化，仍将是日本社会需要面对的问题。

第九章 "村落"的国家在场

村落研究是日本社会学和人类学的传统。日本学者曾留下了"满铁调查报告",美国学者杜赞奇利用它们探讨了晚晴、民国时期国家政权的扩张对华北村落社会结构的影响;黄宗智在研究"报告"的基础上,完成了《华北的小农经济与社会变迁》一书。"满铁调查报告"的价值就在于它对中国华北地区村落深入细致的"田野调查"。可以说,"满铁调查报告"成就了许多研究中国问题的学者。中国本土学者也十分重视对中国村落的研究,费孝通、杨懋春、许烺光、林耀华也都以研究村落起家,研究成果均得到国际学术界的广泛好评。村落与区域社会研究一样,是人类学研究的传统,也是人类学研究的范式。笔者把对日本社会的研究聚焦在"村落"上,恪守人类学的传统,目的也是从"村落"和"区域"看社会。

前文讲过,明治维新以后,日本的"村"出现了二重结构——行政村的出现是国家权力渗透的结果,但真正维系村民生产、生活的是历史形成的"自然村"。"自然村"有村民共有的神社、寺庙,共同的墓地,有村落的自治会——"寄合"以及青年团、消防团、生产组织、共同劳动组织,还有伊势讲等宗教组织。村落是一个独立的祭祀单位,有村境,是个独立的空间,也有自己的文化传统。村落自己的"村精神",学者称其为"生活意识"。总之,"村落"是有自主权的、有文化传承的实体。江户时期的幕藩体制下的村落,"随着明治国家的建立,被纳入国家一元体制之下。明治政府通过地租改革和地方制度改革,开始直接插手村落事务"①，从此，原有的"村落"实体与国家建构的行政村在日本农村社会中并存。第二次世界大战前，日本学者基本是在二元对立的框架下，讨论村落问题的，其中较具有代表性的学者川岛武宜认为，"村落是近代市民社会的对立物，村落的统治力的强弱与民主主义的成熟度成反比，村落的统治力越强，民主主义越难渗透"。②战后，不少学者改变了二元对立的视角，认为二者既排斥又互补。福武直认为"村落作为区域社会组织，被简单化了，它的机能可以分化为农业实践组合、消防团、妇女会、青年团等，其功能集团都具有自律性，是日本民主化的大前提"。③鹤见和子认为，不是所有的共同体都阻碍个性，也有促进个性自立的。④鹤见和子重新评价了南方熊楠和柳田国男自然村的思想，强调了日本社会存在着内发的发展动力。反思村落二元对立论的学者不少。米山俊直在《日本村落百年》中，向社会发出警告，指出"村落解体是国家和资本力量的强制结果，并非农民的本意"。⑤山中永之佑指出，"国家权力对村落渗透的过程就是村的规约国家合法化的过程"。⑥70年代又出现了"为了国家的共同体"观点，认为行政村与自然村本质上不是对立的，二者应该浑然一体，有了"自然村的行政化"和"行政化的自然村"主张。有学者认为，"市民社会和自然村都是抽象性很高的概念，把市民社会理解成'非国家的、非资本家的结合关系'的哈贝马斯的观点与把自然村理解成'非国家的、非地主的结合关系'的拥护自然村的观点如出一辙。前者的市民社会观念存在于资本主义社会之中，后者的

① ［日］鸟越皓之编，『むらの社会を研究するフィールドからの発想』［M］，東京：农文协 2007，第 28 页。

② ［日］石川一三夫，『村落二重構造論の形成と展開——研究史に関する覚書一』，中京法学卷 1・2 号，2002。第 144 页。

③ 同上书，第 159 页。

④ 同上书，第 82 页。

⑤ 同上书，第 184 页。

⑥ 同上书，第 210 页。

自然村观念存在于地主制社会中，但两者，都是批判统治阶级的不合理性的意识形态"。① 明治维新以后的日本农村社会，看上去是行政村与自然村并存，但事实上，是行政村支配自然村，自然村只是村民生产、生活的场所而已。特别是侵华战争期间的 1940 年以后，原来代表自治性的町内会完全被政府所操纵。那时，无论是城市还是乡村，町内会在国家的旨意下，成为为战争服务的机构。所以，当日本战败以后，町内会被视为最有危险性的、不利于建构民主国家的社会组织被废除。其后，日本政府在盟军的倡导下，在试图建立一个具有现代社会理念的、具有公共社区性质的社会组织的时候，由于町内会广泛的社会基础不可逾越，又不得不再次启用町内会，并期望它能成为摆脱战时体制阴影的、具有西方公民意识的、能承担得起村落自治责任的社会组织。在这种理论框架下，町内会又重获新生，成了日本政府推行市町村自治的实施主体。因而，出现了上述日本社会中关于"村落自治"的大讨论。笔者无意加入日本学者的讨论中，只是想通过田野调查，发现日本村落自治的特点，以及其特点的普世性意义。一说到"村落自治"，人们自然会想到西方国家的村落自治和我国实行的村落自治，甚至有人会认为"村落自治"就是村里的所有事务都由村民说了算。这是认识上的误区，事实绝非这么简单。在农业社会，村落社会的秩序关乎国家的秩序，村落社会的管理是国家的重要工作。日本早已是发达的现代国家，而村落管理仍然备受重视，也许正是受日本农业社会遗产的影响，也许就是"民以食为天"观念在现代日本社会中的具体体现。那么，日本的村落自治是如何进行的呢？在众多的争论中，渡边洋三的某些观点与众不同，他认为，"现在，在地方自治体的事务中，有三分之二以上，即超过 500

---

① ［日］鸟越皓之编，『むらの社会を研究するフィールドからの発想』[M]，東京：农文协 2007，第 231 页。

多个是委托项目（机构委托项目），在地方自治体的项目中，行政委托项目占很大比重，国家没有充分尊重自治体的独立性，建立的执行制度与地方自治根本无关，其做法只是开辟了国家的中央集权化道路。"① 渡边洋三所分析出的国家与地方的关系，反映出日本社会的传统性根深蒂固。在江户时代，日本就实行了所谓的"村落自治"，即"村请制"，其特点就是村落对国家负责，以村为单位承担国家的各种税收。按照渡边洋三的论述，可以理解为，日本现代社会中的"自治体"并没有完全脱离上一个时代的窠臼。人类学重视的是田野经验，各种学说和理论都可以成为研究进入田野的参考。本文将在一年多田野调查的基础上，讨论日本的村落自治与国家的问题。

一、马场村历史上的"村落自治"

如前所述，笔者田野调查的地方是日本宫城县仙台市秋保町马场村。日本明治政府改变了近世的村落共同体，使国家行政介入了村落管理中。这种实质性的变化是靠政府的各种政策实现的。"当时的日本农村，一方面是靠国家权力建构的近代的行政村（町村制），另一方面是村落中的传统。"② 戊辰战争以后，旧仙台领地被没收，仙台被分而治之。1870 年版籍奉还，仙台又设立藩知事，由大小参事以下的阁僚组成的新体制开始完善。1872 年在废藩置县政策下，成立了仙台县，1873 年改为宫城县。现在宫城县的规模是 1877 年时确定的。秋保一直是在宫城县管辖下。在地方制度方面，1870 年肝入③ 成为庄

---

① 渡边洋三：『日本社会はどこへ行く——批判的考察ー』，東京：岩波書店，1990，第 187 页。
② 山崎春成：『村の歴史』，東京：理論社，1956，第 50 页。
③ 江户时代名主、庄屋的别称。

屋，1871 年大肝入成为郡长，庄屋成为村长，村组头成为百姓代①，组头成为伍长，工作内容和原来一样。明治政府为了直接控制最基层的居民和土地，1873 年实施了壬申户籍调查，所有农户都给了屋敷号，准确地调查了户籍，1874 年又修改了地租。另外水田、旱田和山林都确定了地号。调查不同作物每"反"的产量，在此基础上课税。但是，该调查和原来的自然村落不吻合，于是，又重新划定了大区小区。1873 年实施的制度，把原有 774 个村的宫城县，划分为 19 个大区和 230 个均等的小区。大区设一等户长，小区设二等户长，旧村还有副户长。大区小区制度本来是为了便于户籍调查，但是，各地方的实际情况并不一致。为此，1879 年日本政府发布了《郡区町村编成法》，藩政时期的郡和村，作为地方行政单位复活了，郡设立了郡役所，村设立了户长役所。1874 年发布了地租改正令，在承认农民的土地私有的同时，规定了地价，其 3% 为税额；纳税责任人（地主）交付的每一笔地税都会记在"地卷"②上，这是土地制度以及土地课税制度的一大改革。这样，政府不论是丰年还是灾年，都有了稳定的财源。秋保5 个村，也在布告发布的同时，按照不同的作物类型，着手圈地，开始做《地卷御竿入夜账》，改帝建安制度为土地台账。之后，由于大米的价格浮动，地价也随着浮动，加速了土地向高利贷者的汇聚，秋保村（町）开始出现地主。

　　1924 年日本政府废除了郡役所，改设受县直接监督的市町村。改革行政制度的同时，也改革了教育制度。长袋小学改名为秋保小学，并在汤元、马场、新川、野尻设立了分校。秋保本来就有技工学

---

① 日本江户时代的村庄三吏之一，指当时处于郡代、代官之下，掌管村行政事务的庄屋（名主）、组头、百姓代三个村吏。

② 地照，土地执照，日本明治政府于明治五年（1872）修改土地税时，确认地主、自耕农土地所有权的法律证书。证书上记载着土地所有者的姓名、面积、米谷收成的数量、地价等。1889年废除。

校，1903 年又在野尻开设了工业补习学校，旨在扶助过去的足轻的生计，1936 年学校停办。1933 年秋保农业组合改组，成立了秋保农会。1939 年开垦荒地，建造了桑园。在二宫尊德的报恩精神影响下当地成立了秋保信用组合（1907）、长袋道成会（1939）、马场青年诚志会（1941）、加泽青年契约会（1942）、马场农户共同互让会（1943）等组织。1910 年，秋保町把各村落 7 个神社的镇守合祀到长袋的诹访神社，1924 年社务所落成，诹访神社更名为秋保神社。1910 年开设了以农业从业人员为对象的秋保农业补习学校。同年 12 月开通了秋保到仙台长町的、经过秋保温泉的运送石材火车，改善了交通。1918 年在长袋和汤元设立了"耕地整备组合"，修复了被荒废的蓄水池。1930 年在内务省和郡役所的要求下，成立了"民力涵养委员会"，委托 60 名委员制定了包括定期举办有关国民教化讲习会，发放"大麻"，开展各种报国活动，普及立宪精神，培育自治观念，举办自治讲习会，自治恳谈会，视察优良町村，尊重义务责任（纳税，执行决议，清扫道路桥梁，预防传染病），表彰自治功劳者，普及补习教育，邻保互助，改良娱乐，严格遵守时间，改良家庭，设定无饮酒日，努力存款，奖励副业，改良农业和提高农业效益，举办通俗演讲会等工作的计划。委员还制定了村落自治纲要，明确了婚礼应根据自己实际情况简朴操办；废除了葬礼仪式中送酒和香奠的还礼习惯；鼓励储蓄；给战争中死难者建造招魂碑；成立自警团，防止犯罪，减少灾害，消除遗风陋俗，培养讲卫生的习惯；青年团和在乡军人要携手开展社会服务和公务训练；按照神社和寺院的钟声，统一劳动时间；要求小学教员、村官监督村民学习，建设优良町村；要求村民经常清扫神社和寺院。1927 年日本爆发的金融危机对秋保村打击不小，米价和蚕价下跌，使不少村民的生活极度困难。在此情况下，新的副业——林业产品的加工业、畜产业和蔬菜栽培出现了。在野尻村落，开办了木工讲习班，在政府的扶持下，还有不少农户开始发展小型畜产业。

从明治维新开始，日本发动了一系列的对外侵略战争，战争期间，"村政"的首要任务是征兵，村落的町内会是实施的主体。在甲午中日战争开始的时候，全村每户要交 4 至 15 日元的赋税。1939 年秋保成立了"秋保村枪后会"，后改为"枪后服务会"，其主要活动是：送迎士兵、慰问战死和病死者的家属、保护遗属、保护军事设施。1940年成立了"村常会"，每次例会都要点名、升国旗、遥拜皇宫、奉读敕谕，之后向八幡神社祈祷"武运长久"，为天皇和出征军人连呼三声"万岁"。1942 年秋保成立了"秋保翼赞壮年团"，消防团改名为警防团。1943 年成立了"秋保勤劳报国队"。1944 年农会和产业组合合并为"秋保村农会"。1944 年成立了"秋保村女子挺身队"。战后日本在联合国占领军总司令麦克阿瑟的领导下，开始了全面改革。1946年 12 月由佃户、地主、自耕农代表成立了代表各阶层的农地委员会，到 1949 年，分 14 次，收回了佃户耕种的 88 公顷土地，几乎彻底铲除了地主的势力。1948 年农业会解散，反映农民意志的秋保农业协同组合成立。1948 年调整了村公所（秋保综合支所的前身）。秋保村（町）粮食历来不能自给，靠副业弥补农业，1951 年 8 月做出了农业振兴计划，希望通过发展畜产和多种经营，来促进农业发展。1967 年，秋保村更名为秋保町。1946 年到 1950 年，在秋保町进行了农地改革，重新分配了土地，消灭了地主阶级。实际上，秋保地主的历史并不长。明治以后，出现过几次农村经济不景气，歉收的时候，农民以土地为担保，向富裕农户借钱，维持生计，并以为其种地的方式，偿还借贷者的款项，无力偿还时，土地就归借贷者所有。秋保因此逐渐出现了积聚土地的大地主，其中汤元的早坂三郎和新川的早坂德卫门最具代表性。秋保町出现了不少在地地主，分别是马场驿站的二瓶郁次郎，野口的菅原今朝，泷原的佐藤房次郎、柴田长治，森安的勒使河源泷三郎，野尻的佐藤今朝松。还有不在地地主，分别是爱子的菅江万次郎（高利贷者），仙台的早长（酒店老板）。有些地主还拥有山林，比如马场村驿站的二瓶甲太郎，森安的勒使河源泷三郎、中野嘉夫，泷原的柴田始，野尻的佐藤荣治、佐藤雄吉。1946 年，日本政府为了遏制地主聚敛土地，实行了农地开放政策，强制性地从地主手中收购其出租的土地，再卖给佃户，增加了自耕农的数量。收购的对象主要是不在地地主的全部出租土地，和在地地主的超过一公顷以上的部分。收购价格，水田是出租价格的 4 倍，旱田是 8 倍。购买土地者一次交 400 日元，其余的部分在 24 年内还清。为了确保方案的顺利实施，按照地主 3 人、自耕农 3 人、佃户 5 人的比例，选出各市、町、村农地委员会。秋保有在地地主 149 人，不在地地主 46 人，接受土地买卖的佃户 290 人，经过土地的再分配，大多数农户成了自耕农。

日本的农村政策改变了日本农村的社会结构，某种程度维护了村落的传统。在日本村落的发展过程中，形成了国家与民间共谋的社会机制，国家在村落事务中始终具有绝对的影响力。这使日本的村落自治既不同于西方，也不同于中国。

二、教育与村落自治

日本明治以前的教育分为幕府、藩的文武教育（培养文化精英）和一般的町人①、百姓②的寺子③教育。镰仓时代的教育是以寺院为中心的；德川时代，幕府建立了昌平坂学问所，各藩相继效仿建立藩校。

---

① 町人，日本江户时代住在城市的手工业者和商人。
② 农民。
③ 私塾学生，上私塾的孩子。

仙台藩 1736 年开设了"养贤堂"，门阀们也在各自的知行地（领地）开设"学问所"。根据《日本教育资料》的统计，幕府末年，在仙台藩内有 567 所寺子屋，其中秋保地区有 6 所，主要科目有读书和算术。寺子屋的师傅除了要有高深的学问之外，还要有高尚的人格，弟子们对师傅充满了崇敬之情，师徒的感情非常深厚。到了大正初期的 1912 年，弟子们常常是带着年糕住到师傅家，和师傅一边吃年糕一边求教。师傅一般不收学费，弟子只是在盂兰盆节和节庆的时候，送给师傅一些做好的年糕和当地的特产，准备一些柴火，帮助打扫屋子。寺子屋教育不是义务教育，学习者是自愿的。日本在 1873 年制定了全国性的、统一的教育制度。秋保"村"在 1874 年 7 月开办了长袋小学，以村神社诹访神社（秋保神社）祈祷场作为教室，孩子 6 岁就可以入学。当时在校学生有 8 个年级，最低的是 8 级，每级结束以后，都要发毕业证。学科以法律规定的读书、算术、习字为主，还有地理、养生、史学、博学、化学、生理等，教师是秋保的丰盛、大元惣十郎等。当时男生 58 人、女生 18 人，共 76 人。1880 年发布了《自由教育令》，规定学制为初等三年、中等三年、高等二年，修身课成为学科的中心，还为女生开设了裁缝专修科目。该制度一直延续到战争结束。

1948 年 6 月，日本国会颁布了《教育委员法》。该法案以教育民主化、地方分权、自主性为根本理念，主要内容是：（1）教育委员会是地方公共团体的行政机关，而且是合议制的独立机构。（2）教育委员会设置在都道府县以及市町村内。（3）教育委员会成员，都道府县由 7 人、市町村由 5 人组成，其中 1 人从地方议员中选出，其他由地方居民投票选举，任期 4 年，每半年改选半数。（4）教育委员会是管理与教育、学术、文化有关的事务机构。（5）教育委员会设有教育长。1951 年设立公民馆以前，秋保町实际上就开始了社会教育。1903 年野尻开过的工业补习学校，就是社会教育。1908 年秋保的有志者组织中，有青年部、讲学部、勤劳部、妇女部等。讲学部主要做的事有：（1）讲习学艺、讲演、讨论。（2）研究报德教育。（3）讲习农业养蚕。（4）发行会报。（5）教育，改良风俗。勤劳部主要做的事有：（1）共同劳动、共同作业。（2）果树的委托栽培。（3）建设桑园、苗圃、农业试验田等。（4）进行马耕地的比赛。（5）开垦荒地。（6）举办木炭的改良评审会。（7）建设养蚕培育场。（8）结成农业和养蚕的组合。（9）修路，修桥梁。（10）援助公共事业。茶话会做的事有：（1）练习剑舞。（2）迎送军人、慰问遗属。（3）神事祭奠。妇女部做的事有：（1）开办家事、育儿讲习会。（2）开办家庭教育、卫生教育的讲习会。（3）开办裁缝、烹饪、礼法讲习会。勤劳部做的事有：（1）养鸡项目。（2）开办生丝、缫丝法的讲习会。（3）开办生丝、蚕的品评会。（4）共同制造蚕具手工品。1916年基于内务、文部两省的训令，秋保成立了青年团。各村落的青年会被改编成了5个壮年团。青年团开展了通俗讲演会、壮丁补习会、巡回书库等活动。壮年团有450多人，除了植树造林和开展各种公益活动外，还要负责指导青年。1959年结成了新町民生活运动协议会，开展了新生活运动，开展了消灭跳蚤、蚊子、苍蝇运动。之后又开展了美化村落的运动，动员村民在路边种上了花草，并号召村民婚礼和葬礼从简。

1880年马场简易小学开办，之后开设了新川分校和野尻分校，设立了小学会长和父母教师会长，还在马场村小学校门口竖立起了二宫尊德像。二宫尊德被誉为日本农民思想家，在关东农村极度荒芜的天保年间为关东农村的复兴做出了贡献。他有渊博的农业知识，虽然没有留下长篇巨著，但被公认为是指导农业生产、教育农民的实践者。二宫尊德14岁时失去了父亲，16岁时又失去了母亲。在贫困的生活中，他孜孜以求，为家业复兴竭尽全力。在此过程中，他掌握了农学技术和农业经营的方法。25岁的时候，由于不懈努力，他获得了与他父亲一样多的土地。他对农业的热爱远近闻名，受到过藩主的嘉奖，36岁时开始受命进行农村复兴运动。他是历代农民的榜样，村民讲，竖立他的塑像，就是为了提醒孩子们，不要忘了"农业为本"，要像他那样热爱农村。

日本现代教育始于明治维新，不同时期有不同的教育内涵。村落教育是国家控制村落的重要手段，热爱家乡的教育是日本农村传统教育的重要内容之一。

三、马场村"村落自治"中的国家

（一）町内会

町内会在日本，指的是在村落或城市的一个街区中由居民自发组织起来的、旨在加强邻里和睦、实现共同利益、图谋地域发展的自治组织。町内会，也称为町会、自治会、区、区会、地域振兴会、常会、部落会、地域会、区域会、地区会。各个町内会和邻近町内会可以一起组成"町内会联合会""联合町内会"等组织，成为更大范围的"自治会"。町内会不是"法人"，而是"任意团体"；加入该组织虽然不是义务性的，但很少有不参加的。町内会的活动丰富，有的地方要求组员参加村落（农山村、街区）神社的传统祭祀活动和葬礼；有的地方的町内会要参与神社和寺庙的管理。还有不少地方的町内会，参与管理共同澡堂，组织村民清扫道路、公园，捡垃圾，开展以情感交流为目的的活动。町内会设有会长、副会长、助力、会计、总务等职务，工作人员都是经过民主选举产生的，主要职务一般都由退休以后的国家公职人员担任。

日本的町内会肇始于 1937 年的中日战争。战争爆发以后，町内会很快在日本兴起，是战时体制下的"大政翼赞会"的最基层组织。1940 年国家管控了市、町村中的"部落会"，使町内会在战争期间发挥了很大作用。战后，随着民主化和日本新宪法的实施，"町内会"和"部落会"以及相关组织被禁止，1952 年签订《旧金山和约》以后才被解禁，作为自治组织再度兴起，直至今日学界在讨论町内会的时候，主要关注的都是其在村落生活和治理两个方面的问题。近代化论者，从民主主义的问题意识出发，认为町内会是现代化的逆行者，是封建制度的残留。文化类型论者与近代化论者不同，他们站在比较的立场上，强调町内会的存在与日本文化传统相关，认为它是"日本的文化"的体现。这一派的代表人物有近江哲男、中村八郎等，其重视区域生活的自律性的观点得到了学界的肯定，但是由于他们过于强调其"原型性"，没有历史变迁的动态分析，其学说被认为带有主观意识。总而言之，"町内会"通过"近代化论"和"文化类型论"之争，在理论方面得到了深化，但是两者的观点都有局限性，日本学界正在期待一种超越局限的研究方法的出现。

马场村驿站町内会的前身是户主会，其会则是：一要相互促进，共同提高；二要研究家庭经济和家庭教育的方法；三要为本会出谋划策；四要创造纯良民风，建立和睦村落；五要听取村民对发展经济的建议。户主会设会长一名、干事三名、书记一人，马场驿站村民的户主都是会员。会长由马场驿站区长担任，书记由会长指名，干事由会员选举产生，任期 2 年。会长负责该会所有事务，干事辅佐其工作，顾问由本村的有功之臣担任。会员要品行端正，勤俭持家。我访谈过马场村森安的町内会会长中野勋。他讲：

> 秋保町的町内会成立于 1988 年，也就是秋保町合并到了

仙台市内那一年，以前不叫町内会，叫户主会。町内会，除了搞一些节庆活动之外，还有很多事情要做。比如，道路两旁的草要除，除草的时候，每户必须出一人，出不了人的话，就要交钱，村里的事情大家做。

野口村落的佐藤龙夫是现任马场村町内会会长，也是泷原村落的町内会会长。以前在秋保综合支所上班。他讲：

村落管理主要是靠村落的各种组织，包括町内会、青年契约讲、水利管理组合、实践共同组合、五户组合、秋保神社氏子会等。我是马场村总町内会的会长，但是很少亲自组织活动，我的工作主要是沟通秋保综合支所和村民的关系，有时候去支所开会。日本大选的时候，我要组织各村落投票。2010年底日本政府准备考虑加入 TPP 组织，要了解农民们的反应，秋保综合支所就召集町内会会长开了会。

（二）村落中的"国家"——仙台市太白区秋町保综合支所

秋保町综合支所是仙台市太白区政府的一个分支机构。秋保町综合支所，包括税务居民科、保健福利科、综合业务科、建设科。税务居民科的工作是，征收市税，为居民开具户籍证明，受理户籍、居民变动的申请，提供户籍誊本、发放居民卡，登记印章，办理儿童、学生的转入学手续。保健福利科的工作是，负责儿童、母子、遗孀、老年人、残疾人的福利，办理国民健康保险、国民年金保险。建设科的工作是，负责村界认定，增设、改造、维修道路桥梁，道路除雪、清扫，公共物资的使用等工作。支所的入口处还安装了自动存款机，方便村民取款。秋保综合支所的工作人员是国家公务员，多住在仙台市内，到这里上班，除了开私家车，还有班车。班车是租宫城县公交公司的公交车，不免费，政府给职工补贴。职员当中也有一些是当地的农家子弟，这些农家子弟是经过严格的公务员考试选拔出来的，他们在政府的村落管理中发挥着重要作用。

秋保町是传统的稻作农业地区，从古至今，当地的农民以种稻为生，有着深厚的文化传统，自治历史悠久，但是随着仙台市的扩大，这一地区被纳入仙台市的管理范围，成为仙台市太白区下属的一个农业社区，国家权力的渗透冲击了原有社会结构。既要保持村落的原有风貌，又要体现国家对农村的关怀，仙台市政府为此做了很大的努力。因此，秋保町的村落除了接受日本政府农村政策的约束外，还能感受到政府的具体关怀。秋保町的国家在场，不是仅靠国家符号等抽象概念来体现，而是多元的、具体的。具体地说，首先是国家在村落设立办公机构，提供政府服务，其次是对村落传统仪式的操控，还要积极为村落发展助力，举办"政府"主导的庆典活动。

我在秋保町调查期间，接触过几位本地人职员，由于他们是本地人的缘故，退休以后，往往被推举为村落社会组织的负责人。由于他们在当地有很好的人脉关系，又熟悉政府的工作程序以及农业政策，因而都很胜任工作。笔者和秋保综合支所工作人员斋藤交流过，他讲：

> 日本实行村落自治，我们主要和各村落的町内会长联系，町内会会长实际就是过去的村长。村里有什么需要办的事情通过町内会会长向我们反映，比如，村落福利设施的改善、村落建设时需要资金支持都可以和我们联系。马场村搞的300棵樱花树栽种的项目就是通过秋保综合支所落实的，政府拨了200万日元的专款。我们主要向村民提供政府服务。

秋保综合支所除了提供各种服务之外，每年还要在秋保综合支所的广场上和二口附近的秋保接待中心举办秋保丰收节和雪节来宣传秋保町。如今，日本的村落管理已经基本交由村落中的町内会和其他的村落社会组织管理，町内会有以行政村为单位的，也有以传统自然村为单位的。笔者调查的结果是，无论什么级别的町内会会长，都由村中的年长者担任，而且多是退休的公务员。正因为如此，他们能够比较准确地贯彻执行国家的农业政策，能很好地与政府沟通，发挥政府与村民的桥梁作用。在农村，政府是服务性政府。笔者在秋保町，时时处处都能感受到政府对村民的关怀：每个村都有政府投资的集会所，秋保町的中心长袋村有秋保地区的市民活动中心。市民活动中心是国家设立的福利设施，是村民举行各种活动以及终身学习的场所。秋保市民活动中心兴建于1951年，改建于1971年，以前叫公民馆，从1992年开始改称为市民活动中心。除了秋保的市民活动中心之外，秋保地区还有两个市民活动中心，一个在马场的野口，一个在汤元，都归秋保町综合支所管。每个市民活动中心都有一个附属体育馆，每年要举行很多活动，开办各种文化讲座。市民活动中心是秋保町划归到仙台市以后的配套设施。市民活动，不能随便使用中心，使用时要经过中心的同意，缴纳一定的使用费。我观察的在中心举行的大型活动，一次是村民的体检，一次是新米品尝发布会，还有一次是乡土料理讲座。大岩妙子女士是中心的工作人员，不是本地人，家住在仙台。她向我介绍：

> 最近我们准备举办一次乡土料理讲座，主讲人是马场的一位60多岁的老人，主要向附近的年轻人传授家乡菜的做法。我们中心的宗旨一是为了活跃农村生活，二是为了更好地继承传统文化。除了烹调之外，我们还打算举办烧木炭的讲座。

这里举办的活动是面向社会的，来参加的人很多都是从其他地方来的，当然当地人也不少。

中心是活跃当地人生活和对外交流的场所。笔者了解到，他们举办了"迷你门松"的制作讲座，组织专家编写了《秋保温泉史》，举办了登山活动，举行了以"山的恩泽手工艺"为题的秋保工艺讲座；还成立了"加油！秋保的孩子"的促进委员会，由本地区的4所小学、一所中学等18个团体组成；还举办过国际交流活动，邀请外国留学生和当地人交流。2009年8月笔者参加了一次乡土料理讲座，主讲人是中野的妻子。她展示的是她家的祖传料理，材料都是本地的蔬菜和大米，没有肉，像斋饭。秋保町还有综合支所医疗中心。医疗中心是政府投资兴建的小型医院，有两名全职护士，负责平时的接诊和打针、输液以及保健按摩，但没有固定的坐诊大夫，只有一名东北大学五官科的退休大夫在此兼职，每周出诊两次，患者一般每次能有十几个人。这里是秋保町居民每年一次体检的场所之一，但看不了什么病，村民有病会到附近的私立医院就诊。笔者在秋保地区采访期间，赶上过两次体检，一次是在马场村野口市民中心体育馆进行的马场村民的定期体检，另一次是在秋保综合支所医院进行的村民体检。秋保町还有仙台市政府投资兴建的福利中心。福利中心起名为"石南花苑"，归秋保综合支所管，是智障者的小型地区活动中心，服务对象主要是秋保町地区的居民，也接待其他地区的来访者。苑长角菊地龙雄介绍说：

来这里的人，早上来，晚上回去，一天交100日元，午餐300日元。以前自己是企业的技术员，退休以后，经人推荐，来这里当上了苑长，家住在仙台市内。这是秋保町唯一的一所纯福利设施。

在秋保町生活的村民的生活，与城市相差无几。村里有粪便处理中心，当地称其为绿色中心——真是名副其实的绿色中心，其建筑物不仅外形美观，而且室内设备先进，配备了采用标准脱氮处理方式的处理设备，技术和方法很先进，特别注意防公害。除了确保不产生废气、噪声、恶臭等污染外，为了保证水质，采用了最先进的处理设施。考虑到了周围环境，在周围建立了绿化带，类似公园。村落的环境好，城里人都喜欢住在这里。秋保町一共有1400多户人家，其中有一些就是城里人。本人认识的一位东北大学亚洲研究中心的年轻老师，就住在秋保町长袋村大原村落。他讲：

> 之所以选择住在秋保町，是因为这里环境无污染、空气清新，水质也好，没有噪声。孩子上学也不成问题，附近有小学和中学。

秋保町的村落间，都有漂亮的柏油路，国道穿过每个村落。每个村都有自己的净水场，净水场多在路边，大一点的在山腰上。笔者调查的马场村驿站的净水场就在山腰上，除了本村外，它还负责给周边的野口和加泽村落供水。水源是山上的泉水，经过净化处理，被输送到农户家。泷原和野尻村落的净水场在村落入口的路边上，水源也是后面山上的泉水。仙台市民一般吃的都是市郊水库的水，其中一个水库笔者亲自去过，水库又大又漂亮，宛如天然的湖泊，但是，水库的水再好也比不上这里山上的泉水好，而且是经过净化的山泉。村里都是被硬化的农道。农道是土地改良项目的配套工程，分"农免农道""广域农道""一般农道"以及"家乡农道"。"农免农道"是靠油品税的税金修建的。在日本购买油品一般都要纳税，但是用于农林渔业方面的油品不需要纳税，然而在实际操作的时候，很难把握购油人的用途。

所以，农民购买油品和一般人一样，也纳税。日本政府规定，把相当于油品税的钱，用于修建农道。"广域农道"是指把散居在农村地区的农地视为一个"团地"，为了提高该地区的农产品在上市、加工等方面的市场竞争力而修的道路，资金来源为"广域营农团地"道路修建项目。"一般农道"是指都道府县修建的农道网的主干农道。"家乡农道"是指 1993 年到 2007 年间，以地方债为财源的地方独立项目所修建的道路。修好的农道由市町村管理，一般宽度为 4 米。

此外，秋保町的每个村落还有一个小公园，都有垃圾回收点，有商店，辖区还有邮局，有公安局的派出所，警察经常巡视。秋保町人口少，平时很安静，村民在生活方面没有什么不方便。村里有医疗所，有私人开的医院，还有企业办的养老院，村民有点小病，不出秋保町就能得到医治。在这里生活的老人很多，其中 80 岁以上的老人也不少。这个年龄的老人，在中国多由家人照顾，但在这里，很多老人都是独居，一般不靠他人，村落有良好的生活保障体系，万一有急事，打个电话就有人帮忙解决。我观察，村民的良好的福祉以及政府周到的服务，是村民得以在村落安心生活的最大保障。

（三）村落仪式活动中的国家

秋保町的村落一年中进行的很多仪式活动，可分为集体的仪式活动和以家庭为单位的仪式活动。集体仪式活动可称为"公的仪式活动"；以家庭为单位的仪式活动，可称为"私的仪式活动"。公的仪式活动中有纯粹的民间仪式活动，还有国家意识形态渗入的仪式活动，最典型的是"正月"期间的仪式活动，比如送神符等。除此之外，代表政府的秋保综合支所的综合科每年 2 月 6 日都要在二口附近的秋保接待中心前面的空地上举办秋保雪节。秋保雪节是秋保综合支所为了振兴秋保、宣传秋保而举办的一项大型活动，在仙台地区已经很有名气，每年在这个时候，都会来不少游客。在雪节上，可以坐雪橇、马橇，也可以堆雪人，还有各种游戏和节目，在广场上的风味小吃摊位，可以品尝到本地的荞麦面条和猪肉汤。除了冬天的雪节，每年的10月24日，在秋保综合支所门前的广场上，要举行秋保丰收节。丰收节特别像中国农村的庙会。在丰收节上，会表演当地的秋保插秧舞。笔者还参加了2010年10月24日秋保综合支所主办的"秋保祭"。参加活动的除了本地人外，还有一些商社。活动中，秋保地区的消防队的表演、汤元的插秧舞表演都很精彩。各种组织在此都大显身手：农业实践组合的成员，帮助秋保中学的学生们卖荞麦面条；秋保町的小商贩们，联合起来搞促销活动；长泽把咖啡店搬到了会场上；小野和中野卖的是自产的蔬菜；秋保周围的工艺品工匠也来摆摊设点……真有点像国内农村的庙会。政府的亲民举措，拉近了与村民的关系。已经退休的佐藤负责维持会场的秩序，他说：

> 每年这个时候，秋保町综合支所都要在这里举办这样的活动，举办活动的目的，一个是为了对外宣传秋保町，另一个是为了给当地人提供一个农产品销售和购买农机具的机会，还有一个是为本地村民提供娱乐交流的机会。这个活动的历史悠久。

这个活动在我看来，就是由政府组织的类似中国的庙会或者集市。其实现在村民生产的农产品都有自己的销路，不愁卖不出去，买农机具也很方便，不用等到这时才买。所以，这项活动对于村民来说，就是一项传统的交流活动。笔者由此感到，村落的繁荣和发展离不开政府的支持。

日本村落自治的历史，可以追溯到江户时代。明治时期，日本强化了中央集权制，村落自治有名无实；1945 年日本战败以后，在占领军的干预下，日本重新实行村落自治，重启了村落的町内会。学者，特别是外国学者，非常关注日本的村落自治。美国人类学家贝利在《地域社会的变迁——关于岩手县田野畑村的调查》一书中，探讨了地域自治体和上级行政单位如何保持良好关系的问题。美国人类学者多纳尔德·伍德在对日本秋田县大泻村①的研究中，论述了国家控制分配制度下的社区的结构变化，他认为，国家的介入削弱了社会团体的力量。然而，我调查秋保町的结论并非如此。在秋保町，太白区秋保综合支所代表国家，秋保町各个村落的町内会代表自治村落。综合支所为村民提供的主要是政府服务和政策指导，町内会在政府的政策指导下，实施村落自治。町内会，既是村民可以依靠的、自己的社会组织，也是政府信赖的、可以传递政府声音的社会组织，町内会并没有游离于体制外，它是村民与国家都依靠的组织。总而言之，日本的地方自治既不同于西方国家，也不同于中国，有其独特性，它既有日本传统文化的传承，也有外来文化的影响。可以说，日本地方自治是国家主导下的地方自治，国家一直在村落中存在，国家意识形态一直影响着村民。从 20 世纪 80 年代末开始，日本社会经济发展停滞不前，加上世界经济的一体化，使日本社会面临着巨大的挑战。结构性的问题，使村民不能全部依靠农业来维持生计，大量的农村人口进入城市，农村人口老龄化问题突出，有的偏远山区的农村，出现了农业家庭没有继承人的现象，另外还有农村的养老问题。为了稳定农村社会，20 世纪

---

① 大泻村是 1957 年至 1964 年日本政府在战后粮食短缺时代，为了扩大水稻种植面积，在秋田县地区填八郎泻湖造的"村"，是日本最大的人造"村"。该村是日本政府按照稻作模式建立的现代村落。但是，因为其本身没有文化传统，传统村落的社会结构很难建立起来，"村"的社会结构很脆弱，在整个发展过程中问题层出不穷。因而有人说，大泻村与其说是"村"，不如说是农业工厂更合适。

90 年代以后，日本政府加大对农村社区的公共服务和建设投入，力图进一步缩小城乡差距。马场村虽然归属仙台市太白区管辖，但地处山区，是典型的稻作农业区，需要国家的扶持。在一年多的调查中，笔者看到，政府确实为村民做了很多实事。村民们不出村就能办出国所需要的护照、上各种保险、进行国民健康检查、领取国民年金、开证明、办理居民变动申请等。政府每年还开展各种活动，为村落振兴创造条件。国家在农村开办了幼儿园、小学、中学、医院、市民活动中心，推进了养老院、智障者康复中心的兴办，兴建了净水中心、粪便处理中心、农村公园、村道等福利设施。健全、周到的服务缩小了城乡的差别，稳定了村民的生活。笔者感觉，村落自治的主体虽然是町内会，但村落自治的后盾是国家。国家和村落是统一的有机体，政府与町内会不是简单的上与下的关系，而是互相合作的关系。中国农村社会正在面临社会转型的困顿，如何治理农村，政府在农村治理中扮演什么角色，是目前中国学界关注的问题。通过描述日本政府在村落自治中扮演的角色，本书旨在为中国社会讨论村落治理时，提供一个可以参照的视角。

第十章　乡村再建中的"乡绅"

按照社会治理理论，"现代意义上的治理要创造的结构或秩序不能由外意强加，它发挥作用是要依靠多种进行统治的以及相互影响的行为者的互动，在这样一种互动中，参与治理的行为主体在此不再形成一种等级隶属关系，而是构成一种平等的合作关系或伙伴关系，他们通过多元互动，找到共同的利益和目标。"[①]以日本为例，在社会治理理论框架下，讨论乡村治理中"乡绅"所发挥的作用，意在揭示"乡绅"存在的普适性意义，并希望能为中国的乡村治理提供可供参考的经验。

在传统社会的乡村治理研究方面，一般认为日本的"武士"与中国的"乡绅"在乡村管理方面发挥了主导作用，它反映了各自社会的特点，形成了鲜明对照。古代朝鲜社会中的"两班"[②]也可以和上述两者进行比较，但还没人明确用"乡绅"之概念来对应日本乡村社会成员的情况，只有日本学者龝山新在其《慈善与社会连带之间——关于日本和中国的社会权利的形成》一文中讨论20世纪20年代到40年代的"社会连带"问题时，把日本的"笃志家"[③]对社会的温情与中国

---

① 夏建中：《治理理论的特点与社区治理研究》，《黑龙江社会科学》2010年第2期。

② 古朝鲜考试制度，分为正统科举、武科举、杂科科举三种。前者是两班子弟的特权，一般百姓只能参加杂科。在朝鲜时代，两班是士大夫以及其家属集团的代名词，然而"两班"一词的含义本身并非如此。在高丽时代，将各级官员分为文班（文官）、武班（武人），依据各自的等级授予俸禄。由于在朝堂之上，文官站立于东面，武将站立于西面，因此两班又有东、西两班的称呼。

③ 根据《大辞林》第三版的解释，笃志家指的是有志向的人，特别指热心于社会服务、慈善事业的人。

的"乡绅"的人格力量相提并论，认为二者"都是'慈善'事业的承担者，发挥着地方中间权力者的作用"。① 在日本，中国的"乡绅"概念已被日本学者固定为"主要是指 1911 年之前，在君主制下的中国地方社会中有社会、文化地位的人，也称绅士、士绅、缙绅，一般指通过科举获得'生员'以上名号的人。乡绅在君主制的地方社会里作用很大，他们是连接政府与民众的桥梁，一方面帮助政府管理社会，另一方面也向政府反映民意，是民众的代言人。乡绅在废除科举制以后的民国时期，还有其实力，中华人民共和国成立以后消失了"。② 与此不同的是，在中国，对"乡绅"的定义比较宽泛，有学者认为"所谓'乡绅'，就是乡间的绅士，即士大夫居乡者。这主要由两部分人组成，一部分是有官职而退居在乡者，此即所谓的'绅'或'大夫'；一部分是未曾出仕的读书人，此即所谓的'士'。由乡间士大夫组成的'乡绅'群体，他们有高于普通民众的文化知识和精神素养，有着为官的阅历和广阔的视野，在官场有一定的人脉，对下层民众生活有深刻的了解。他们既可以将下情上达于官府甚至朝廷，也可以将官方的意旨贯彻于民间"。③ 如今，在讨论乡土重建时，对"乡绅"有了新的解释："新乡绅这个概念是指：受过良好教育的、拥有一定财富或者创业能力的、乐善好施的、在当地具有一定威望的乡村人士。由无数个这样的'乡村人士'所构成的一个新的阶层，可以称之为新乡绅阶层。"④ 还有学者认为："现代新乡绅主要指以知识分子为主的农村文化和社会精英，是独立于国家系统之外，具有知识、文化的独特优势

① 穐山新：『慈善と社会連帯のあいだ―日本と中国における社会的権力の形成をめぐって―』，日本『社会評論』2015 年 261 号 66 卷 1 号，第 4 页。
② 参见"乡绅"，维基百科网站（日文版）郷紳 - Wikipedia，https://ja.wikipedia.org/wiki/，2016 年 12 月 5 日访问。
③ 刘毓庆：《乡绅消失后的乡村命运》，《中华读书报》2015 年 12 月 16 日第 13 版。
④ 黄俊英编辑：《中国未来的脊梁：新乡绅》，《观察与思考》，2010 年 5 月，第 13 页。

和明显的道德优势、社会声望的农村精英分子。这是现代新乡绅与封建时代的传统乡绅、民国乡绅所具有的共同特质，也就是说，现代新乡绅属于乡村精英，但不等于乡村精英只是乡村精英中的文化精英、知识精英；他们可能有一定的政治地位、经济地位但不以财富作为判断标准，他们的特质是知识性、文化性和社会性，他们的影响主要是文化层面和社会层面的。"[①]

日本现代社会，"武士"早已退出了历史舞台，如今，活跃在日本乡村社会的是被称为"笃农家"和村落精英的人，他们在日本的乡村事务中发挥着巨大作用。20世纪60年代以后，随着日本经济的快速发展，城镇化迅速，乡村人口大量转入城市，农村人口在总人口中的比例越来越低，如今已经不到10%。如何维持乡村是日本政府最为头痛的事情，也是村民最为关心的事情。日本政府为了挽救乡村的颓势，为农民提供了许多优惠政策：几乎取消了农业税收，鼓励村民返乡务农，还鼓励其他职业者从事农业；日本政府在进行加入TPP准备的时候，为了不给农业带来负面影响，进行了多次谈判，最终以不影响农业发展为前提，决定加入该组织。农业在日本的GDP比重中占得很少，但因其关乎日本国民的民生和日本传统文化的延续，因此，日本政府在这个问题上格外慎重。日本国土面积小、山地多、农户人均土地少，不适合集约农业，只适合以家庭为单位的小型农业。小型农业依托的是家庭与村落。村落在则家庭在，村落不在则家庭不在，这是日本村民长期以来形成的观念。维系村落就是维系"家"；维系"家"就是维系村落，二者相互依托。在日本传统的稻作村落，无论是"皇权"在上还是"皇权"下放的时代，村落内部的组织，在维系村落运作方面所发挥的作用都很大。日本从1945年以后，建立了新

---

① 阳信生：《现代"新乡绅"研究的三题》，《文史博览》2013年10月，第28页。

的社会管理体制，村落自治是其特征之一。村落自治依靠的是村落"精英"。但"精英"是西方社会的概念，其内涵广泛，且缺乏乡土气息。"乡绅"概念源于中国社会，所指宽泛，其核心为"乐善好施"。日本传统乡村社会中，虽然没有一个清晰的"乡绅"阶层，但不乏有文化且"乐善好施"者。本人认为，这些人可以被认为是日本的"乡绅"，用"乡绅"称呼他们更为贴切。其实，在传统的日本农村社会中，早已有"笃农家"之概念，亦称"老农"，二宫尊德是其中的典型代表。中国社会中没有"笃农家"之概念，从字面上，中国读者很难理解其义。中国社会中虽然也有"老农"一词，但和日本的"老农"的意思不能完全画等号。日本社会早期的"笃农家"虽然没有管理村落的"权力"，但可以影响农民价值观的形成，也是村落中有一定影响力的人物。现代日本农村社会中，"笃农家"比比皆是，但不能把所有"笃农家"都称为"乡绅"，能称得上现代日本社会中的"乡绅"的人，除了具备传统"笃农家"的特点之外，还应该具有一定的文化素养。

一、日本的"乡绅"

（一）日本"乡绅"的界定

日本的"乡绅"主要指农村中的两类人，一类是日本乡村社会中的有文化的"笃农家"，另一类是所谓的"村落精英"。日本农林水产省的官方网站上，有专门介绍"笃农家"的栏目，定期介绍日本各地的"笃农家"的事迹，他们被称为民间农业专家，是土生土长的地道农民。他们一生务农，钻研农业技术，虽然不是农业技术的推广员，但邻里、亲戚如果有需要，他们会无偿地把自己掌握的技术传授出去。在日本，村落精英指那些受过高等教育、有专业知识、早年离开家乡外出工作、晚年愿为家乡发展贡献力量而返乡务农的、曾经从事过其他职业的、特别是曾经在日本政府部门工作过的退休人员。他们从父辈那里获得了充分的农业知识和技能，又在其他职业中得到过锻炼，有丰富的社会阅历，有的人还在政府部门工作过，熟悉日本的国策和农业政策，在村落中有很高的公信力，所以多成为村落社会组织的负责人。被推举为村落社会组织的负责人后，他们乐此不疲，可以说，他们也符合中国社会的"乡绅"概念，二宫尊德是他们的代表。

（二）二宫尊德

江户时代后期，日本乡村社会中出了"知恩图报"的农民代表二宫尊德，他把个人的成功经验写成了《报德记》，提倡"报德思想"，指导实施了名为"报德仕法"的农业复兴政策，并以其实际行动影响了农民，使日本各地农村出现了大量热爱农业、热爱家乡的"笃农家"。可以说，他是日本社会中的"乡绅"代表。二宫尊德，原名二宫金次郎，1787 年出生于神奈川县足柄平原的栢山村（今小田原市）一户富裕的农民家庭，兄弟三人，他排行老二，在有教养的父亲和慈爱的母亲身边度过了幸福的童年。后由于家附近的酒匂川河水泛滥，家里所有的农田都被冲毁，一直没能恢复，从此家境贫困。在他 14 岁和 16 岁的时候，父母因劳累过度相继去世，之后被叔叔收养。他喜欢读书，据说在去山里打柴的时候，通读过《论语》和《大学》等中国古书。成年以后，他靠个人的努力，又买回了二宫家失去的土地，他还帮助小田原藩的家老服部家重振了财政。小田原藩主大久保忠真公得知这个情况以后，让他负责恢复荒废的领地，重建农村，他获得了成功。他一生治了 600 多个村落，从一介平头百姓成了农民实业家、农政家。

图 10-1　秋保町马场村小学门前的二宫尊德负薪读书石像（作者摄）

他的成功得益于他总结的"仕法"，其核心就是他提倡的"勤劳""分度""推让"以及"五常讲"——所谓的"勤劳"就是为报德而劳作；"分度"就是勤俭持家；"推让"就是把"报德""分度"积攒的东西用于将来或助人；"五常讲"就是农民在资金借贷过程中，要"仁义礼智信"。他还成立了"报德社"，并普及到日本各地。其思想得到了继承和发扬，一直影响着日本的农民。他是日本"乡绅"的典范，他的负薪读书的石像，至今还立在日本农村小学的校门口，感召着一代又一代的农村孩子。

　　二宫尊德之后，日本乡村社会涌现了不少"笃农家"，潜心钻研农业技术，为家乡做贡献。江户时代，社会稳定，农业技术不断提高，农业发展迅速。明治维新以后，新政府"废藩立县"，权力下放到了"行政村"。这一时期，日本农业是由政府主导的。

　　1945 年日本战败以后，农村的社会结构发生了巨大变化，农民成为独立的农业生产者，农业生产以家庭为单位。20 世纪 60 年代以后，日本社会迎来了快速发展时期，从此时开始，大量的农村剩余劳动力涌入城市，之后这种情况愈演愈烈，直到80年代日本村落开始出现"过疏化"，引发了人们对村落解体的担忧。但是，由于有过在城市工作经历的"乡绅"不断返乡，"村落解体"的现象在日本乡村社会中并没有真正大量出现，村落得以维系。

二、"田野"中的日本农村

2010年8月至2011年8月，本人对日本宫城县和山形县的农村进行了为期一年多的人类学调查，主要考察了宫城县的秋保町和山形县的高畠町，去的最多的地方是宫城县的秋保町。这两个地区，都是日本的稻作农业地区，在传统的农业时代，农民的生活靠农业维持，生活还算不错，但是，进入工业社会以后，农业受到了严重的挑战，是彻底放弃农业，还是努力适应社会的转型，守住自己的家园，两种选择摆在了农民的面前，更多人没有放弃农业，而且把农业做到了更好。

（一）宫城县秋保町

秋保町，1967年至1988年是属于宫城县名区郡的一个町，现在位于仙台市太白区的西部，由太白区所役（政府）秋保综合支所管辖，地处山区。该地区的村落属于"中山间"村落，三面由神室岳、大仓山、太白山环抱，名取川流经此地，毗邻仙台市、柴田郡、川崎町。在日本，中央政府是国家的最高行政机构，地方行政单位包括都、道、府、县，再下面是市、町、村。市、町、村是日本社会中最基础的自治体（自治单位）。秋保町本来是个独立"自治体"，纳入仙台市以后，成了太白区的一部分，失去了原有的独立性。根据仙台市企划调整局综合政策部企划调查科的调查①，秋保町 2010 年的总人口为 4481 人，其中男性 2123 人，女性 2358 人，有 1800 户。2015 年的总人口为 4394 人，其中男性 2029 人，女性 2365 人，1852 户。5 年间总人口略有减少，新增 52 户，男性人口略有减少，女性人口略有增加。秋保町虽然划入仙台市，归太白区管，但是其自身的农业社会特点并没有改变。马场村是秋保町 4 个行政村之一，过去叫"字"。秋保町划到仙台市以后，马场村的正式名称是仙台市太白区秋保町马场地区。从明治以后，马场村历经了工业文明的冲击，村落人口不断减少。1946 年日本实行了农地改革，政府高价购买了地主超过规定的土地，再卖给村落缺少土地的农户，村落中的地主被瓦解。马场村的地主基本上都是各村大家族中的本家，本家的土地分给了分家，传统的"家制度"也被废除，本家在家族中的特殊地位被消除。马场村主要成员由中野、二瓶、太田三姓组成，且这三姓多为姻亲，使得该村落类似"同族村"。20 世纪 70 年代以后，随着日本社会经济的高度发展，农业生产机械化程度的提高，农村中的经济合作组织"结"消失，以"念佛经"为主的"讲"也逐渐消失，大量年轻人离开村落，外出求职，村落里干农活的基本是老人，而且这种情况愈演愈烈，村落人口过疏现象普遍，以至于离城市较远的山间，出现了"空心化"村落。马场村也面临类似的挑战，但是，由于地理位置和传统文化的作用，马场村并没有发生太大变化，村落总人口虽然有所减少，但家户并没有减少。从 1946 年到现在，虽然经历过几次社会转型，但马场村传统的村落风貌依旧。

明治四十二年（1910）在马场驿站，由小川内、二瓶和吉、中野市之丞、伊藤竹藏、中野要吉等人发起，组建了马场农户互助社，社

---

① http://www.city.sendai.jp/kikaku/seisaku/toukei/gaikyo.html，仙台市政府官方网站，2016 年 12 月 20 日访问。

员数48人，开展了公益、慈善、教化事业和产业振兴活动。1908年2月在马场村，成立了马场青年诚志会，会长为小川内，副会长为中野市之丞，会员数143人，开展的活动包括：举办秋季农产品品评会，建立样板桑园，建立图书室。现在町内会、青年团、水利组合是马场村村落事务中的主要力量，成员都是"村落精英"或"笃农家"。

（二）山形县高畠町

"高畠町位于山形县置赐地区东南部，奥羽山脉横穿町的东部，与宫城县和福岛县接壤，南部连接米泽市，北部连接上山市，北部连接南阳市，西部连接川西町，距离山形的中心城市山形市约30公里，距东京260公里，距仙台70公里。町的总面积为180.04平方公里，人口25958人（男性12550人，女性13408人），7480户（2009年）。"①1990年到2009年的20年间该町人口减少2000人，在山形县，属于减少比较快的地方。町内农地面积3460公顷，占町总面积的19%；农业从业人口2900人，占町内人口10%（2005年），大部分土地种水稻、果树或发展养牛业。身为农民的星宽治（1936年生）是当地的名人，1972年当地的苹果园遭受病虫害，农户损失很大，之后，星宽治和当地的38位年轻农民组建了"高畠町有机农业研究会"，积极开展农业改良，推广绿色农业，带动村民共同致富，改变家乡面貌，创立"有机农业"获得了成功，成为日本有机农业的一面旗帜，在日本家喻户晓。

---

① ja.wikipedia.org/wiki/ 高畠町 ，2016 年 2 月 28 日访问。

图 10-2　斋藤享（左起第一人）与村民种樱花树后的合影（作者摄）

三、村落中的"乡绅"

（一）秋保町的"乡绅"

1. 斋藤享

斋藤享的本家在马场村野口村落，祖辈是村落中的木匠，他没有继承祖业，在本地的农业职高毕业以后，就去仙台谋职，干了几年，回来在秋保综合支所当了公务员。他家里除了宅基地，还有一点旱田，生活靠退休金。我与他认识，是 2009 年 7 月第一次去秋保町踩点的时候，那天他正在组织村民做盂兰盆节的准备工作，虽然我们没有机会深入交谈，但他认真负责的工作态度，给笔者留下了深刻印象。待正式把秋保町作为田野调查点以后，笔者经常去马场村，也经常遇到他，接触的次数多了，发现他是那种热爱家乡、乐于为村民奉献的人。他退休以后，被村民推举当上了町内会会长。在秋保综合支所工作过的经历，无疑有助于他在町内会的工作——他懂得如何与政府沟通，如何反映村民的意愿。他很忙，笔者在马场村几次与他交谈的时候，都有村民来和他商量村里的事情。除了操办每年7月的盂兰盆节和新年会之外，村民的婚丧嫁娶他都要参加。日本国会议员和地方议员大选的时候，他要组织村民投票。他家祖辈不是地道的农民，家里的地不多，那点儿地，主要种了自己吃的蔬菜。当町内会会长，只是象征性地从村民交的会费中得到一点补贴，基本是无偿为村民服务。

2. 佐藤龙夫

佐藤龙夫是马场村野口村落的佐藤家的长子，是马场村4个自然村的总町内会会长，也是泷原村落的町内会会长，是斋藤享的上级。他生在马场村的野口村落，祖祖辈辈都是地道的农民，在本地农业专科学校毕业以后，就在秋保町综合支所工作。他家里有一点儿地，业余时间，他种点儿自己吃的稻子和蔬菜。夫人在附近的温泉旅馆做工，退休以后靠退休金生活，衣食无忧。他为人谦和、热情，退休以后很快被村民推选为总町内会会长。他的人格魅力是取信于民的基础，村民都很拥戴他。他除了组织村民开展各种活动外，还亲自担任活动的治安员。我在马场村做田野调查的时候，经常去他家，总会受到他和夫人的热情接待。他们对中国人十分友好，给我讲述了很多马场村的故事。他家接待过不少在仙台的大学留学的留学生，家里挂了很多与留学生的合影。我相信任何一位留学生，只要和他们接触过，都会对他们夫妻俩产生好感。他们的高素质，使人们对日本的"农民"刮目相看。他夫人也是村里的"大波斯菊"老年交流会的负责人。交流会的会员都是60岁以上的老年人，定期开展各种活动：春季与当地小学生一起种树；夏季就近旅游，洗温泉；冬季组织会员读书、吟诗、交流烹饪技术。他们夫妻俩是当地远近闻名的热衷于村民事务的人士，

图 10-3　佐藤龙夫与夫人（作者摄）

称得上是村落的"大乡绅"。

3. 佐藤茂

佐藤茂是马场村泷原村落佐藤本家的长子，成年以后继承了家业，就再也没有离开过马场村，一直跟着父亲务农，其间在当地的农业专门学校进修过一段时间。我问过他，为什么不离开农村呢？他说："我家是本村的佐藤家的本家，过去是个大户人家，是'知行'，即旧时的'名主'，继承家业，是我的职责。"他家的土地原来并不多，他就把亲戚家不种的土地租了下来，有的地种水稻，有的地种菜。他利用本地得天独厚的地理条件，种植有机蔬菜，且不断向其他村民推广，还开办了有机蔬菜种植培训班，接受了不少城市青年参加。在他的影响下，不少青年学习结束后，租当地村民的土地，开始了以种菜为生的新生活。他还和政府的福利机构合作，办起了精神障碍者的康复中心，一些有心理疾患的人到了他这里，干些轻微的农活，在自然环境中，逐渐消除了内心疾患。他是秋保町远近闻名的"专业农户"、社会活动家，他种的有机蔬菜远销到东京。在他的带领下，本村有好几户人家靠种有机蔬菜为生。他还经营了一家农家餐厅，由妻子负责打理。他是专业农户，所以在村里他比任何人都忙。尽管如此，村里的大小活动，他家还是派人参加。他是典型的"笃农家"型"乡绅"。

4．二瓶恒男

二瓶恒男，77岁，以前在秋保综合支所工作过，退休后也闲不住，担任过仙台市太白区秋保町统计调查委员、仙台市农业协同组合总代、仙台市秋保町马场爱宕神社神乐保存会会长、秋保福祉杜鹃花苑理事长，曾任秋保町联合町（4个自然村）的町内会会长。二瓶是笔者进入秋保町以后最早认识的人，是笔者田野调查的主要报道人。他一生经历丰富，从小就跟着父母干农活，还进山烧过木炭，后来在秋保町的综合支所工作。工作期间，他一边工作，一边种地，退休以后，除了种自家地之外，还租种了亲戚家的地，种的都是稻子。他有3个孩子，两个儿子，一个女儿。我去马场村的时候，他老伴儿就去世了，现在家里只有他和大儿子一家。大儿子在仙台工作，只能在闲暇的时候帮他干农活。他家地多，又缺劳力，所以，他几乎买了种稻用的所有农具，家里有大小好几台车。平时主要是他干农活，他是马场村的种稻大户，种稻是他家主要的收入，需要融资的时候，就去找农协，种的稻子也通过农协销售。他热衷于村落事务，积极参加保护村落文化的各种活动，身体好的时候，村落有什么活动时都能见到他。他在村里有很大的影响力，村民们都很尊重他。2010年以后，由于身体的原因，不能再干农活了，大儿子接替了他。他是村落的"大乡绅"。

5．中野正幸

中野正幸原来是附近中学的物理老师，笔者见到他的时候，已经退休。退休之前，家里的农活主要是他妻子干，退休以后主要是他

图 10-4　中野正幸正精心侍弄自家的菜地（作者摄）

干。他不是本村人，也不姓中野。他告诉我，他的本家在离这里不远的川崎町，因为家里孩子多，他成年以后就被介绍给了中野家的女儿。中野就一个女儿，他成了入赘女婿。按照日本的传统，要成为入赘女婿，必须先成为这家的养子，所以他改姓了中野。他告诉我，他家祖祖辈辈都是农民，家里有兄弟姐妹6个，靠种地为生，日子过得很拮据，所以他被过继给了中野家。他结婚以后生育了3个孩子：两个女儿、一个儿子，现在都不在身边，家里的农活都是他们夫妻俩做。他热衷于政治，是村里唯一的民主党党员。去村里调查的时候，自民党还在执政，但已经开始不得人心，民主党开始跃跃欲试。他不仅种水稻、蔬菜，还自制大酱和咸菜，除了自己享用外，也对外出售。由于他家种的菜不施化肥，施的是自制农家肥，所以很受欢迎，有自己固定的客户，不会为销售发愁。除了种地，他热衷于社会活动。他是秋保神社保护会的会长，每年秋保町神社要举办几次大型活动，他都是活动的主要组织者。民主党执政以后，他对民主党积极推进加入TPP很支持，他认为，这才是日本未来农业的发展方向，农业也必须有竞争，只有竞争能搞活日本农业。

（二）高畠町的乡绅

1. 星宽治

在日本期间，我前后几次去山形县的高畠进行调查，接触了当地的农协干部、政府部门的工作人员，以及几位专业农户。在高畠，最早搞有机农业的就是高畠上和田的专业农户星宽治。30多年前，在他的带领下，当地开始了有机农业示范活动，很快被社会所认可。之后他们办起了实验基地，招收了一些城市人来这里学习。他是农民诗人，加上搞有机农业，很快成了远近闻名的人物。他今年74岁，生于高畠町的上和田村，在家中排行老四，高中毕业后，由于家庭的原因，放弃了考大学，继承了家业，开始务农。20多岁的时候，他开始热衷于青年运动，举办过读书会，发行过刊物，组织过话剧团，后来当上了町青年团团长，60年代逐渐退出青年团，专心务农，参加了农协开设的农业通信讲座和町的农业青壮年研究所的活动。为了改善自身的农业经营状况，他认真学习了养牛技术。除了养牛，他还养过蚕。养蚕不景气了，又种葡萄、李子和苹果。为了让村民不外出打工，靠农业也能维持生计，他摸索出了一套种稻、种果树、养牛的复合农业。1972年苹果减产，他找出了减产的元凶：化肥使用过多——化肥改变了土壤的酸碱度、杀死了土壤中的微生物。从此，他开始进行有机农业的实践。为了节省开支，他积极推广家畜养殖，把家畜的粪便做成堆肥，减轻了农民的负担。他带领本地区农民发展有机农业，为家乡的发展贡献了自己的力量，他是名副其实的"乡绅"，享誉日本社会。

2. 高桥稔

高桥稔的本家在山形县东置赐郡高畠町，高中毕业后，他考上了

图10-4　高桥稔在装箱自产的优质葡萄（作者摄）

东京农业大学。大学毕业以后，他回到了家乡，娶了上和田村高桥家的女儿，成了入赘女婿，在该村安家落户了。高桥家本是本村的农业大户，父辈都是专业农户，他入赘以后，继续务农，除了种稻之外，还种葡萄和苹果。他讲，自己的本家就是农民，从小就和父母一起干农活，上大学学的是农学，从来就没有想过离开农村。他家的主要收入靠种葡萄。除了侍弄自家的葡萄园、果园外，他还是本村有机农业合作中心的骨干，带领全村村民积极推广有机农业，并打出了本地的品牌，享誉全国。日本人总说，村落已经不行了，没希望了，我在当地看到的情况并非如此：村民家家户户种水稻、葡萄和苹果，本地区的农协在此开设了葡萄收购站，农民不出户就能把种的葡萄、稻谷、苹果卖出去。农民还有自己的网站，如果对农协的收购价不满意，可以在网上找买主。

3. 仙台冈田町

1. 铃木孝

铃木孝是仙台若林区冈田村的专业农户，之前在企业工作了30

图 10-5　铃木孝在海水浸泡过的稻田边（作者摄）

多年。父母去世早，他是在姐姐家长大的。他小的时候，为了维持家，姐姐从邻近村里招来夫婿，以姐姐的名义继承了这个家。专科毕业后，他回到家乡，成家的时候，姐姐把继承权转让给了他，从此，他成了这个家的继承人，姐姐和姐夫退居二线，但还住在一起。姐姐去世以后，姐夫继续和他家住在一起。姐姐一家实际上就是他的养父母，所以他对姐姐一家特别好。他退休之前，家里的农活由姐姐一家打理，退休以后，姐姐、姐夫也上了年纪，家里的农活主要由他和他的儿子干，姐姐一家只是帮帮忙。近年，他又租了几户农户的土地，达到了日本政府规定的专业农户的标准。他除了种水稻，还种蔬菜，又养了几头牛，是村里唯一的专业农户。虽然他不是村里社会组织的负责人，但在村落里很有影响力，会经常向村民提一些建议。日本东北大地震引发的海啸，把他家的农田也淹了，按照当地农协的说法，像他这种情况，不用再种稻，可以直接领取国家的补贴。绝大多数同样情况的农户都按农协说的去做了，只有铃木没有做，他想尝试去除地里的盐分，继续种稻。他自作主张开始了实验。他开设了博客网站，很快引起了专家学者和媒体的关注。灾后的 4 月，见到他的时候，其他农户都纷纷把稻种退给了农协，只有他坚持试种。5 月再次见到他的时候，他种的秧苗已经长成，还有人给他投资打了淡水井；7 月，他的稻田绿油油的，他用微生物处理稻田的盐分，效果很好；2013 年 3 月，再见到他时，他已经成为村里的"英雄"。他种植的水稻获得了丰收，他的方法得到了认可，村民开始敬佩起他，他成了大家认可的"乡绅"。

"乡绅"问题，在中国，目前还局限在"社会与国家"的二元框架下的讨论中，乡村是否应该接纳"乡绅"，还没有形成共识。"在乡村社会管理中，事实上存在着由镇政府行使权力和由村民自治组织行使权力的二元权力格局"[①]，乡村社会管理在某种程度上还延续着传统的行政管理模式，民间力量没有被充分调动起来。很多人认为中国和日本社会制度不同，国情不同，村落传统不同，"乡绅"内涵也不完全相同，不能简单类比。然而，我认为"乡绅"的存在与否并不是"体制"问题，而是社会管理问题。"积极的社会管理旨在改善社会，推动社会进步，以建设一个好的社会，来实现社会管理要实现的目标。换言之，管理本身不是目标，管理只是一种手段。社会管理的真正目的是改善人类的生存状况。"[②] 在中国谈起社会管理，特别是民间治理社会问题时，人们就会有不少担忧，有学者认为"农村民间治理力量是一把双刃剑，一方面能够及时有效地为农民提供他们迫切需要的公共服务，另一方面，如果这些力量游离于政府社会管理体系之外，又会成为潜在的不安定因素"[③]；同时还认为，"创新社会管理模式，积极培育农村社会组织，实现农民的组织化，形成政府主导、农民参与、社会组织协同共治的局面，是破解当前农村社会管理难题的路径之一"[④]，

---

① 黄辉祥：《乡村博弈：行政权与自治权的冲突》，《理论参考》2000 年 4 月，第 14 页。

② 孙立平：《走向积极的社会管理》，《社会学研究》2011 年第 4 期，第 24 页。

③ 张之英：《"农村社会工作与组织建设"笔谈——农村社会管理创新的基础》，《湖南农业大学学报》2012 年 12 月，第 3 页。

④ 同上。

其认识，反映了中国社会在探讨乡村治理方面的实际情况。不过，也有学者认为，"与传统社会相比，我们身处的是一个更为复杂、更具风险、充满不确定的世界。在面临诸多压力和挑战的情况下，很容易形成对社会管理的误解，即，将社会管理片面地理解为一种消极的防范性的手段，误解为加强权力对社会的全面控制。社会管理的真正目的是改善人类生存状况，而积极的社会管理则以主动的建设和变革的手段，以改善社会的状况，建设一个充满幸福感的、更好的社会为目标。"①笔者在广东湛江沿海渔村进行过将近半年的田野调查，发现村落中有一些过去在国家机关或企业工作过的退休人员，他们返乡居住以后，其实完全可以发挥其优势，为村民做点事情；然而，现实中，这些人中的大多数和村落的其他老人一样，无所事事，只是赋闲养老。还有，乡村亟须人才，但农村考上大学的孩子，不报农学专业、毕业后不回乡已是普遍现象。在此情况下，讨论日本的乡村治理，是希望为中国破解乡村治理难题，提供一个视野。

日本乡村之所以能容纳"乡绅"，在于日本在现代化的发展过程中，成功地解构了"城乡二元结构""国家—社会二元结构"。日本乡村管理靠的是政府引领下的村民自治，村落真正的管理者是村民，政府只提供政策和资金，与村民合作管理，与村民是平等的。村民管理乡村的积极性被充分调动起来的结果是：村民更爱家乡，建设家乡的积极性更高，"乡绅"有了用武之地。日本社会中的"乡绅"不是游离于"体制"之外的自由人，同样是"社会秩序"的维护者，也许他们并没有清晰的国家政治意识，但其朴实的、为社会做贡献的思想契合了现代社会的治理理念，与国家不谋而合。我认为，日本在乡村治理方面的有些做法，特别是调动本地人才积极性方面的成功经验值得

---

① 孙立平：《走向积极的社会管理》，《社会学研究》2011 年第 4 期，第 22 页。

我们思考；摒弃民间与官方的二元框架，给乡村更多的自主空间，让有志于乡村建设、真正代表农民的"乡绅"发挥作用，也是中国新农村建设中的重要一环。

结　语

　　过去我们了解日本社会的主要渠道是文本资料，当我们有机会来到日本的时候，总希望阅读过的文本资料都能和日本社会现实——对应上。但也许是由于学科的不同、学者研究视角的不同、被研究对象的时代不同，很难有满意的结果。为了寻找更有力的答案，我有了走入日本村落，进行人类学的民族志研究的初衷。随着对日本农村社会实地调查的进行，我感觉到了一般学说与现实的差距。不仅我有这种感觉，早在20多年前，玉城哲就说过："我从事农村调查已经将近20年，在不断重复的调查中感觉到的是，一般的说法与现实之间的距离，或者说理论与现实的不协调。"① 确实，"通过战后的社会变迁，日本农村渐渐远离了从前村落共同社会所固有的封闭性构造，日本农村已告别了德川时代以来具有长期历史的传统村落结构，面临着创造与之不同的现代村落秩序的课题。"② 以至于有很多学者认为，在日本农村社会"村落共同体"已不复存在，村落完全被改造成了城市的"社区"。学者们基本不再用"村落共同体"这个概念来表述日本村落社会。确实，战后的日本"由于传统主义价值体系随着战败而崩溃，不仅经济领域、政治领域、社会—文化领域都不再有任何直接阻碍西方价值传播的力量，于是出现了不亚于明治维新前期'欧化热'的'美国化热潮'"③。日本政府确实也想摒弃"村落共同体"，建设一个完全符合西方现代

---

① 玉城哲：『稲作文化と日本人』，東京：現代評論社，1982，前言部分。
② 福永健一著，李国庆、刘畅译：《日本的现代化与社会变迁》，商务印书馆，2004，第213—214页。
③ 同上书，第166页。

化标准的农村社会，但是至今没有完全实现。其原因，玉城哲认为在于"明治维新以后的村落基本上延续了近世的村落。明治政府虽然推进了近代化政策、欧化政策，农村社会还是被保留了下来，其原因很多，难以简单说明，但是有一点是不可否认的，那就是村落本身的根深蒂固的、绵密的'小宇宙'，而且它在日本人的内心深处扎下了根。不可否认的是，日本人在近代化的过程中，并没有摒弃以村落为原型思考社会的习惯。这种习惯在明治以后的 100 多年来一直在延续"。[①]这是玉城哲通过田野调查得出的结论。所以现在有学者主张摒弃二元对立观点，用第三条路径来重新认识和评价"村落共同体"。日本德川时代建构的"村落共同体"是现代社会中的"村落共同体"的原型，但是"村落共同体"并没有因为德川幕府的消亡、明治时代的结束以及第二次世界大战以后的农业政策的改变、日本经济的快速发展而彻底消亡。事实上，"村落共同体"不是一个一成不变的概念，日本的"村落共同体"存在于日本历史上的各个时期，"共同体"概念的内涵则随着时代的发展而不断扩大或缩小。

现代化是一个发展过程，非西方国家的现代化就是模仿西方社会发展历程，但是每个国家的发展都要受到本国历史和文化传统的制约，在发展过程中，不可能彻底消除本国文化的影响。日本政府推行的"全盘西化"，事实上在日本农村社会并没有完全实现，用"社区"这个城市化的概念代替"村落共同体"的努力，其结果也只是名称的改变而已，并没有真正意义上的改变。日本推行了城乡一体化的改造，使日本村民过上了与城市人一样方便的生活，但并不等于日本村民的文化传统丧失殆尽。日本村落的文化传统都与稻作有关，稻作农业不消失，稻作文化传统就不可能消失，稻作文化传统中的核心"共同体

---

① 玉城哲：『稲作文化と日本人』，東京：現代評論社，1982，第 73 页。

意识"也不可能消失。文化传统的存在，必将影响村民的行为和意识，所以，现在重新讨论日本村落共同体问题，很有意义。世界经济一体化正在改变世界的经济结构及各行业的生存状况。但是，被改变的社会并不是被动的，社会中的文化传统会本能地要调适自身与社会发展的和谐度。日本的传统文化具有很强的调适能力。早在唐朝，大量的中国文化进入日本社会，促进了日本社会的发展与日本文化的再造，但日本文化并没有因此而消失，相反，接受了外来文化以后，日本文化更加强大。第二次世界大战以后，日本开始全盘美国化，对美国的东西来者不拒，但是，仔细看看，就会发现，潜藏在"美国文化"表层下面的依然是日本的传统文化。日本社会只是接受了自己所需要的"文化"，并没有真正"美国化"。所以我们在讨论世界经济一体化大背景下的日本村落的变迁时，不能忽略日本传统文化的影响。在很长一段时间里，日本学者不再提"村落共同体"，觉得这个充满封建色彩的概念，已经不适合解释如今的日本村落社会。这种风气的形成，并不是日本农村社会真正变化的结果，而是日本学者假设的结果。长期以来，日本村落研究一直被社会学所垄断，社会学研究范式一直影响着日本的村落研究，以至于很多日本社会学者缺乏对日本现实村落的调查，拘泥于日本村落社会研究的大家的结论和自身的学术憧憬，忽略了日本村落本身的文化传统的适应能力，非常僵化地把"村落共同体"的概念定格在德川和明治时期的范畴之内，认为日本"村落共同体"已经消失，村落开始终结。但是，20世纪90年代以后，大量的实证经验证明，日本村落虽然受到了国际和国内形势的影响，大部分村落并没有解体。这些事实，促使一部分学者开始反思，那种认为日本村落共同体已经不存在的认识也受到了质疑，因此，有学者提出用第三种方法来研究日本村落共同体的建议。笔者身为中国学者，在这一语境中走入日本村落进行田野调查以后的感觉，和日本学者的结论全然不同——日本村落虽然已经不再是过去书本中的"同族村"和"讲组村",但是村落内部的各种社会组织依然健全,文化传统依然得到比较好的传承,村民的日常生活相互依存的情况依然存在,"村落共同体"在某种程度上依然延续着。这个经验告诉我们,生计模式不完全改变,其文化传统的影响力就不会降低。

我根据在日本宫城县仙台秋保町马场村所做的为期一年多人类学的田野调查认为,如今按照传统的"共同体"理论去分析马场村时,其"村落共同体"的特征似乎并不健全:村民共有的土地很少,村民的相互依赖关系减弱。但是,这只是表面现象,实际上村民并没有因为城乡一体化的发展而丧失自己的主体意识,村民的人际关系及村落的生产和生活方式依然有别于"社区",这不仅体现在经济生活上,更主要的是体现在文化生活上,而以往的"村落共同体"评价则过多强调了村民经济生活上的相互依赖,忽略了文化生活。我认为,如今的村落既非传统意义上的"村落共同体",也非现代意义上的"社区","村落共同体"以其特有的形式延续着。"村落共同体"之所以能够延续,既有传统文化的作用,也有村落中各种社会组织努力的作用。虽然如此,日本农村并没有因为"村落共同体"的存在和国家在农村社会的隐身而出现社会失衡。国家给农村社会提供的是"政府服务"和政策导向,管理则依靠村落中的社会组织;社会组织既对国家负责,也对村民负责,客观上既维护了"国家的权威",又维护了村民的利益,还维护了"村落共同体"。日本的村落之所以能在社会的不断变化中维持其自身的发展,主要原因就是:村民的"村落共同体"意识并没有丧失;村落中各种社会组织基本健全;村落的传统文化没有遭到破坏。国家权力意志巧妙地通过村落社会组织得以体现,村落始终在国家预设的轨道上发展;国家在处理社会发展的时候,始终考虑农民的利益。从日本在是否加入 TPP 问题上的态度,可以看到日本政府在这方面的考量。日本稻作农业积淀的文化传统不仅影响着民间，也影响着政府的决策。

参考文献

1. 庄锡昌、孙志民编著，《文化人类学的理论构架》，浙江人民出版社，1988。

2. ［日］石川一三夫，『村落二重構造論の形成と展開——研究史に関する覚書—』，中京法学卷1・2号，2002。

3. 曹凤云、江力方，《农村社会学》，上海三联书店，2005。

4. 李国庆，《日本农村的社会变迁》，中国社会科学出版社，1999。

5. ［日］富永健一著，李国庆、刘畅译，《日本的现代化与社会变迁》，商务印书馆，2004。

6. ［日］細谷昂、小林一穂等，『農民生活における個と集団』，お茶の水書房，1993。

7. ［日］鸟越皓之著，王頡译，《日本社会论——家与村的社会学》，社会科学文献出版社，2006。

8. ［日］塚本哲人編，『現代農村における「いえ」と「村」』，未来社，1992。

9. ［日］川本彰，『家族の文化構造』，東京：講談社，1978。

10. ［日］若林幹夫，『都市の比較社会学』，東京：岩波書店，2000。

11. ［日］島崎稔編，『現代日本の都市と農村』，東京：大月書店，1978。

12. ［日］坪井洋文等編，『村と村人—共同体の生活と礼儀—』，東京：小学館，1984。

13. ［日］金沢夏樹，『個と社会—農民の近代を問う』，富民協会，1999。

14.〔日〕鶴見和子，『内発的発展論の展開』，東京：筑摩書房，1996。

15.〔日〕高島秀樹，『日本の農村地域社会——原型・変動・現状——』，東京：明星大学出版社，1993。

16.〔日〕長谷川昭彦，『地域の社会学——むらの再編と振興』，日本経済評論社，1992。

17.〔日〕大塚久雄，『共同体の基礎理論』，東京：岩波書店，2000。

18.〔日〕滕井胜，《家与同族的历史社会学》，商务印书馆，2005。

19.〔日〕鈴木栄太郎，『日本農村社会学原理』，時潮社，1940。

20.〔美〕エンブリー原著，植村元覚译，『日本の村落社会』，関書院，1955。

21.〔日〕中村吉治，『日本の村落共同体』，社会科学丛書，1958。

22.〔日〕岩本由輝、国方敬司编，『家と共同体』，東京：法政大学出版局，1997。

23.麻国庆，《家与中国社会结构》，文物出版社，1999。

24.麻国庆，《走进他者的世界》，学苑出版社，2001。

25.蔡禾主编，《社区概论》，高等教育出版社，2005。

26.〔日〕日本文学研究资料刊行会编，《柳田国男》，有精堂，1976。

27.朱炳详，《社会人类学》，武汉大学出版社，2004。

28.〔英〕A.R.拉德克利夫-布朗著，夏建中译，《社会人类学方法》，山东人民出版社，1988。

29.〔美〕西奥多・C.贝斯特著，国云丹译，《邻里东京》，上海译文出版社，2008。

30.〔日〕米山俊直，『文化人類学の考え方』，東京：講談社，1988。

31.何星亮、郭宏珍，《略论人类学民族志方法的创新》，《思想战线》2014年第5期。

32.〔日〕平重道监修，『秋保町史』，仙台：宫城県名取郡秋保町発行，1976。

33. ［日］宮家準，『生活のなかの宗教』，東京：日本放送出版協会，1980。

34. ［日］日本民俗文化大系 8『村と村人＝共同体の生活と儀礼＝』，東京：小学館，1984。

35. ［日］石田一良著，许极燉译，《日本文化——历史的展开与特征》，上海外语教育出版社，1989。

36. ［日］中根千枝，『タテ社会の人間関係——単一社会の理論』，東京：講談社，2008。

37. 麻国庆，《日本的家与社会》[J]. 北京：《世界民族》，1999（2）。

38. ［日］申秀逸，『中日伝統の「家」相続制度の比較』，千叶：千叶大学人文社会科学研究，2008（3）。

39. ［日］大澤正俊，『家族農業経営の承継と農地相続』，東京：明治大学大学院，法学研究論文集 [J]. 1997（2）。

40. ［日］合田涛，『現代社会人類学』［M］，東京：弘文堂，2000。

41. ［日］鸟越皓之編，『むらの社会を研究するフィールドからの発想』［M］，東京：农文協，2007。

42. ［日］大内力編，『政府食管から農協食管へ一食料を問う』，東京：農林統計協会，1995。

43. ［日］農林水産省大臣官房統計部，『解説 2005 年農林業センサス』，東京：農林統計協会，2007。

44. ［日］立花隆，『農協』，東京：朝日文庫，1991。

45. ［日］土門剛，『農協が倒産する日』，東京：東洋経済報社，1992。

46. ［日］財部誠一：『農業が日本を救う』，東京：PHP 研究所，2009。

47. ［日］安丸良夫，『神々の明治維新』，東京：岩波書店，1979。

48. ［日］池端千賀子，Religious Reforms in Occupied Japan : GHQ's Struggle with the Principle of Religious Freedom，载《神教世界》2013 年第 1

期（同志社大学一神教学际研究中心）。

49. Rande Aasulv Rande Aasulv,『近代神道における一神教』，载《一神教学際研究》2008 年第 4 期（同志社大学一神教学际研究中心）。

50. 麻国庆,《永远的家——传统惯性与社会结合》，北京大学出版社，2009。

51.［日］鶴見和子,『内発的発展論の展開』，東京：筑摩書房，1996。

52. 崔榕,《"国家在场"理论在中国的运用及发展》[J]．学术论坛，2010（9）。

53.［日］宮田登,『談合代贈与』，東京：小学館，1997。

54.［日］米山俊直,『都市と農村』，東京：放送大学教育振興会，1996。

55.［日］山崎春成,『村の歴史』，東京：理論社，1956。

56. 汪火根,《社会共同体的演进及其重建》[J]．重庆社会科学，2011（10）。

57.［日］渡边洋三,『日本社会はどこへ行く——批判的考察』，東京：岩波書店，1994。

58.［日］梅棹忠夫、中牧弘允編,『宗教の比較文明』，東京：春秋社，1993。

59.［日］高倉浩樹、泷澤克彦編,『無形民俗文化財が被災するということ一東日本大地震と宮城県沿岸部地域社会の民俗学』，東京：新泉社，2014。

后　记

　　一晃博士毕业已经7年了。记得博士毕业前夕，我的博士指导老师麻国庆先生说过，博士论文只是你们"人类学"的成人礼，要想真正成为一名人类学工作者，必须要再经过几年的历练才行。几年来我不敢懈怠，导师的话语，前辈的榜样，一直激励着我。毕业以后，我重访过田野点，认真消化着在学校期间习得的有关人类学的知识。如今，重新检阅我的博士论文，有了不少新的认识，本书是根据我2011年完成的博士论文修改而成的。

　　和完成博士论文时的心情一样，我对引导我走上人类学之路的老师充满了感激之情。特别要感谢的是我的博士导师麻国庆，不仅在读博士期间，我毕业以后，也一直受到麻老师的学术关怀，博士论文自始至终都得到了麻国庆教授的悉心指导，先生的学者风范、敏锐的学术洞察力、对学生关怀备至的行动，都给我留下了深刻的印象，时时刻刻鞭策着我。毕业以后，我不断深化对博士论文的认识，在麻老师的鼓励和启发下，我终于完成了博士论文的修改工作，可以说，没有麻老师的帮助就不可能有今天书稿的问世。

　　在读博士的三年里，我有幸接触了中山大学人类学系的几乎所有老师。我是半路出家学人类学的，是系里的诸位老师们共同哺育了我。从学习阶段到开题、预答辩，我一路步履蹒跚，是各位老师的真知灼见和真挚的批评，夯实了我的脚步，使我最终走到了今天。我衷心地感谢周大鸣教授、王建新教授、刘昭瑞教授、张应强教授、何国强教授、邓启耀教授、朱爱东教授、刘志杨教授、谭同学副教授。我还要感谢系里办公室的老师们，感谢张守梅老师、范涛副书记对我完成学业的帮助。

我还要感谢的是，使我能完成在日本的田野调查的日本友人、日本老师和帮助过我的人们。做日本研究不是容易的事情，我之所以能在日本做调查，首先有国内导师麻国庆教授和王建新教授的鼓励和支持，还有日本朋友的鼎力相助。我第一次去日本调查完全是自费，在各方面给我提供帮助的是日本友人日本宫城县仙台市东北外国语专门学校校长桥本荣一先生，他除了在生活上照顾我外，还亲自开车为我和有关人员联系，为我打开了进入日本田野点的大门。还有20多年前就帮助过我的仙台律师菅野敏之先生，20多年前一次偶然的机会，他向我这位素不相识的中国留学生，赠送了一套价格不菲的《大汉和辞典》，当时我正做日本汉语词汇的研究，这套书对我来说如同至宝。从此，我们书来信往，保持了20多年的友谊。我50岁还能读博士，得益于他对我的鼓励。帮助过我的还有日本东北大学文学部文化人类学科嶋陆奥彦教授、仙台农协会长高野先生、秋保综合支所综合业务科科长伊藤先生，是他们为我继续在日本做田野调查创造了条件，在此，对他们致以深深的谢意。2010年本人得到了日本国际交流基金的项目资助，使我能再次长时间在日本村落进行田野调查，感谢日本国际交流基金对我的支持。也感谢日本东北大学东北亚研究中心的赖川昌久先生。在2010年下半年，在赖川先生的推荐下，我有幸成为日本东北大学东北亚研究中心的客座教授。我有幸参与了中心的各种学术活动，使我有机会了解日本人类学界的学术动态以及培养研究生的方法，并和日本人类学界的学者进行了广泛的交流，获益匪浅。赖川昌久先生那谦谦学者的风范更令我难忘，至今他还是我学术进步的助力者，我非常感激他。在日本期间，同样受到了日本东北大学文学部人类学科的沼崎一郎先生和东北亚研究中心的高仓先生的鼓励和帮助，我感谢他们。在读博士期间，在日本做田野调查期间，我不仅受到中山大学人类学系师生，还受到日本东北大学人类学学科、东北亚研究中心的师生的鼓励和帮助。我对他们同样充满了感激之情。日本秋保町马场村的村民们，用最朴实的方式接受了我，让我了解到日本东北农村的方方面面，感受到了他们的友善和真诚，令我难忘。感谢秋保故乡中心的佐佐木主任，感谢仙台市历史民俗资料馆对我提供的帮助，感谢仙台市农政局的吉野先生对我提供的帮助，感谢秋保综合支所和秋保町农协的支持。我还要感谢镰仓市手广动物医院院长石野孝先生，在日本"3·11"大地震之后的一些日子，我是在他家度过的。